기업과 경영

단국대학교 기업과 경영 출판위원회

북넷

책을 내며

글로벌 금융위기로 모든 나라의 경제가 어려운 가운데, 기업 경영자들도 여러 가지 어려움을 겪고 있고, 구조조정의 소용돌이에 휩싸여 있기도 하다. 한국에서도 본격적인 경영학 교육이 시작된 지 반 세기가 지나고 있는 가운데, 기업경영 현장에서의 어려움에 대한 해결점을 제시해 줄 수 있는 개선된 경영학 교육 과정의 제공이 필요할 것이다. 경영학이라는 것이 원래 미국에서 발생하고, 확산된 학문이라고 할 수 있으나, 이제는 한국의 실정에 맞는 창조적인 학문 패러다임을 만들어 내는 것도 필요할 것이다.

최근에는 창조경영이라는 것이 우리나라의 경제, 경영계에 화제가 되고 있다. 지금까지 선진국들의 경영시스템이나 제품을 모방하기만 하는 추종자의 단계에서 벗어나서, 우리가 스스로 제품을 개발하고, 우리에게 맞는 경영시스템을 찾아가자는 움직임이다. 1960년대 경제개발을 시작한 이래로 우리나라도 많이 발전하여 이제는 우리가 가진 문제들이 단순히 서양의 것을 모방하여서만은 해결될 수 없고, 우리 스스로의 연구와 노력에 의하여 해결점이 찾아 질 수도 없다. 이렇게 전반적인 사회의 분위기가 창조와 주체성을 강조하는 움직임을 갖는 가운데, 학문적 연구와 교육에 있어서도 창조적인고 주체적인 자세가 필요할 것이다.

본서는 경영학의 교육 과정에서 가장 기본적인 내용을 제시해 주는 책이다. 경영학을 처음 접한 학생들에게 기업, 경영관리 등 기본적인 개념을 접하고 이해할 수 있도록 해 주는 책이다. 모든 학문을 처음 접하는 데에 있어서 기본 개념을 잘 설명해 주고, 첫걸음을 잘 걷게 해주는 것은 매우 중요한 일일 것이다. 본서는 경영학 원론보다는 더 쉬운 내용으로서 경영학 비전공자들을 대상으로 경영학에 대한 입문을 하도록 해주는 역할을 한다. 물론, 경영학 전공자를 위하여 가르치는 경영학 원론의 교재로도 사용이 가능하나, 가장 첫걸음을 띠는 과정이라고 생각하고 매우 쉽게 설명하고자 노력하였다.

본서는 크게 세 부분으로 나누어 진다. 첫째 부분은 경영학의 일반적인 개념을 소개하는 부분이고, 두 번째 부분은 경영학의 개별 기능분야에 대한 설명이다. 세 번째 부분은 최근에 중요한 이슈에 대한 설명이라고 할 수 있다. 첫 번째 부분에서는 기업과 경영관리에 대한 기본적인 설명이 이루어졌다. 도입에 해당하는 부분으로 기본개념을 익힐 수 있다. 그리고, 기업경영에 중요한 요소로서 환경에 대하여 정리하였다. 기업과 긍정적인 상호작용을 하여야 하는 사회의 여러 이해관계자에 대하여 설명하였다. 그 다음은 경영관리과정에 대하여 설명되었다. 경영관리과정은 계획, 조직, 조정, 통제 등의 일련의 활동에 의하여 경영관리의 기초내용을 익히는 것으로 본 서에서는 한 장에 정리하였다. 이 책의 두 번째 부분은 경영관리에서 주요 기능 들을 각각을 하나의 장으로 정리하였는데, 인력관리, 자금관리, 의사결정, 소비자 관리, 생산관리, 회계의 기초 등이 포함되어 있다. 마지막 부분에는 최근의 중요한 경영이슈로서 세계화 경영, 경영과 컴퓨터, 기술경영, 윤리 경영이 제시되어 있다. 앞에서 밝힌 바와 같이, 현대 경영학의 화두는 세계화, 디지털화, 투명화(기업의 사회적 역할)로 요약될 수 있는데, 이런 면에서 마지막 부분은 최근의 조류에 눈을 뜨도록 만드는 것이라고 할 수 있다.

세상에는 수많은 경영학 서적이 출판되어 독자의 손을 기다리고 있다. 이제 또 다른 한 권의 경영학 서적을 집필하여 새로이 출판하는 것은 가히 떨리는 순간이다. 모든 경영학 서적들이 제 나름대로의 출판 목적이 있고, 겨냥하는 독자층이 있을 것이다. 본서는 앞에서 이야기한 바와 같이 경영학을 처음 접하는 독자나 초년 대학생들을 위하여 경영학에 알기 쉽게 접근하도록 하는 의미를 가지고 있다. 수많은 책들이 있음에도 불구하고, 그 중에서 진정 읽을 만한 책은 많지 않은 현실에서 새로이 출판하는 이 책은 독자들에게 경영학의 눈을 뜨게 해 주는 등대 구실을 하기 바라는 바이다.

이 책을 집필하는 데에 있어서 특징은 한 두 사람의 저자에 의하여 모두 씌어진 것이 아니라, 각 분야에서의 전문가들이 집필했다는 것이다. 단국대학교에서 경영학을 가르치고 있는 교수들 가운데 각자 자신의 전문 분야를 맡아서 집필하였다. 이에 따라 모든 주제들이 나름대로의 전문성을 바탕으로 작성되었다고 할 수 있다. 마지막으로 본서를 출판하는 데에 물심 양면으로 신경을 쓰고, 수고를 아끼지 않은 북넷 출판사의 유 재식 사장님에게 감사를 표하는 바이다.

2009년 6월

집필자 일동

차 례

1부 기업경영의 기본 개념

제1장 기업이란 무엇인가?

제2장 기업과 환경과 사회

제3장 경영관리 과정

2부 기업경영의 주요 기능

제4장 인력의 효율적 이용

제6장 의사결정

제8장 생산현장의 이해

제9장 회계학의 기본적 이해

3부 기업경영의 최신 주제

제10장 경영의 세계화

제11장 경영과 컴퓨터

제12장 기술경영

제13장 경영의 윤리적 문제

제1부 기업경영의 기본 개념

제1장 기업이란 무엇인가?

제2장 기업과 환경과 사회

제3장 경영관리 과정

제1장
기업이란 무엇인가?

1. 기업의 역할과 목표
2. 기업의 정의와 구성요소
3. 기업의 활동
4. 기업의 분류
5. 기업경영과 경영자

사례: 지역특화 사업에 성공한 천양제지 중소기업에도 무한한 가능성

미국 뉴욕 유엔본부에 있는 반기문 유엔 사무총장의 관저. 이곳을 처음 방문하는 외교사절들은 작은 탄성을 터뜨리곤 한다. 한지로 만든 벽지와 조명 침구류로 장식된 게스트룸의 은은한 멋이 한국적 전통미를 고스란히 압축해 보여 주기 때문이다. 국산 한지의 아름다움과 다양한 쓰임새가 글로벌 시장에서도 통할 수 있다는 점을 확인시켜준 대표적인 사례다. 유엔본부에 한지를 공급한 업체는 전북 전주의 천양제지(대표 최영재). 1966년 창업한 호남한지와 1982년 설립된 천양제지가 합병해 만든 국내 최대 한지 제조회사이다. 붓글씨 쓰기나 창호 제작, 문화재 복원 등에 쓰이는 전통 한지는 물론, 황토와 닥, 쑥, 국화 등 천연 원료를 사용한 친환경 기능성 한지벽지와 문양이 화려한 포인트 벽지를 개발하는 등 한지의 산업화, 세계화를 주도하고 있다는 평가를 받고 있다. 지난해 한지업체로서는 최대인 24억 원의 매출을 올렸다.

10년 전만 해도 전주지역의 한지업체는 100여 개에 달했다. 하지만 현재는 천양제지를 포함해 8개 업체로 위축된 상태. 중국산 한지의 저가공세로 영세했던 대다수 업체가 사업을 접은 탓이다. 천양제지가 치열한 생존경쟁에서 살아남을 수 있었던 것은 수출용 고부가가치 제품에 집중하는 한편 저가 연습용 한지 생산을 빠르게 기계화한 덕분이다. 현재 손으로 만든 고급 붓글씨, 동양화용 한지는 전량 일본과 대만에 수출하고 있다. 천양제지의 한지 벽지는 100% 천연재료를 사용하는 만큼 항균성 및 보온성이 뛰어나고 아토피와 새집증후군 예방, 불면증, 두통 해소 등 건강 증진에도 도움이 되는 다양한 기능을 갖고 있다는 게 회사측 설명이다. 몸에 좋은 한지장판 시험개발에도 성공했다. 하지만 이 회사도 자금사정이 빠듯해 양산체제 구축이 쉽지만은 않았다. 그러나 이 같은 어려움을 해소할 수 있었던 것은 지역특화 선도기업지원을 받아 1년도 채 안 되는 짧은 기간에 한지장판 대량 생산 시스템을 개발하는 데 성공했기 때문이다. 또한 균일한 품질을 위해 한지 낱장 자동 삽지 시스템과 균일 접착제 도포를 위한 스위핑(Sweeping) 머신도 개발했다. 그 결과 1인당 90장에 불과했던 일일 생산량이 450장으로 5배 늘어나는 결실을 맺었다. 한지장판은 몸에 나쁜 화학물질이 나오지 않을 뿐만 아니라 여름에 시원하고, 겨울에는 따뜻한 특성이 있어 에너지를 5% 정도 절약할 수 있다는 것이 회사측 설명이다.

이 회사는 미국, 일본 등에 수출도 추진중이어서 한지 장판으로만 2010년에 10억 원 규모의 매출을 올릴 것으로 기대하고 있다. 최 대표는 "앞으로 한지를 이용한 비누와 기능성 화장품을 선보일 계획"이라고 말했다.

자료: 한국경제신문, 이관우 기자, 2008.12. 28

인간의 본능적 욕구는 물론, 인간으로서의 삶을 영위하기 위해서 또는 구체적인 목표를 달성하기 위해서 필요한 모든 욕구들은 일반적으로 무한한 반면, 이를 충족하기 위해서 필요한 자원은 제한되어 있다. 이로 인해서 인간의 욕구와 욕구충족 사이의 불균형의 문제가 등장하게 되었으며, 이러한 문제는 인류역사의 시작과 더불어 존재해 온 근본적인 문제라 할 수 있다. 자원의 제약 즉, 욕구와 욕구충족 사이의 불균형은 인간들로 하여금, 제한된 지원을 투입하여 최대한의 욕구를 충족시킬 수 있는 방법을 생각하게 하는 계기가 되었다. 제한된 자원을 이용하여 최대한의 욕구를 충족시킴을 인간 행위의 목표로 본다면, 이는 인간의 욕구를 충족시키기 위해서 필요한 재화의 생산과 소비에 대한 의사결정을 전제로 한다. 재화의 부족은 인간으로 하여금, 설정한 목표를 효율적으로 달성하기 위해서 재화를 수집, 가공, 그리고 소비방법을 선택하도록 강요하였다. 즉, 재화를 수집하거나 수집한 것들을 더욱 유용하게 쓸 수 있도록 가공하고 또 이렇게 가공하여 얻어진 재화를 필요로 하는 사람들에게 분배하고 각 개인은 이를 소비함으로써 그들의 욕구를 충족시키고 각 개인의 삶을 이어가게 된다.

원시사회에서는 각 개인이 생산하고 바로 소비하는 형태였지만, 사회가 진화함에 따라 각 개인을 구성하는 가족(또는 부족) 등의 집단 전체가 통합된 노력으로 생산을 하고, 더 나아가 동일한 노력으로도 더 많은 생산량을 얻고자 한다. 그리고 그 과정에서 소비량을 초과하는 잉여생산물을 얻을 수 있게 되었으며 이를 타 집단이 생산한 생산물과 교환하는 세련된 양상을 보이게 된다. 이러한 경향은 결국 소비와는 별도로 생산만을 전담하는 분업화된 형태의 생산조직체를 낳게 되는 배경이 되었다. 이러한 전문적 생산조직체는 산업혁명을 기점으로 보다 본격화되었으며, 오늘날의 기업 형태를 낳기에 이르렀다.

이와 같이 기업 또는 생산조직체가 사회구성원의 일원으로서 수행하고 있는 공적인 역할이 그 전체를 구성하고 있는 모든 개인이 소비할 수 있도록 재화나 서비스를 생산하는 것이라고 한다면, 우리는 다음과 같은 의문을 가질 수 있다. 과연 기업을 운영하고 있는 개인이나 집단은 재화나 서비스의 제공 즉, 생산이라는 사회적 역할의 수행이라는 의무만을 위해서 일을 하는 것일까? 공적인 역할 외에 다른 기업 내부의 목표가 있다면 그것은 무엇일까? 그리고 기업 내부의 목표를 달성하기 위해 단지 생산한다는 것 외에 추가적으로 어떤 노력을 할까? 이러한 여러 질문을 토대로 기업과 기업경영에 대해서 구체적으로 생각해 보도록 하겠다.

01. 기업의 역할과 목표

자본주의 경제체제에서 성공의 척도를 평가하는 가장 중요한 기준 중에 하나는 부의 축적 정도일 것이다. 특히, 불법상속 등의 편법적인 방법이 아닌 정당한 노력과 방법으로 축적된 부의 경우라고 한다면, 예를 들어 어떤 사람이 남보다 뛰어난 독창적인 아이디어나 각고의 노력으로 새로운 제품을 만들고 이 제품의 판매를 통해 부를 축적했다면, 세상 사람들은 이를 성공인 혹은 성공기업이라 평가한다.

이렇게 성공한 사람들은 개인적으로는 많은 부를 축적했다는 사실로 세상에 회자되겠지만, 성공한 사람과 이 사람이 속해 있는 기업의 중요한 경제적 역할은 개인적인 부의 축적 그 자체가 아니라, 사람들이 필요로 하는 양질의 또는 사람들의 욕구를 충족시킬 수 있는, 효과적이고 혁신적인 제품 또는 서비스를 공급할 수 있다는 데서도 찾을 수가 있을 것이다. 또한 개인적으로 축적된 부가 땅속에 묻혀버리는 것이 아니라, 새로운 혁신적인 제품을 생산하는 원동력이 될 수 있다는 점도 중요한 경제적 역할이다. 그리고 제품을 생산하는 과정에서 필요한, 여러 희소한 자원을 사회를 구성하고 있는 여러 사람들에게 적당한 가격을 지불하고 획득하여 이를 생산에 투입되는 요소로 이용하는 것도 중요한 역할이다. 이와 같이 사회의 한 구성원으로서 재화나 서비스를 생산하는 기업과 그 기업의 전반적인 사항을 결정하는 사람은 경제 사회에 있어서 매우 중요한 역할을 담당하게 된다.

(그림 1.1)은 한 사회나 국가 경제에서 기업의 위치를 보여 주고 있다(실선 화살표는 재화, 용역 및 서비스의 흐름을 나타내며, 점선 화살표는 재화, 용역, 서비스의 제공에 대한 반대급부로 이루어지는 금전적 이동을 나타낸다). 이 그림에서 기업은 원재료를 이용

그림 1.1 전체 경제에서의 기업의 위치

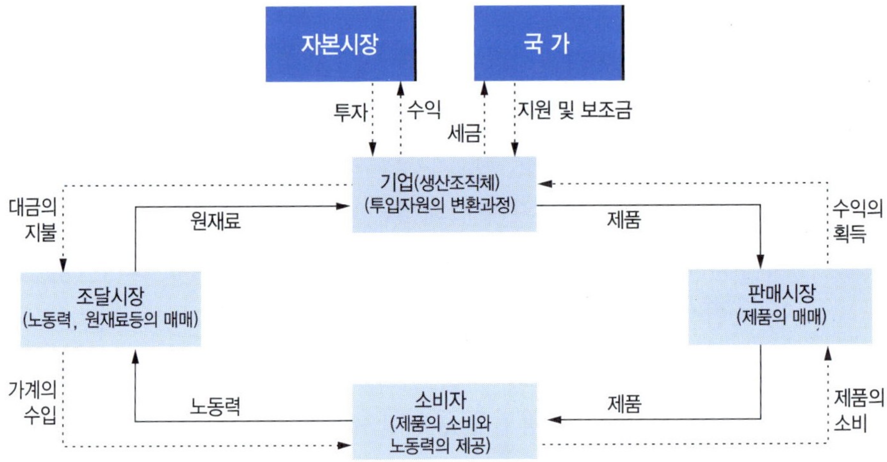

하여 제품을 생산하여 소비자에게 판매하고, 소비자는 기업에 그들의 노동력을 제공하고 그 대가받은 수익을 이용하여 제품을 구입하고 소비하게 된다. 이러한 과정은 원시사회처럼 단순히 생산과 소비가 동일한 주체에 의해 이루어지며 단순히 그 주체의 생존을 이어가는 과정이 아니라, 분업화를 통해 생산전문 조직체 즉, 기업과 소비주체가 각각의 운영원리 또는 목표에 의해 행동하며 존재한다는 것이다. 특히 각각의 운영원리는 예전처럼 공동체의 존속이라는 거창한 목표를 내세우는 것이 아니라, 각각의 이기적인 목표를 위해 행동한다는 것이다.

기업은 제품의 판매에 따른 화폐의 유입(수익)과 원재료의 구입에 따른 화폐의 유출(비용)에 관심을 가지며 더 나아가 유입에서 유출을 차감한 잔액(이윤)을 최대화하려고 노력한다. 또한 소비자는 노동력을 제공하고 얻은 화폐를 이용하여 제품을 소비하여 그들의 만족을 최대화하고자 한다. 여기서 한 가지 특이한 사항은 각 경제주체가 상이한 운영원리에 의해 행동하더라도 궁극적으로 사회 또는 국가 그리고 그 구성원의 존속과 발전에 기여한다는 것이다.

또한 (그림 1.1)을 통해서 기업은 독립적으로 존재하는 것이 아니라, 판매시장과 조달시장을 통해서 조달, 구매, 마케팅 등과 같은 분야들과 연결되어 있으며, 자본 시장을 통해서는 기업 내부의 재무, 회계 분야 등과 연결되어 있음을 알 수 있다. 또한 기업 외부의 경제 주체인 국가와도 연결되어 있음을 간과해서는 안 될 것이다. 국가 또는 자본시장과의 관계에서는 조달시장이나 판매시장과의 관계와 달리 재화, 용역, 서비스의 제공을 전제로 한 금전적 흐름이 존재하는 것이 아니라, 양방향으로 금전적 흐름만이 발생한다.

앞서 언급한 것처럼 기업과 기업의 구성원들이 정당한 방법으로 부(이윤)를 축적하고자하는 목표에 의해 행동한다면 이는 경제 전체에 어떠한 영향을 미치는지에 대해 다시 생각해보자.

기업이 부를 증대시키기 위해서는 생산하는 제품이 소비자들에게 인기를 얻어 잘 팔리기를 원할 것이다. 이를 위해 경쟁업체보다 더 많은 소비자의 욕구를 만족시킬 수 있는 요인을 제품특성에 포함시켜야 하며 더 나아가 저렴한 가격에 공급할 수 있도록 노력해야 한다. 이러한 노력은 바로 소비자의 만족을 증대시키는 결과를 낳는다. 또한 부를 증대 시키는 또 다른 방법은 동일한 제품을 동일한 가격에 팔 수 있다면 이 제품을 생산하는 데 드는 비용을 줄이는 것이 될 것인데, 원재료의 가격이나 노동력의 대가 즉 임금은 구매시장에서 결정되므로 기업의 입장에서는 결정할 여지가 없다. 결국 생산과정의 혁신을 통한 비용절감이 그 주관심대상이 될 것이다. 생산과정의 혁신으로 비용이 절감된다면 이는 곧 경제전체의 제한된 자원을 절약할 수 있음을 의미하고, 이 절약된 자원을 이용하면 다시 새로운 기업 활동의 원동력이 될 수 있다.

02. 기업의 정의와 구성요소

일반적으로 기업을 포함한 모든 조직, 예를 들어 종교단체, 사회단체, 친목회, 종친회, 병원 등은 공통적인 특징을 갖추고 있다고 한다. 그 첫째는 사람들로 구성되어 있다는 것이다. 물론 운동경기를 보기 위해 모여든 관중집단을 조직이라고 하지 않는 것처럼 사람으로 구성되어 있다고 해서 모두 조직이 되는 것은 아니다. 그렇다면 우리나라 축구대표팀을 응원하는 '붉은 악마' 역시 조직이라고 할 수 있을까? 결론부터 말하자면 비록 축구경기를 보기 위해 모여든 관중의 일부이긴 하지만 이들은 우리나라 축구대표팀을 응원하여 사기를 북돋우고자 하는 목표를 가지고 있으며, 이를 달성하기 위해 통합된 노력을 기울이며, 통합된 노력은 응원단장을 포함하여 각 사람들을 통합하는 체계화된 구조를 갖추고 이루어진다는 점에서 조직이라 할 수 있다.

이러한 세 가지 특징 즉 사람, 목표, 구조라는 용어를 기초로 조직을 정의한다면, 목표를 달성하기 위한 사람들의 체계적인 구조를 갖춘 집단이라고 할 수 있을 것이다. 그렇다면 기업은 어떠한가? 앞서 언급한 것처럼 기업의 목표는 재화 및 서비스의 생산과 판매를 통한 이윤의 창출이다. 그리고 기업은 이 목표를 위해 일할 사람들을 모집하며, 각 구성원들은 자기가 해야 할 일에 따라서 하부조직을 구성하고 또한 각 조직은 이들 구성원의 노력을 통합할 수 있는 계층구조로 조직화하여 사장, 부장, 과장, 대리 등과 같은 직책을 부여하는 것이 그 예이다. 다시 말해 기업은 이윤창출을 위해 재화나 서비스를 생산, 판매하는 사람들의 조직이라고 할 수 있을 것이다.

그렇다면 이러한 기업이 본격적인 활동을 위해 필요한 것이 무엇인가? 모름지기 물리학적인 법칙을 들지 않더라도 유형 또는 무형의 어떤 것을 창출하기 위해서는 아무런 투입요소 없이 이루어질 수 없음을 우리는 안다. 기업이 생산을 하기 위해서는 최초의 투입요소와 이 투입요소를 변환시키는 또 다른 요소를 필요로 한다. 예를 들어, 어떤 사람이 빵을 생산하여 판매하는 기업을 만든다고 가정해 보자. 그 사람이 우선적으로 마련해야 할 것은 사업자금일 것이다. 만약 자기가 가지고 있는 자금이 충분하지 않다면 은행에서 대출을 받거나 주주를 모집하여 자금을 조달하여야 한다. 한편 조달된 자금으로 공장부지와 제빵 제조설비를 구입해야 할 것이며, 직접 설비를 가동시키고 생산된 빵을 판매하는 사람이 필요할 것이다. 이러한 예를 통해 우리는 기업이 활동을 하기 위한 최소의 것이 노동력을 제공하는 인적자원과, 자본, 토지, 설비 등과 같은 물적자원임을 알 수 있다. 인적자원을 통해서 기업이 추구하는 목적을 달성하기 위한 기능들이 수행되기 때문에, 인적자원은 기업기능을 수행하는 주체라고 볼 수 있다. 과거의 전통적인 기업에서는 기업의 기능을 수행하는 주체가 사람이었기 때문에, 인적자원이란 용어를 사용하였지만, 현대적 의미로 볼 때, 기업의 중요한 기능들이 언제나 사람에 의해서 수행되는 것이 아니라, 시스템을 통해서도 처리될 수 있다는 점을 감안한다면, 여기에는 시스템이라는 특수한 요소가 포함되어야 할 것이다. 시스템적 요소들은 그러나 물적자원의 범주에 포함시킬 수 있을 것이나, 기업의 기능을 수행하는 주체적인 면을 고려할 때, 시스템 자원으로 분류하는 것이 타당할 것이다. 기업의 목적을 달성하기 위해서 중요한 또 다른 자원은 기술적 자원을 들 수 있을 것이다. 과거 기업의 경쟁력은 얼마나 많은 인적자원과 물적자원을 보유하고 있느냐에 의해 결정되었지만, 현대 기업에 있어서 치열한 경쟁에서 경쟁적 우위를 차지하기 위해서 타 경쟁업체보다 우수한 기술을 보유하는 것이 절대적으로 필요하기 때문에, 기술적 자원이야 말로 기업에 있어서 없어서는 안 될 중요한 자원이라 할 수 있다.

기업의 자원을 분류할 때 과거에는 앞에서 설명한 인적자원과 물적자원 그리고 기술적 자원만을 열거하였지만, 정보화로 대변되는 현대 사회의 기업에 있어서 정보자원이야말로 간과할 수 없는 중요한 자원이다. 현대 기업에 있어서 기업의 성공과 실패는, 얼마나 많은 유용한 정보를 소유하고 있느냐? 그리고 이들 정보를 이용하여 얼마나 빨리 합리적이고 과학적인 의사결정을 내리느냐에 따라 결정된다고 해도 과언은 아닐 것이다. 그러나 정보자원은 앞에서 열거한 기타 자원과 비교할 때 다른 자원들과 마찬가지로 정보자원을 확보하기 위해서 비용이 발생된다는 공통점이 있으나, 다음과 같은 차이점으로 인해서 중요성이 간과되는 경우가 있다.

- 정보자원을 활용함으로써 얻을 수 있는 부가가치를 측정하기 어렵다.
- 정보자원은 무형적인 성격을 띤다.

그러나 정보자원은 인적자원이나 물적자원과 달리 자신도 모르게 유실되거나 유출될 수 있기 때문에, 철저하게 관리되어야 할 귀중한 기업 자원임에 틀림없다. 결론적으로 기업의 목적을 달성하기 위해서 필요한 자원의 범주는 다음과 같이 요약될 수 있다.

- 인적자원
- 물적자원
- 기술적 자원
- 정보자원

03. 기업의 활동

기업이 추구하는 가장 큰 목표가 이윤추구라고 한다면, 기업은 이윤추구를 위해서 어떤 활동들을 할까? 기업의 활동은 크게 의사결정관점에서 활동과 기업이 추구하는 목표를 달성해 가는 과정의 관점에서 본 활동으로 나눌 수가 있다.

1. 의사결정 관점에서 본 기업의 활동

기업의 활동은 의사결정의 연속이라 해도 과언이 아닐 것이다. 기업의 모든 활동은 기업의 전략적 목표를 달성하기 위해서 필요한 업무활동임에는 틀림없으나, 그 과정의 내용과 그리고 종류에 따라서 큰 차이를 보인다.

(1) 의사결정 과정을 기준으로 보는 관점

계획(planning)

기업이 추구해야 할 목표를 설정하고 이를 달성하기 위한 최선의 대안을 제시하기 위한 활동

조직화(organizing)

설정된 목표를 효율적으로 달성하기 위해서 기업이 소유하고 있는 인적 자원, 물적 자원, 기술적 자원, 정보자원을 조달하고 배치하기 위한 활동

지휘(leading)

기업의 목표를 효율적으로 달성하기 위해서 조직구성원에게 동기를 부여하고 이들을 효율적으로 관리하기 위한 활동

통제(controlling)

기업의 대내외적 환경이 시간이 지남에 따라 수시로 변하기 때문에, 기업 경영활동은 언제나 계획대로 진행되지 않는다. 따라서 설정된 목표나 조직구성원들이 수행하는 업무가 계획대로 실행되고 있는지를 확인하고 계획대로 진행되지 않을 때, 원인을 분석하고 효과적으로 대응하기 위한 활동

의사결정 과정을 기준으로 보는 경영활동인 계획, 조직화, 지휘 그리고 통제활동으로 일련의 반복활동으로 순환되는 것이 보통이다.

(2) 의사결정 분야를 기준으로 보는 관점

기업의 활동이 수행되는 분야 즉, 의사결정이 내려지는 분야를 기준으로 보는 관점은 업무처리 분야에 의해서 구분된 것이다. 기업의 규모에 따라서 약간의 차이는 있겠으나, 구매, 생산, 판매, 재무, 인사 등과 같은 활동으로 구분할 수 있다. 의사결정 분야를 기준으로 구분되는 경영활동은 (그림 1.2)에서 보는 것처럼, 서로 독립된 영역이 아니라, 서로 연계되어 전체가 하나로서 기업의 목표를 달성하는 데 기여하게 된다.

구매활동

생산에 필요한 원자재 및 생산에 필요한 자원을 조달하여 적시생산, 적시납품이 가능하도록 하는 조달관리 활동

생산활동

필요한 자원을 활용하여 고객이 원하는 제품이나 서비스를 창출할 수 있도록 관리하는 활동

판매(마케팅)활동

고객의 욕구를 충족하는 제품 및 서비스를 제공하기 위한 관리활동

그림 1.2 의사결정 분야를 기준으로 본 경영활동

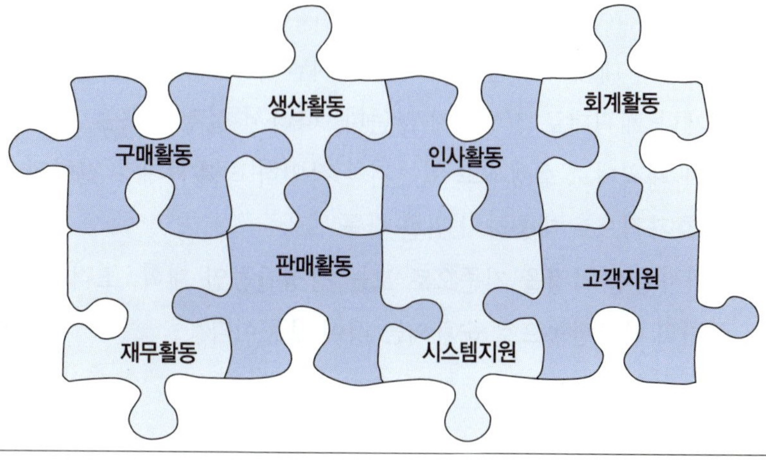

재무활동

기업 경영활동에 필요한 자본을 계획하고 합리적으로 조달하고 효과적으로 운용하기 위한 관리활동

인사활동

종업원의 채용, 교육, 배치 등과 같이 기업 경영활동 중에 조직구성원과 관련된 모든 내용의 관리활동

(3) 의사결정 종류를 기준으로 보는 관점

의사결정이 내려지는 과정과 의사결정이 내려지는 분야를 중심으로 구분할 때, 다음과 같은 세 가지 경영활동으로 구분된다.

전략적 의사결정 활동

기업이 추구할 장기적인 목표를 설정하거나 기업이 필요로 하는 전체 자원조달 및 배분과 관련된 경영활동으로 주로 최고경영층에서의 활동이 이에 해당된다.

관리적 의사결정 활동

기업의 최고경영층으로부터 기업이 추구할 장기적인 목표와 비전이 설정되면, 이를 달성하기 위해서 정의된 업무들이 효율적으로 수행될 수 있도록 이를 관리하고 통제하는 활동으로 주로 중간경영층의 업무활동이 이에 해당된다.

일상적 의사결정 활동

목표달성을 위해서 정의된 세부분야에서의 구체적인 업무와 관련된 활동으로 주로 하부관리자들의 업무활동이 이에 속한다.

기업의 활동을 구분하는 세 가지 관점을 종합해 보면, 계획을 수립하여 기업의 목표를 설정하고, 목표를 달성하기 위해서 필요한 자원을 조달하고 배분하는 등 효율적이고 조직적인 활동이 요구되며, 이를 지휘 감독하여 실행되도록 하며, 수립된 계획대로 진행되고 있는지를 확인하고 통제하는 활동이 필요하다. 그런데 이러한 계획, 조직화, 지휘, 통

그림 1.3 경영을 보는 관점

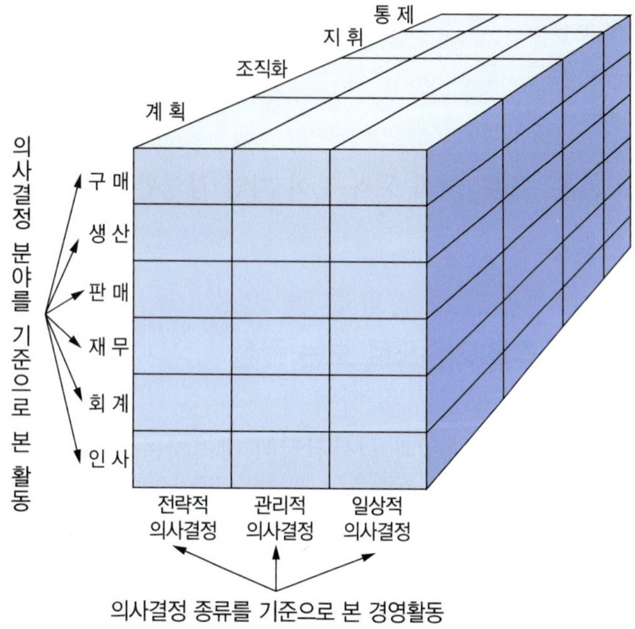

제활동은 기업의 각각의 업무분야별로 이루어지며, 각 업무분야에서 다양한 차원의 의사결정이 내려지게 된다.

이와 같은 기업의 활동을 정리하여 볼 때, 기업의 활동은 여러 가지 관점으로 나누어 질 수 있으나, 이 모두는 기업의 목표를 효율적으로 달성하기 위한 공동의 목표를 위한 것임을 생각할 때, 기업 활동의 어느 한 부분을 따로 생각하기 보다는 (그림 1.3)과 같이 전체를 하나로 보아야 할 것이다.

2. 가치사슬 관점에서 본 기업의 활동

기업의 활동을 구분하는 또 다른 기준은 가치사슬 관점에서 구분하는 것이다. 업종과 규모를 불문하고 어느 기업이든 추구하는 목표가 있으며, 이를 달성하기 위해서 수행할 업무들이 정의되어 있다. 기업이 추구하는 목표는 미리 정의된 업무들이 수행되는 과정을 통해서 달성되는데, 이처럼 기업이 추구하는 가치가 부가되는 연속된 활동들을 가치사슬(value chain)이라 한다. 예를 들어, 제조기업의 경우 제품을 생산하기 위해서 원자재를 조달하고, 이를 이용하여 제품을 생산하며, 영업활동을 통해서 판매함으로써 기업이 추구하는 이윤이 부가된다. 여기에서 기업에 부가되는 가치는 조달과정보다는 생산과정을 거친 후에, 생산과정보다는 판매과정을 거친 후에 더 늘어나기 때문에, 조달-생산-판매과정의 활동들을 가치사슬이라 하며, 가치사슬 모형을 부가가치흐름도(VACD: value-added chain diagram)라 한다.

포터(M.Porter)에 의하면, 모든 부가가치흐름도 상의 활동들은 본원적인 주활동(primary activity)과 지원활동(support activity)으로 구분된다.

본원적인 주활동

입고(원자재 조달), 운영(생산 및 처리), 출고(저장 및 분배), 영업 및 판매, 판매 후의 활동인 서비스 등 다섯 가지 활동으로 구분되며, 입고된 원자재는 생산과정을 거친 후 새로운 가치가 부가되고, 그 가치는 포장, 저장, 분배과정을 거치는데 이 과정을 통해서 역시 새로운 가치가 창출된다. 영업 및 판매활동을 통해서 고객에게 전달되고, 최종적으로 고객에게 서비스가 제공된다. 이 모든 과정을 거치면서 축적된 가치는 기업이 추구하는 이윤을 형성하게 된다.

그림 1.4 가치사슬상의 기업의 활동

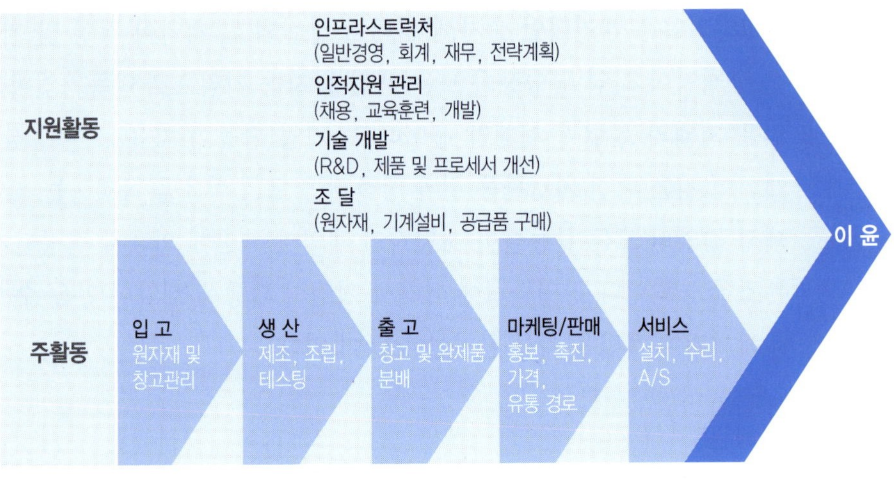

지원활동

이러한 본원적인 주활동은 기업이 보유하고 있는 인프라스트럭처, 보유기술, 인적자원, 시스템자원 등에 의해서 지원되는데, 이들 지원활동들은 본원적인 주활동을 지원할 뿐만 아니라, 지원활동간에도 서로 지원하며, 기업이 추구하는 목표를 효율적으로 달성할 수 있도록 한다.

04. 기업의 분류

기업은 분류 기준에 따라서 여러 가지 형태로 구분되는데, 가장 기본적인 형태는 법률상의 규정에 따라 합명회사, 합자회사, 유한회사, 주식회사 등으로 구분할 수 있으며, 소유와 지배를 중심으로 개인소유의 개인기업, 인적 공동기업 혹은 자본적 공동기업으로 나눌 수도 있다. 또한 기업의 출자자가 사적 민간인 혹은 정부나 공공단체냐에 따라서 사기업과 공기업 그리고 공동기업으로 분류되기도 한다. 그 이외에도 기업의 규모에 따라서 대기업, 중견기업, 중소기업, 소상공인으로 나누기도 한다.

1. 개인기업

개인기업은 개인적인 출자에 의해서 설립되고, 개인이 경영 및 지배하는 형태의 기업으로 개인이 기업 경영상의 모든 책임을 지는 기업으로 단독기업이라고도 한다. 개인기업은 기업의 설립과 폐쇄가 용이하고, 기업 활동이 자유로우며, 경영상의 모든 책임을 개인이 지는 대신 기업활동 결과 창출되는 모든 이윤을 독점하는 기업이다. 그러나 출자에서 경영의 모든 활동들이 개인적인 책임과 역량에 의해서 결정되기 때문에, 개인의 자본조달 능력이나 경영능력에 따라서 기업의 활동에 제약이 있을 수 있으며, 기업 부채에 대해서 무한책임을 져야 한다는 부담이 있다.

2. 인적 공동기업

인적 공동기업은 인적 관계에 의해서 결합된 두 사람 이상이 공동으로 출자하여 공동으로 경영하는 기업으로 개인기업의 형태와 유사하다. 경영과 출자 그리고 채무에 대한 책임정도에 따라서 합명회사, 합자회사, 유한회사 등으로 구분된다.

합명회사

2인 이상의 공동출자로 설립된 회사로 출자자 모두가 기업의 채무에 대해서 연대 무한책임을 지는 기업으로 모든 출자자가 경영에 직접 참가하며, 각자의 지분을 양도할 때에도 전체 구성원의 동의를 얻어야 하는 회사로 합명회사는 인적 공동기업의 전형적인 형태이다.

합자회사

합자회사는 출자사 진원이 경영에 참가하고 무한 연대책임을 지는 합명회사와 달리, 출자와 경영을 담당하는 무한책임 사원과 출자만을 담당하는 유한책임 사원으로 구성된 회사이다. 유한책임 사원은 출자액의 한도 내에서만 책임을 지며, 무한책임 사원은 출자액과 무관하게 무한책임을 지는 것이 특징이다.

유한회사

유한회사는 출자액 한도 내에서만 책임을 지는 유한책임 사원으로만 구성된 회사이며, 우리나라 상법에 의하면, 구성원의 수를 50인 이내로 제한하고 있으며, 전원 유한책임만을 지는 것으로 규정하고 있다.

무한책임 사원만으로 구성된 합명회사와 무한책임 사원과 유한책임 사원으로 구성된 합자회사의 경우 인적 법인기업으로 분류하며, 유한책임 사원만으로 구성된 유한회사와 유한책임을 지는 주주로 구성된 주식회사의 경우 물적 법인기업으로 분류하는 것이 일반적이다.

3. 자본적 공동기업

인적 공동기업의 특징은 구성원 사이의 인적 결합관계를 전제로 하기 때문에, 자본조달에 제약이 있으며, 출자와 경영이 분리되지 않기 때문에, 기업 활동상의 능률을 기대하기 어렵다는 단점이 있다. 이러한 문제점을 해결하기 위해서 구성원 사이의 인적 결합관계가 아닌 자본적 관계를 기초로 다수로부터 거액의 자본을 조달받고 이를 전문적 경영자가 관리하도록 하는 기업형태가 자본적 공동기업이며, 대표적인 형태가 주식회사이다. 즉, 주식회사는 하나의 자본 단체로서 주주의 출자에 의해서 설립된 것이기 때문에, 자본의 결합이 중요하며, 구성원의 개인적인 인적 결합은 중요하지 않다.

주식회사는 자본주의의 발달과 더불어 가장 보편화된 기업 형태라고 할 수 있으며, 주식회사는 성격상 국민경제에 미치는 영향이 크기 때문에, 주식회사의 설립과 운영에 대해서 구체적이고 엄격하게 규정하고 있다. 주식회사가 갖는 자본적 공동기업으로서의 특징은 다음과 같다.

- 자본의 증권화
- 유한책임
- 소유와 경영의 분리

또한 주식회사의 설립은 다른 인적 공동기업과 달리 설립 요건을 강화하고 있으며, 주식회사의 설립절차를 요약하면 다음과 같다.

① 발기인

발기인은 형식적으로 정관에 발기인으로 기명날인한 사람을 말하며, 따라서 주식회사 설립에 직접 참여하였더라도 정관에 발기인으로 기명날인하지 않았다면 법률적으로 발기인이 될 수 없다. 발기인의 자격은 특별한 규정이 없기 때문에, 행위 무능력자가 아니면 누구나 발기인으로 참여할 수 있다. 주식회사 설립 시 필요한 발기인의 수는 1주 이상을 인수한 1인 이상이여야 한다.

② 정관의 작성

정관은 발기인이 작성하여 공증을 받음으로써 효력이 발생하며, 정관에는 주식회사의 목적, 상호, 발행 주식 총수, 1주 금액, 회사의 소재지, 발기인의 설명과 주소 등이 포함되어야 한다.

③ 출자의무의 확정

정관 작성 후, 출자 의무를 확정해야 한다.

④ 출자의무의 이행

출자의무를 가진 자가 실제로 출자를 이행해야 한다.

⑤ 임원의 선정

발기인의 출자의무가 이행되면 발기인은 의결권과 과반수 찬성으로 이사와 감사를 선임한다.

⑥ 설립등기

임원의 선정이 완료되면 이사의 공동 신청으로 설립등기를 한다.

⑦ 사업자등록 신청

신설 법인의 설립 신고와 병행해서 본사 소재지 관할 세무서에 사업자등록을 신청한다.

05. 기업 경영과 경영자

기업의 궁극적인 목표는 추구하는 목표를 달성하는 그 자체를 넘어서 그 목표를 달성하는 데 소요되는 비용과 노력을 최소화하여 최대의 효과를 거두는 것이다. 따라서 다행스럽게 기업의 목표가 이루어진다고 해서 그러한 활동과정이 잘 수행되었다고 할 수는 없다. 일반적으로 경영은 사람들로 하여금 어떤 일을 효과적이고 효율적으로 수행케 하는 과정이라고 말한다. 여기서 어떤 활동이 효과적이라고 하는 것은 그 활동이 목표 달성에 의미 있는 활동이라는 것을 말하며, 또한 효율적이라고 하는 것은 그 활동방법이 다른 방법에 비해 자원의 소비가 적다는 것을 의미한다. 이러한 경영의 의미를 기업의 경우에 적용시킨다면 기업 구성원들이 기업의 목표를 위해 재화나 서비스를 생산하되 최소의 비용과 노력으로 이러한 활동을 수행하도록 하는 과정이라 할 수 있다. 즉, 기업을 경영한다는 것은 이러한 기본 원칙에 입각하여 기업 활동을 수행해 나가는 것을 의미한다.

그러나 기업은 비인격적인 존재이기 때문에, 추구하는 전략적 목표를 달성하기 위해서 정해진 업무를 계획하고 실행하며 이를 관리하는 일련의 행위들을 스스로 하지 못한다. 따라서 기업이 나아가야 할 방향을 설정하고 구체적인 경영 활동을 수행하며, 이를 관리할 주체가 필요하며, 이러한 역할을 담당하는 인격체를 경영자라 한다. 경영자는 기업을 구성하는 기업조직 구성원이면서 기업조직이 추구하는 공동의 목표를 달성하기 위해서 없어서는 안 될 중요한 위치를 차지하고 있다.

경영자에 대한 구체적인 정의 방법은 다양하지만, 일반적으로 기업의 전체 조직 혹은 부분 조직체의 전략을 수립하고, 수립된 전략이 수행되도록 효율적으로 관리하며, 실제 운영활동을 주관하는 사람 또는 기업 구성원의 세부적인 활동을 조정하고 부분 조직들이 기업 전체의 공동의 목표를 달성할 수 있도록 방향을 제시하고 조정하는 기능을 수행하는 사람을 말하며, 일반적으로 다음과 같은 기준에 의해서 분류하는 것이 보통이다.

- 의사결정의 유형과 수직적 위계질서에 의한 분류
- 수평적 차원의 분류
- 조직의 발전과정에 따른 분류

1. 의사결정 유형과 수직적 위계질서에 의한 유형분류

경영자의 유형은 의사결정의 유형과 수직적 위계질서에 따라 분류한다. 이와 같은 의사결정의 유형과 수직적 위계질서에 따른 경영자 유형의 분류는 다음과 같다.

최고경영자

최고경영자는 기업의 장기적인 목표를 설정하고, 회사방침이나 비전을 제시하고 설정하는 등 기업이 나아가야 할 방향을 설정하고 이에 관련된 전략적 의사결정을 하는 사람들로서 최고경영자(CEO: Chief Executive Officer), 기업의 부분조직별 임원(COO: Cief Operating Officer, CFO: Chief Financial Officer, CIO: Chief Information Officer, CKO: Chief Knowledge Officer) 등이 이에 속한다.

그림 1.5 의사결정의 종류와 수직적 위계질서에 따른 경영자의 분류

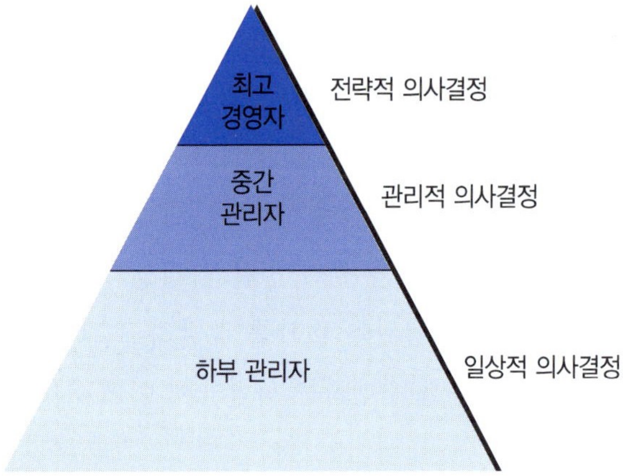

중간관리자

중간관리자는 최고경영자들을 통해서 수립되고 설정된 기업의 전략적 목표 혹은 부분조직이 추구할 목표를 효율적으로 달성하기 위해서 정의된 업무를 관리하고 통제하는 업무의 관리적 의사결정을 수행하는 역할을 담당하는 경영층을 말하는데, 구매, 생산, 판매 혹은 회계조직부서장 등이 이에 포함된다.

하부관리자

하부관리자는 주로 기술적인 혹은 업무수행에 관련된 능력을 갖추고 있으면서 주로 일상적인 업무를 수행하는 작업자를 관리 감독하는 역할을 수행하는 하위 경영층으로 일선감독자 혹은 작업팀장 등이 이에 속한다.

2. 수평적 차원의 유형분류

수평적 차원에서의 경영자 유형은 기업의 구체적인 업무기능 중심의 경영자와 전체의 기업 활동 중심의 경영자로 분류된다.

기능중심의 경영자

이들은 기업의 구체적인 업무기능(구매, 생산, 판매, 회계 등)을 관리하고 감독하는 경영자로서 이들이 수행하는 임무는 주로 대기업의 부장, 차장, 과장이나 대리에 해당되기 때문에, 대기업에서는 기능중심의 경영자를 중간관리자로 분류한다.

일반 경영자

기능중심의 경영자와는 달리 전반적 경영자는 기업의 특정 업무에 국한되는 것이 아니라, 전체적인 업무행위와 결과를 총괄하고 감독하는 역할을 담당하는 경영자로 주로 이사급 이상의 임무를 수행하는 사람들이 이에 속한다.

3. 조직의 발전과정에 따른 경영자의 유형분류

조직의 발전과정에 따른 경영자의 유형은 소유경영자와 고용경영자 그리고 전문경영자로 구분하는 것이 일반적이다.

소유경영자

소유경영자는 기업을 소유하고 있으면서 직접 경영에 참여하여 기업의 운영과 관리업무를 수행하는 경영자를 말한다.

고용경영자

기업설립 초기에는 소유경영자가 기업을 직접 운영하는 것이 보통이지만, 기업의 규모가 커지고 기능이 방대해지면서 소유경영자를 보조하여 특정 분야의 경영과 관리를 총괄하는 경영자를 말한다.

전문경영자

기업의 경영환경이 전문화되고, 대규모화된 자본이 필요함에 따라서 소유와 경영이 분리되는 형태로 진화하고 있는 상황에서 기업경영 임무만을 수행하는 경영자를 전문경영자라 한다.

4. 기업 경영자가 갖추어야 할 능력과 자질

경영자는 업무적 활동보다는 계획, 조직, 충원 및 통제 등의 관리적 임무를 수행하는데, 경영자의 임무수행 결과는 기업의 전략적 목표달성은 물론 기업의 성공과 실패까지를 결정할 수 있기 때문에, 다음과 같은 능력이 필요하다.

전문지식

최고경영자는 업무적 활동을 주로 하지는 않지만, 중간관리자 혹은 하부관리자는 기업이 추구하는 전략적 목표를 효율적으로 달성할 수 있도록 관리하는 임무를 수행하기 때문에, 기업 구성원들의 직무수행과 관련하여 전문성이 없으면, 구성원이나 조직에 큰 영향력을 발휘할 수가 없다. 따라서 경영자는 특정 분야의 전문지식을 갖추어야 한다. 여기에서 말하는 전문지식은, 업무에 관련된 지식으로 특히, 업무와 관련하여 의사결정을 해야 하는 경우 결정에 따른 파급효과를 극대화하거나 혹은 위험을 최소할 수 있도록 관련 분야의 다양하고 폭넓은 지식을 갖추어야 함을 의미한다. 이런 의미에서 전문지식은 현장실무능력(technical skills)으로도 해석할 수가 있다.

전문기술

경영자가 갖추어야 할 전문기술은 분석적 기술(analytical skill)과 관리적 기술(administrative skill)로 나눌 수 있는데, 분석적 기술은 의사결정이 필요한 순간마다 그 상황을 빠르고 정확하게 포착하여, 의사결정에 영향을 미치는 요인들과 의사결정에 따른 위험요인들을 분석하여 어떠한 의사결정이 기업에 유리한지를 판단할 수 있는 기술을 의미한다. 관리적 기술이란 기업이 추구하는 목표를 설정하고 이를 효율적으로 달성하기 위한 경영활동을 지속적으로 관리하고 통제할 수 있는 능력을 말한다.

창조적이고 진취적인 자세

경영자는 실패에도 굴하지 않는 불굴의 도전정신으로 설정한 목표를 달성하기 위해서 노력하는 자세를 가져야 한다. 또한 창조적이고 진취적인 자세야말로 현대의 기업경영자가 갖추어야 할 빼놓을 수 없는 요구조건 중에 하나이다.

경영자가 갖추어야 할 세 가지 능력은 - 전문지식, 전문기술, 창조적이고 진취적인 자세 - 경영층에 따라 비중이 달라진다. 예를 들어, 최고경영자의 경우에는 창조적이고 진취적인 자세와 전문지식이 중요한 반면, 하부경영자의 경우에는 전문기술이 큰 비중을 차지할 것이다. 21세기 무한경쟁시대를 맞이하여 기업간의 치열한 경쟁이 가속화되고 있다. 이와 아울러 정보기술의 급속한 발전으로 경영패러다임이 변화하고, 경영환경변화가 가속화되어 그 어느 때보다 경영자의 수준 높은 자질이 요구된다. 현대 기업에서 경영자에게 요구되는 자질은 다음과 같은 세 가지로 구분할 수가 있다.

- 기업비전을 제시할 수 있는 능력
- 기업의 전사적 자원을 개발하고 효율적으로 활용할 수 있는 능력
- 글로벌 기업 환경변화에 적응할 수 있는 능력

요약 정리

❖ 현대사회에서 기업은 원재료를 이용하여 제품을 생산하여 소비자에게 판매하고, 소비자는 그들의 노동력을 제공하고 그 대가로 제품을 구입하여 소비한다. 이러한 과정은 원시사회처럼 단순히 생산과 소비가 동일한 주체에 의해 이루어지지 않기 때문에, 생산전문조직체 즉 기업과 소비주체가 각각의 운영원리 또는 목표에 의해 행동하며 존재한다는 것이다. 특히 각각의 운영원리는 예전처럼 공동체의 존속이라는 목표를 내세우는 것이 아니라, 각각의 이기적인 목표를 위해 행동한다.

❖ 기업의 목표는 재화 및 서비스의 생산과 판매를 통한 이윤의 창출이다. 그리고 이를 위해 기업은 이 목표를 위해 일할 사람들을 모집하며, 각 구성원들은 자기가 해야 할 일에 따라서 하부조직을 구성하고 또한 각 조직은 이들 구성원의 노력을 통합할 수 있는 계층구조를 가진다. 즉, 기업은 이윤창출을 위해 재화나 서비스를 생

산, 판매하는 사람들의 조직이라고 할 수 있으며, 이러한 기업이 존재하기 위해서 인적자원, 물적자원, 기술적자원 그리고 정보자원이 필요하다.

❖ 기업경영이란 이윤 극대화라는 기업목표를 달성하기 위한 여러 활동과 이들 활동을 효과적이고 효율적으로 수행하기 위한 활동이라고 할 수 있으며, 이에는 업무적 활동과 관리적 활동으로 나뉜다. 기업의 전체 활동은 의사결정 관점과 가치사슬 관점에서 분류되는데, 의사결정 관점에서는 의사결정의 범위와 대상과 과정에 따라서 구체적인 기업의 활동을 세분화하며, 가치사슬 관점에서는 기업의 본원적인 주활동과 지원활동으로 구분한다.

❖ 기업을 분류하는 가장 기본적인 형태는 법률상의 규정에 따라 합명회사, 합자회사, 유한회사, 주식회사 등으로 구분하는 것이며, 소유와 지배를 중심으로 구분할 경우에는 개인기업, 인적 공동기업 혹은 자본적 공동기업으로 구분한다. 또한 기업의 출자자의 신분에 따라서 사기업과 공기업 그리고 공동기업으로 분류되기도 하며, 기업의 규모에 따라서 대기업, 중견기업, 중소기업으로 나뉜다.

❖ 경영자의 유형은 일반적으로 의사결정의 유형과 수직적 위계질서에 의한 분류(최고경영자, 중간관리자, 하위관리자), 수평적 차원의 분류(기능중심의 경영자, 전반적 경영자), 조직의 발전과정에 따른 분류(소유경영자, 고용경영자, 전문경영자) 방법으로 나뉜다. 또한 경영자는 업무적 활동보다는 계획, 조직, 충원 및 통제 등의 관리적 임무를 수행하는데, 경영자의 임무수행 결과는 기업의 전략적 목표달성은 물론 기업의 성공과 실패까지를 결정할 수 있기 때문에, 전문지식, 전문기술 및 도전적이고 진취적인 자세가 필요하다.

연습문제

주관식

1. 국가경제에서 기업의 역할과 목표가 무엇인지 설명하시오.
2. 국가경제를 구성하는 주체를 열거하고 설명하시오.
3. 기업의 자원을 네 가지 범주로 나누어 구체적으로 설명하시오.
4. 기업을 분류기준별로 나누어 분류기준별로 어떤 형태의 기업이 있는지 설명하시오.
5. 기업의 활동을 분류하는 기준과 이에 속하는 활동들을 설명하시오.

객관식

다음 질문을 읽고 맞는 답을 고르시오.

1. 현대 자본주의 사회에서의 국민경제 주체로 보기 어려운 것은?
   ① 국가　② 기업
   ③ 소비자　④ 이익단체

2. 기업의 자원 중 성격이 다른 하나는?
   ① 물적 자원　② 정보자원
   ③ 인적 자원　④ 기술적 자원

3. 다음 중 기업의 관리적 활동이 아닌 것은?
   ① 계획　② 조직화
   ③ 관리　④ 통제

4. 다음 중 제조기업의 본원적인 주 활동이 아닌 것은?
   ① 인사관리　② 생산관리
   ③ 구매관리　④ 영업/판매

5. 다음 중 경영자의 유형을 분류하는 기준으로 부적절한 것은?
   ① 업무활동의 수준
   ② 수평적 차원의 책임영역
   ③ 조직의 발전과정
   ④ 의사결정의 유형과 수직적 위계질서

6. 다음 중 의사결정의 종류와 경영자의 유형이 바르게 연결되지 않은 것은?
   ① 최고경영자 - 전략적 의사결정　② 중간관리자 - 관리적 의사결정
   ③ 하부관리자 - 운영적 의사결정　④ 하부관리자 - 일상적 의사결정

7. 기업조직의 발전과정에 따른 경영자 유형으로 보기 어려운 것은?
   ① 소유경영자　② 전문경영자
   ③ 고용경영자　④ 기능중심의 경영자

8. 기업 경영자가 갖추어야 할 능력과 자질을 모두 고르시오.
   ① 부분조직의 구체적인 업무처리 능력
   ② 창조적이고 진취적인 도전정신
   ③ 경영분석 능력
   ④ 글로벌 기업경영 환경변화에 적응할 수 있는 능력

단답식

다음 물음에 답하시오.

9-10. 다음 그림은 경제주체 사이의 재화, 용역, 서비스의 흐름을 나타낸 것이다. 빈 네모상자에 알맞은 주체를 적으시오.

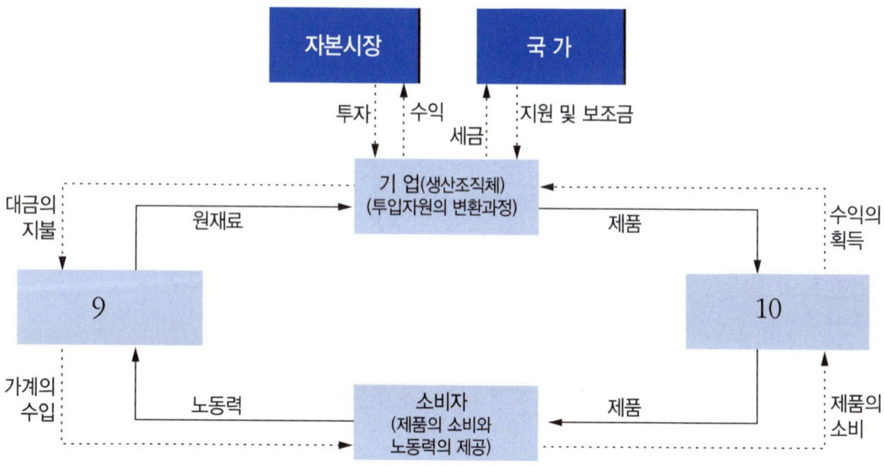

11. 의사결정의 종류와 수직적 위계질서에 따라 경영자를 분류할 때, 구분되는 경영자의 유형 세 가지를 쓰시오.

12. 현대 기업의 경영자가 갖추어야 할 자질 가운데 기업경영 중에 직면하게 되는 많은 문제를 해결하는 데 필요한 자질을 세 가지만 쓰시오.

13 - 14. 다음 괄호 안을 알맞게 채우시오.

기업경영이란 이윤 극대화라는 기업목표를 달성하기 위한 여러 활동과 이들 활동을 효과적이고 효율적으로 수행하기 위한 활동이라고 할 수 있으며, 이에는 (   )과 (   )로 나뉜다.

15. 기업의 목표를 달성하는데 필요한 자원 중에 타의적으로 유실되거나 유출될 수 있는 위험이 있기 때문에, 특별한 관리가 필요한 자원은 어떤 자원인가?

객관식 해답

1.④ 2.② 3.③ 4.① 5.① 6.③ 7.④ 8.②, ③, ④

객관식 해답

9. 조달시장 10. 판매시장 11. 최고경영자/중간관리자/하위관리자 12. 진취적이고 도전적인 자세/전문기술/전문지식 13. 업무적 활동 14. 관리적 활동 15. 정보자원

참고 문헌

- 단국대학교 경영학원론 출판위원회, 21세기 경영학원론, 양서각, 2005.
- 배수진, 현대 경영학의 이해, 학문사, 2006.
- 서용호 외, e-비즈니스시대의 경영정보시스템, 한경사, 2007.
- 이동훈, 전자상거래와 e-비즈니스의 이해, 한빛미디어, 2006.
- 임창희, 경영학원론, 학현사, 2007.
- 조동성, *Principles of Management,* 서울경제경영, 2000.
- Plunkett, W.R. & Attner, R.F., *Introduction to Management*, International Thomson Publishing 1994.
- Robbins, S.&D.Deeenzo, *Fundamentals of Management* (2. ed.), Prentice Hall, 1998.

제2장
기업과 환경과 사회

1. 기업과 사회의 관계

2. 이해관계자 관리

3. 이해관계자의 분류

4. 이해관계자별 주요 이슈와 관리방안

Opening Case 리콜을 해? 말아?

최근에 L자동차회사는 지프형 신형자동차 '스포쓰'를 개발 판매하기 시작하여 대단한 인기를 거두고 있다. 그런데 이 신차를 판매하기 시작한 지 3개월 만에 그 신차의 뒷바퀴 회전장치에 결함이 있다는 것을 회사의 기술자가 발견하였다. 그러나 이 사실이 대외적으로 알려지면 회사의 이미지에 큰 손상을 줄 것이고, 또 제품을 모두 회수해야 할지도 모르는데 그렇게 되면 회사로서는 상당한 비용의 손해를 볼 것이다.

그런데 '스포쓰' 차에 결함이 있다는 것은 회사 외부에서는 아직 아무도 모르는 극비상태이다. 이 문제를 두고 L자동차회사의 경영진은 어떻게 대처해야 할 것인가를 두고 고민을 하고 있다. 극비로 고급간부회의를 하여 이 문제를 토론한 결과 세 가지의 대안이 나왔다.

첫 번째는, 그 제품결함은 고장을 자주 일으킬 염려는 있어도 그 때문에 인명에 치명적인 결과를 초래하지는 않을 것이니 그냥 그대로 있고, 고장이 나면 운전자의 요청에 의하여 고장차로서 수리를 하면 된다는 견해이다.

두 번째는, 결함이 없는 제품을 팔아야 할 책임이 회사에게 있는데 이 사실이 외부에 알려지면 국내 2위를 겨냥하는 회사의 명예에 큰 타격을 줄 것이니 소비자가 신차의 첫 무료점검(1000km)을 받으러 차를 가지고 오면 소비자가 모르게 불량부품을 교체해 주는 방안이다. 이렇게 하면 제품을 회수하는 것보다도 비용은 적게 들고 기업은 윤리적으로 해야 할 일은 한 셈이 되고 회사의 명성에도 손상이 가지 않을 것이라고 생각하였다. 그러나 그러던 중에 그 내용이 외부에 알려져서 여론화되면 오히려 회사의 명성에 더 큰 손해를 줄 것이다.

세 번째로는, 아직 아무도 모르는 상태에서 회사가 이 사실을 대외적으로 공개하고 제품회수 또는 부품의 무상 교체를 선언하자는 안이다. 이렇게 하면 당장에 비용은 많이 들어도 비밀의 대외노출을 염려할 필요도 없고 결과적으로는 회사의 명성에도 도움이 될 것이라는 생각이다.

K사장은 이 문제를 가지고 고민 중이다. 어쨌든 비밀이 외부로 새어나가기 전에 빨리 결정을 내려야 할 입장이다. 여기서 K사장은 고객, 주주, 종업원, 경쟁사, 정비업체, 정부, 언론, 소비자단체 등 많은 이해관계자들의 입장을 고려해야 할 것이다.

자료 : 이종영, 기업윤리, 삼영사, 2008, pp.165~166. 참고로 작성

01. 기업과 사회의 관계

1. 사회란 무엇인가?

기업과 사회의 관계에서 사회(society)란 어떤 지역사회, 국가 또는 공통된 관습, 가치관, 제도, 그리고 집단 활동이나 이해관계를 갖는 광범위한 인간집단이라고 정의할 수 있다.

즉 기업과 지역사회를 말하는 경우에는 기업과 특정 지역사회(예 : 남양유업과 천안사회)를, 기업과 전체 사회로서의 국가를 말하는 경우에는 기업과 특정 국가(예 : 삼성전자와 한국사회)를 기업과 사회집단을 말하는 경우에는 기업과 특정한 사람들의 집단(기업과 소비자, 주주, 사회단체)을 의미하는 것이다.[1)]

한편 사회와 경영의 연구에 있어서 사회의 개념은 어떤 특정 부분을 강조하는 개별적 사회를 말하기도 하고, 사회 전체를 총체적으로 의미하기도 한다. 여기에서 개별적인 사회는 크게 사회기관, 사회적 환경, 물리적 환경으로 구분된다.

첫째, 사회기관으로서의 사회는 기업과 긴밀한 상호관계를 갖고 있는 다양한 기관이나 조직을 말하는 것으로서 예를 들면 정부, 지역사회, 소비자단체, 노동조합, 일반주주, 공급업자 등의 이해관계집단이 될 것이다.

둘째, 사회적 환경으로서의 사회는 경영자의 의사결정에 영향을 미치는 사회의 윤리나 규범을 말하는 것으로서, 예를 들면 소비자주의나 산업민주주의 같은 사회이념의 변화, 경제개방화 · 자율화 같은 사회 환경의 변화, 사회적 가치나 정당성을 요구하는 시민단체 등이 포함될 것이다.

셋째, 물리적 환경으로서의 사회는 기업의 경영활동에 제약을 가하는 영향요인을 말하는 것으로서, 예를 들면 자원, 대기, 수질, 자연 등이 될 것이다.

또한, 총체적 사회는 위에서 설명하고 있는 개별적 사회의 개념을 포괄하는 전체로서의 사회를 말하는 것이다.

2. 기업과 다원화사회

기업은 모든 자원(인적 자원, 물적 자원, 재무자원, 정보자원 등)을 사회(환경)로부터 받아들이고 변환과정(transformation process)을 통하여 산출된 제품이나 서비스를 다시 사회로 환원하는 개방시스템(open system)[2] 으로서 기업과 사회(환경)는 상호작용을 반복하는 상호의존적 관계에 있다. 즉 기업은 외부환경인 사회로부터 경영에 필요한 모든 자원을 조달하여 투입하고, 변환과정을 거쳐 생산된 제품이나 서비스를 다시 사회로 내보내는 일련의 과정을 반복하면서 생존과 발전을 지속하는 살아있는 유기체(organism)이다. 이 과정에서 피드백을 통해 성과에 대한 사회의 영향이나 경영과정을 평가받게 된다.

또한 오늘날의 기업은 다양한 인종, 종교, 가치관, 정치적 신념을 가진 사람들이 함께 공존하는 다원화된 사회 속에서 경영을 하고 있다. 여기서 다원주의(pluralism)란 국가의 권력이 사회의 많은 집단과 조직에 분산되어 있는 상태를 의미하며, 다원화사회(pluralistic society)란 사회 전반에 분권화가 진행되어 권력이 어느 특정 집단에 집중되지 않은 다양한 사회를 말한다(McGuire,1963). 즉 다원화사회의 핵심개념을 분권(decentralization)과 다양성(diversity)이라고 할 수 있다. 이와 같은 다원주의, 다원화사회에 대한 개념은 자본주의와 민주주의를 뒷받침하여 주는 현대사회에서 매우 중요한 이데올로기라고 할 수 있다.[3]

기업과 사회의 관계를 논의할 때 다원화사회를 구성하는 하위집단이나 하위기관으로는 소비자단체, 여성단체, 환경단체, 청소년단체 등과 같은 특수한 사회적 목적을 갖고 설립된 영리를 추구하는 기업, 그리고 공공의 이익을 합법적으로 다루는 정치집단, 법률집단, 경제단체, 종교단체 등 다양한 기관들이 포함된다.[4]

다원화사회는 다음과 같은 장 · 단점을 갖고 있다.

먼저, 장점으로는

① 소수에게 권력이 집중되는 것을 방지함으로써 권력의 분산이 가능해진다.

② 표현과 행동의 자유를 최대한 존중함으로써 집단에 대한 개인의 주장이 분산된다.

③ 단일집단이 사회를 지배할 수 없도록 하고 여러 집단이 적절한 권력을 행사할 수 있도록 견제와 균형(check and balance)을 제공한다.

④ 개인의 집단에 대한 충성이 분산되어 한 조직의 리더가 통제되지 않는 권력 행사를 하는 위험을 최소화할 수 있다.

그리고 단점으로는

① 다양한 조직들이 그들만의 이익을 추구하는 환경을 만들게 되어, 사회의 다양한 욕구를 통합하고 조정하기가 어렵다.

② 집단이나 기구가 늘어나도 그들의 목표와 기능이 중복되어 혼란을 일으킬 수 있다.

③ 자율성을 강조하고 각자의 이익을 추구하기 때문에 집단간의 심각한 갈등을 초래할 수 있다.

그러나 이러한 단점에도 불구하고 다원주의는 권력의 독점과 횡포를 막고 사회적 세력균형을 달성하여 사회를 다양하게 발전시켜 온 원동력이 되고 있다.

3. 기업에 대한 사회의 요구와 대응[5)]

첫째, 산업사회가 고도로 발전하고 풍요로운 사회(affluent society)가 됨에 따라 사람들의 교육수준이 높아지고 의식수준도 향상됨으로써 기업에 대한 사회적 기대(social expectancies)가 높아졌으며, 기업의 횡포와 환경오염에 대한 시민들의 대항력(countervailing power)도 커지게 되었다. 따라서 사회구성원들은 기업의 독난과 비윤리적인 행동으로부터 보호받는 것을 자신의 당연한 권리로 인식하게 되었고, 이러한 권리를 찾기 위해, 사회단체를 조직하고 국내외적인 연대활동을 통해 기업에 대한 비판과 견제를 하고 있다.

둘째, 신문, 방송, 잡지 등 대중언론은 기업에 대한 비판과 감시를 촉진하는 요인이다. 특히 텔레비전은 국민들의 사회에 대한 인지와 기대수준을 높이고 기업이나 정부의 부정적인 측면에 대한 다양한 정보를 제공함으로써 사회의 비판 분위기 조성에 앞서고 있다.

셋째, 사회의 기업에 대한 기대가 현실을 능가하고 있다. 시민들은 기업에 대하여 건전한 경제, 높은 고용수준, 국민의 건강, 삶의 질 개선, 위험하지 않은 제품생산 등 많은 것을 기대하고 있다. 그러나 기업에 대한 사회적 기대에 기업들이 적극 부응하지 못함으로써 사회적 갈등과 마찰을 초래하기도 한다.

넷째, 기업 또한 규모가 커지고 발전함에 따라 사회적 영향력을 행사하고 있다. 이러한 영향력을 남용함으로써(예: 환경오염, 종업원의 저임금 착취, 불량제품이나 서비스 · 생산, 뇌물, 회계부정 등) 사회적 비판이 고조되기도 한다.

따라서 이러한 기업에 대한 사회의 비판에 대응하는 방식은, 다음과 같이 기업의 윤리적 행동과 이해관계자 집단에 대한 이해의 균형을 도모하는 두 가지 방향으로 접근할 수 있다.

첫째, 사회의 윤리적 문제의 본질을 명확히 규명하고 경영관리 차원에서 합리적인 대응방안을 제시하여야 하고, 둘째, 조직 내외의 이해관계자 집단의 이해에 대한 관심을 확인하고 이해 균형을 위한 조정방안을 강구할 필요가 있다. 이러한 사회적 요구나 비판에 적극적으로 대응하지 못할 경우, 기업과 사회와의 갈등이나 마찰과 같은 사회적 이슈(social issues)로 발전할 수 있다. 따라서 기업은 사회적 기대와 요구의 내용을 이해하고 변화를 예측하며 적절하게 대응함으로써 사회적 이슈의 발생을 예방하고 현대기업으로서의 사회적 정당성을 획득할 수 있다.

02. 이해관계자 관리

1. 이해관계자의 정의

기업은 많은 사회적 집단과의 관계 속에서 경영활동을 수행하기 때문에 활동에 제약을 받지 않을 수 없다. 따라서 어느 한쪽의 유리한 상황은 다른 한쪽의 집단에게 불리한 상황이 될 수 있기 때문에 그들은 압력집단으로서의 성격을 지닌다.

이와 같이 기업이 경영활동을 수행할 때 서로 관련성을 가지며 영향을 미치는 여러 집단을 이해자 집단(interest group)이라 한다.[6]

일반적으로 이해관계자(stakeholders)란 기업활동에서 직 · 간접으로 영향을 받는 사람들을 말한다. 이는 기업의 행동에 의하여 이익을 보거나 손해를 보고 권리를 침해당하거나 손상당하는 개인이나 집단을 의미한다(Carroll,1989:56). 즉 이들은 기업활동에 얼마나 직접적으로 관련되느냐에 따라서 분류해 보면 제1차 이해관계자, 제2차 이해관계자, 제3차 이해관계자로 나눌 수 있으며 이를 정리해 보면 〈표 2.1〉과 같다.[7]

이해관계자를 다음의 세 가지 범주의 이해관계(stake)를 중심으로 나누어 볼 수도 있다. 여기서 이해관계란 사업 또는 거래에 있어서 얻게 되는 이익이나 몫(share)을 의미하는 것으로서, 거래관계에 있어서 어떤 것에 대한 권리를 주장하거나 요구하는 것을 말한다.

표 2.1 회계의 분류

구 분	당사자
제1차 이해관계자	기업주, 주주, 경영자, 종업원
제2차 이해관계자	고객, 협력업체, 경쟁사, 노동조합
제3차 이해관계자	지역주민, 소비자단체, 정부, 언론 등

첫째, 소유권(ownership)을 기반으로 한 이해관계이다. 소유권이란 자본을 출자한 대가로서 주어지는 기업의 자산 또는 각종 재산에 대한 법률적 청구권을 말한다.

둘째, 권리(right)를 기반으로 한 이해관계이다. 권리란 기업의 생존과 경영활동에서 필요한 각종 투입물 및 에너지를 제공한 것에 대해 보호받아야 할 일정한 청구권으로서 근로자의 단체교섭권 및 단체행동권, 남녀평등권, 소비자권리, 채권자권리 등이 있다.

셋째, 노동력 제공에 대한 임금 청구권, 제품 구매에 따른 물품 및 서비스 청구권, 대출 원금 및 이사 청구권, 납품대금 및 계약이행 요구권, 이익 또는 이해(interest)를 기준으로 한 이해관계이다. 일반적으로 이해(利害)란 어떤 결정이나 행동에 의해 영향을 받는 것을 의미하는데, 광의로 보면 소유권이나 권리를 모두 포함하지만 좁은 의미로는 기업 활동의 기능과 관련된 이익이나 손해관계를 말한다.[8)]

2. 이해관계자 관리의 중요성

오늘날 기업들은 경영활동에 직·간접적으로 관련성이 있는 이해집단들이 증가함으로써 매우 복잡한 상황에 직면하고 있다. 특히 이해관계자들은 기업의 운영에 중대한 손상을 가져다 줄 수 있는 반면에 회사의 어려운 문제에 대해 크게 지원할 수도 있다. 따라서 경영자들은 모든 이해관계자들의 서로 상충된 이해관계를 조화롭게 조정할 책임이 갈수록 높아지고 있다. 따라서 경영자들은 기업의 전반적인 활동방향(미션, 목표, 전략)을 설정하고 사업계획을 효율적으로 달성하기 위해서는 이해관계자들의 이해관계와 기대를 고려하여 지혜롭게 관리할 필요가 있다.

이해관계자 관리는 기업의 윤리적, 사회적, 경제적 문제를 고려하여 결정하게 되며 적어도 다음 5가지의 기본 정보를 바탕으로 이루어져야 한다.

그림 2.1 이해관계 범주별 이해관계자

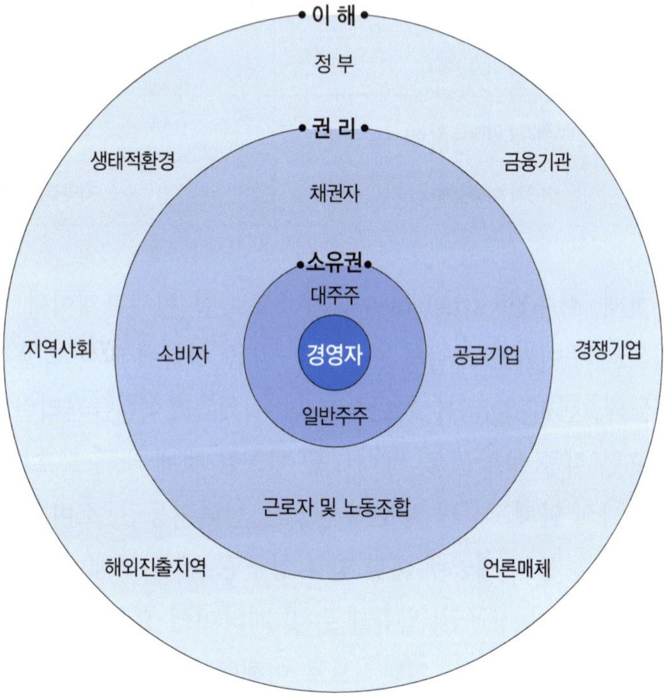

① 누가 기업의 이해관계자들이고,

② 이해관계자들의 이해와 관심은 무엇이며,

③ 이해관계자들이 기업에 제공하는 기회와 도전이 무엇이고,

④ 기업이 이해관계자들에게 해야 할 책임(경제, 법률, 윤리, 자선)이 무엇이며,

⑤ 이해관계자의 도전과 기회를 다루기 위한 최선의 전략이나 행동방안이 무엇인가를 파악해야 한다.[9)]

03. 이해관계자의 분류

기업의 이해관계자에 대한 분류방식은 다음 몇 가지 관점에서 구분해 볼 수 있다.

첫째, 이해관계자가 기업의 외부에 존재하느냐, 내부에 존재하느냐에 따른 분류방식으로서 외부이해관계자와 내부이해관계자로 나누는 것이다(Donaldson & Preston, 1995). 전자는 고객, 경쟁업체, 협력업체, 정부, 언론, 금융기관, 사회단체, 지역주민 등이 있고, 후자는 종업원 및 노동조합, 주주 등이 포함된다.

둘째, 환경의 분류체계에 따른 일반환경과 과업환경 중 후자를 1차적 이해관계자(직접 이해)와 2차적 이해관계자(간접 이해)로 나누는 방식이다(Carroll,1989; Ketal,1998). 여기서 1차적 이해관계자는 종업원과 노동조합, 주주, 고객, 공급업체, 유통업체, 채권자 등이 있고, 2차적 이해관계자는 지역사회, 정부, 언론매체, 사회운동단체(소비자연맹, 환경단체 등), 일반공중, 지원집단 등이 있다.

셋째는 이해관계 범주별 분류방식으로서 소유권(ownership)을 기반으로 한 이해관계자(주주), 권리(right)를 기반으로 한 이해관계자(종업원 및 노동조합, 고객, 채권자, 공급업체 등), 이해(interest)를 바탕으로 한 이해관계자(환경보호단체, 지역사회 등)로 나누는 방식이다(Wood, 1990; Carroll,1989).

그런데 위의 세 가지 분류방식 중 주로 두 번째 분류방식이 일반적으로 많이 활용되고 있는 바, 이를 중심으로 정리해 보고자 한다.

1. 1차적 이해관계자

1차적 이해관계자(primary stakeholders)란 기업이 사회에 제품이나 서비스를 공급하기 위한 1차적 목적을 수행하는 과정에 직접적으로 영향을 미치는 상호작용 집단을 말하는 것으로서, 기업의 1차적 상호작용은 제품이나 서비스를 생산하여 소비자에게 공급하는 경영활동을 수행하는 데 필요한 모든 직접적인 관계를 포함한다. 이러한 1차적 상호작용(이해관계)은 제품이나 서비스의 생산을 위한 자원을 조달하거나, 산출한 제품이나 서비스를 판매하는 과정에서 발생하는 것으로 경영자의 전략이나 정책결정에 결정적인 영향을 미치며, 이러한 상호작용관계를 갖는 1차적 이해관계자들은 종업원 · 주주 · 공급업자 · 유통업자 · 채권자 · 고객 등이 포함된다(그림 2.2).

그림 2.2 기업과 1차 이해관계자의 관계

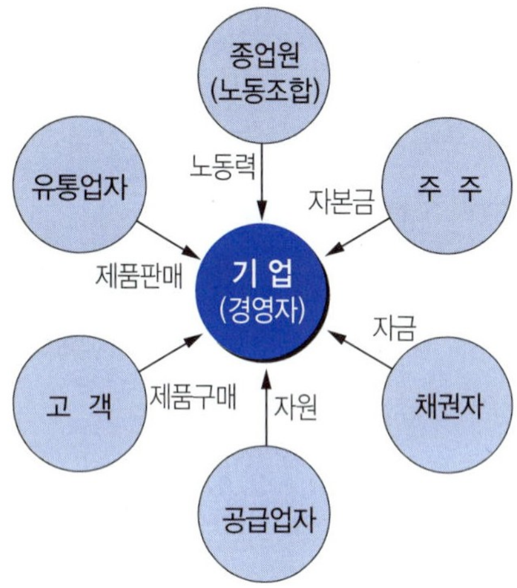

종업원은 기업에 직무기술 및 지식을 제공하고, 주주와 채권자는 기업에 금융자원을 공급하며, 공급업자는 원료, 에너지 소모품을 공급한다. 그리고 유통업자(도매상, 소매상)는 기업이 생산한 제품을 소비자에게 전달하며, 고객들은 제품을 구매하여 사용하고 소비한다. 이러한 1차적 이해관계자들은 기업과의 거래와 교환을 통하여 기업의 유지 · 발전에 중요한 영향을 미친다.[10)]

2. 2차적 이해관계자

2차적 이해관계자(secondary stakeholders)란 기업의 기본적 활동이나 의사결정에 직 · 간접적으로 영향을 미치고, 기업의 활동이나 의사결정에 의하여 영향을 받는 사회의 개인 및 집단으로서, 즉 기업의 거래관계를 통한 이해관계자 이외에 기업의 경영활동에 대한 관심을 나타내는 개인이나 집단들을 말한다. 따라서 2차적 상호작용은 이해관계자들이 기업의 활동에 대하여 어떤 이해관계나 관심을 나타낼 때 발생하게 된다. 이러한 상호관계를 갖는 2차적 이해관계자는 지역사회, 정부, 사회운동단체, 언론매체, 기업지원집단(협회 · 연구소), 일반공중 등이 포함된다(그림 2.3).

이러한 2차적 이해관계집단들은 기업과 거래 또는 교환에 의한 이해관계는 없지만 기업의 경영활동에 수반되는 사회적 문제에 대한 비판이나 규제를 통하여 영향을 미치게 된다.

그림 2.3 기업과 2차 이해관계자의 관계

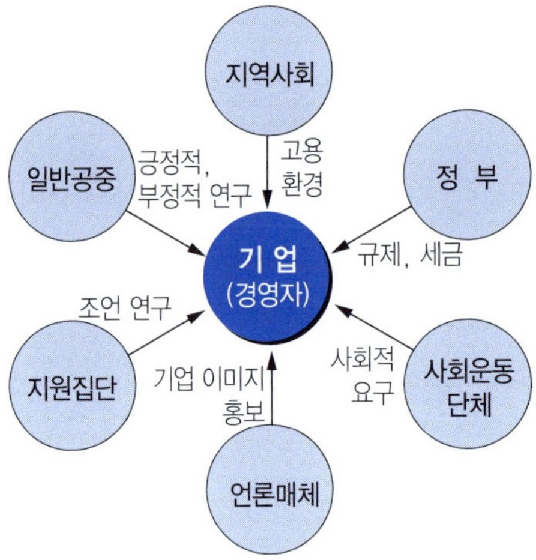

기업경영자들은 기업의 경제적 이익은 물론 전체사회의 삶의 질을 향상시키기 위한 기준에서 경영활동에 대한 의사결정과 행동을 선택하여야 한다. 다시 말하면 기업은 사회가 원하는 제품이나 서비스를 산출하고, 경영활동의 사회적 효과를 인식하며, 사회에 대한 경제적 · 사회적 이익에 관심을 두어야 한다.[11)]

04. 이해관계자별 주요 이슈와 관리방안[12)]

기업의 이해관계자들은 자신들의 요구를 관철시키기 위해 기업과 상호 협력 및 지원을 하기도 하지만 또 한편으로는 마찰과 갈등을 일으키고 다양한 사회적 이슈를 만들어 내면서 기업의 경영활동에 중대한 영향을 미친다. 따라서 이 절에서는 기업이 1차적 이해관계자와 2차적 이해관계자 관계에서 발생하는 주요 이슈들을 살펴보고 이들과의 바람직한 관계 정립을 위한 방안을 간략히 정리해보고자 한다.

1. 1차적 이해관계자와의 이슈와 개선방안

(1) 주 주

기업의 원활한 자본조달을 위한 주식시장이 활성화되면서 주주(stockholder,shareholder)의 정당한 권리와 관련하여 부각되는 이슈로는 기업정보의 불성실한 공시문제, 내부자 거래문제, 높은 대리인 비용문제(agency cost:주주인 위임자와 경영자인 대리인 관계에서 발생하는 감독 및 관리비용), 주주총회의 파행 운영문제, 이사회의 비효율적 운영문제 등이 제기되고 있는 바, 이를 개선하기 위한 방안으로 기업 공개, 성실한 기업정보의 공시, 의사결정방식의 개선, 주주관계 활동의 강화, 이사회제도의 활성화 등이 요구된다.

(2) 종업원 및 노동조합

기업의 구성원인 근로자들과의 갈등사항으로 가장 큰 문제가 보상(임금)문제로서 이는 노사간에 이해관계가 가장 첨예하게 대립되는 사항 중의 하나이다. 그 다음이 장기간의 경기 침체와 구조조정에 따른 고용불안 문제와 고용차별 문제, 산업재해 및 직업병과 관련된 노동소외 문제, 노동조합활동과 관련된 사용자의 부당노동행위나 노조의 대표성 문제 등이 주된 이슈로 제기되고 있는 바, 이를 개선하기 위해서는 무엇보다도 종업원과 노동조합을 기업의 생존과 발전에 가장 중요한 영향을 미치는 이해관계자로서 기업 활동의 동반자로 인식하는 노사간 파트너십 형성, 노사협력 프로그램 도입, 보상 및 복지후생제도의 개선, 근로생활의 질 향상(일과 가정생활의 균형), 경영참가제도의 확립 등이 중요하다.

(3) 고 객

기업의 제품이나 서비스를 구매하는 소비자나 고객은 기업생존과 번영의 가장 근본이 되는 이해관계자인 바, 제품의 질과 성능 문제, 가격 및 판매 관련 문제, 제품에 대한 불성실한 정보 제공, 판매 후 서비스 문제, 소비자단체 관련 문제 등이 있다. 이에 대한 개선방안으로 고객만족 경영, 제품정보 제공 강화, 판매 후 서비스(A/S) 강화, 사회적 마케팅(social marketing)의 실천 등을 들 수 있다.

(4) 협력업체

특히 대기업과 중소기업 간의 문제로서는 대기업의 중소기업 사업영역 침범 문제, 대기업의 부당거래 문제, 중소기업에 대한 지원 부족, 대기업 위주의 정부정책 등이 있다. 이에 대한 개선 방안으로 대기업과 중소기업 간의 사업영역 조정, 대기업의 공정거래 실천, 대기업과 중소기업 간 협력체제의 강화, 대기업의 중소기업에 대한 경영지도, 중소기업 자체의 경영혁신노력 등이 요청된다.

2. 2차적 이해관계자와의 이슈와 개선방안

(1) 지역사회

기업이 소재하고 있는 지역사회와의 관계가 이슈화되기 시작한 것은 공해문제로부터 출발하여 최근에는 지역사회의 전통문화 파괴문제, 주택 · 교통 등 거주생활의 악화문제, 교육생활 환경의 파괴문제, 지역사회에 대한 경제적 지배문제, 지방자치단체에 대한 부당한 로비문제 등이 제기되고 있다. 이에 대한 개선방안으로 지역사회의 복지와 발전에 기여할 수 있도록 지역사회의 규범 준수, 사회공헌활동의 강화, 사회복지 재단의 운영지원, 기업과 지역사회 간의 협력체제 강화, 지역사회 경제역량의 제고에 기여하도록 적극 노력해야 할 것이다.

(2) 사회(환경)운동단체

생태환경과 관련하여 환경오염 문제, 주거환경 파괴 문제, 공해 및 폐기물처리 문제, 환경보호정책의 위반 문제, 자원낭비 문제 등이 주요 이슈로 제기되고 있는 바, 보다 강화된 환경정책의 수립 시행, 녹색경영의 기반 구축, 녹색경영의 마케팅 기반 구축, 환경개선을 위한 조직 및 지원제도의 정비, 환경회계 및 환경평가제도의 도입 등이 개선방안으로 요청되고 있다.

(3) 정 부

정부는 행정부만을 지칭하는 것이 아니라 국가기관과 관련된 모두를 말하며, 정부는 각종 정책을 통해 기업경영활동을 지원하거나 규제하는 역할을 하는 중요한 이해관계자이다. 정부는 주주, 노동조합, 소비자(고객), 지역사회 등 이해관계자 집단의 이해관계를 정책적으로 수렴하여 기업 활동에 영향을 주는 매개체로서 막강한 영향력을 행사하는 이해관계자로서 정부의 지나친 개입과 규제를 받지 않도록 자율적 책임경영체제 확립, 기업의 대정부 정치활동의 강화, 기업과 정부 간 협력 관계 모색(상호 인사교류, 공동프로젝트팀의 운영, 사회적 자본 형성을 위한 전략적 제휴의 실행) 등이 필요하다.

요약 정리

❖ 현대의 기업은 다양한 인종, 종교, 가치관, 정치적 신념을 가진 사람들이 함께 공존하는 다원화된 사회 속에서 경영을 하고 있는데, 다원주의(pluralism)란 국가의 권력이 사회의 많은 집단과 조직에 분산되어 있는 상태를 의미하며, 다원화사회(pluralistic society)란 사회 전반에 분권화가 진행되어 권력이 어느 특정 집단에 집중되지 않은 다양한 사회를 말한다.

❖ 기업이 경영활동을 수행할 때 서로 관련성을 가지며 영향을 미치는 여러 집단을 이해자 집단(interest group)이라 하며, 이해관계자(stakeholders)란 기업 활동에서 직·간접으로 영향을 받는 사람들, 즉 기업의 행동에 이해 이익을 보거나 손해를 보고 권리를 침해당하거나 손상당하는 개인이나 집단을 의미한다.

❖ 기업의 이해관계자에 대한 분류 방식은 첫째, 이해관계자가 기업의 외부에 존재하느냐(외부 이해관계자), 내부에 존재하느냐(내부 이해관계자)에 따른 분류방식, 둘째, 환경의 분류체계(일반환경과 과업환경)에 따라 과업환경을 1차적 이해관계자(직접 이해)와 2차적 이해관계자(간접 이해)로 나누는 방식, 그리고 셋째로 이해관계 범주별(소유권, 권리, 이해) 분류방식 등이 있는데, 이 중에서 둘째 분류방식이 일반적으로 많이 활용되고 있다.

❖ 1차적 이해관계자(primary stakeholders)란 기업이 사회에 제품이나 서비스를 공급하기 위한 1차적 목적을 수행하는 과정에 직접적으로 영향을 미치는 상호작용집단을 말하는 것으로 종업원(노동조합), 주주, 공급업자, 유통업자, 채권자, 고객 등이 포함되며, 2차적 이해관계자(secondary stakeholders)란 기업의 기본적 활동이나 의사결정에 직접 · 간접적으로 영향을 미치고, 기업의 활동이나 의사결정에 의해 영향을 받는 사회의 개인 및 집단으로서 지역사회, 정부, 사회운동단체, 언론매체, 기업지원집단(협회, 연구소 등), 일반공중 등이 포함된다.

❖ 기업의 이해관계자들은 자신들의 요구를 관철시키기 위해 기업과 상호 협력 및 지원을 하기도 하지만, 또 한편으로는 마찰과 갈등을 일으키면서 다양한 사회적 이슈를 만들어 내고 기업의 경영활동에 중대한 영향을 미치는 바, 경영자들은 모든 이해관계자들의 서로 상충된 이해관계를 조화롭게 조정할 책임이 갈수록 높아지고 있다.

연습문제

주관식

1. 기업에 대한 현대사회의 요구와 대응방식을 설명하시오.
2. 이해관계자 관리의 중요성과 의사결정시 고려해야 할 기본정보에 대해 설명하시오.
3. 이해관계자의 분류방식을 세가지 관점에서 설명하시오.
4. 이해관계자 관계에서 발생하는 주요 이슈를 예를 들어 설명하시오.
5. 이해관계자들과의 바람직한 관계 정립방안을 설명하시오.

단답식

1. 사회 전반에 분권화가 진행되어 권력이 어느 특정 집단에 집중되지 않은 다양한 사회를 (　　　　　)라 한다.

2. 사회의 기업에 대한 비판에 대응하는 방식은 대체로 기업의 (　　　　　)과 (　　　　　)에 대한 이해의 균형을 도모하는 방향으로 접근되고 있다.

3. (　　　　　)란 사업 또는 거래에 있어서 얻게 되는 이익이나 몫(share)을 의미하는 것으로서, 어떤 것에 대한 권리를 주장하거나 요구하는 것을 말한다.

4. 이해관계자(stakeholders)란? (　　　　　)

5. 1차적 이해관계자(primary stakeholders)란? (　　　　　)

객관식

1. 다음 중 기업의 이해관계자에 속하지 않는 것은?
   ① 주주　　② 종업원　　③ 경쟁사
   ④ 고객　　⑤ 채무자

2. 이해관계 범주별 이해관계자 분류방식에 해당되지 않는 것은?
① 소유권 ② 권리 ③ 책임
④ 이해 ⑤ 거래

3. 다음 중 1차적 이해관계자에 해당하는 것은?
① 종업원 ② 정부 ③ 언론매체
④ 지역사회 ⑤ 사회운동단체

4. 다음 중 2차적 이해관계자에 해당하지 않는 것은?
① 일반공중 ② 언론매체 ③ 정부
④ 주주 ⑤ 지역사회

5. 다음 중 다원화시회의 장점이 아닌 것은?
① 소수에게 권력이 집중되는 것을 방지함으로써 권력의 분산이 가능해진다.
② 사회의 다양한 욕구를 통합하고 조정하기가 어렵다.
③ 표현과 행동의 자유를 최대한 존중함으로써 집단에 대한 개인의 주장이 분산된다.
④ 여러 집단이 적절한 권력을 행사할 수 있도록 견제와 균형을 제공한다.
⑤ 자율성을 강조하고 각자의 이익을 추구하기 때문에 집단 간의 심각한 갈등을 초래할 수 있다.

6. 이해관계자가 기업의 외부에 존재하느냐, 내부에 존재하느냐에 따른 분류방식은?
① 1차적 이해관계자 ② 소유권 기반 이해관계자 ③ 외부 이해관계자
④ 2차적 이해관계자 ⑤ 권리 기반 이해관계자

7. 환경의 분류체계에 따른 이해관계자 분류방식에 해당하지 않은 것은?
① 일반환경 ② 1차적 이해관계자 ③ 직접 이해관계자
④ 2차적 이해관계자 ⑤ 간접 이해관계자

8. 국가의 권력이 사회의 많은 집단과 조직에 분산되어 있는 상태는?
① 민주주의 ② 사회주의 ③ 자본주의
④ 다원주의 ⑤ 이원주의

9. 기업과 구성원인 근로자(노동조합)와의 갈등사항에 해당되지 않는 것은?
① 임금 ② 내부자 거래문제 ③ 고용불안
④ 고용차별 ⑤ 부당노동행위

10. 소비자나 고객과의 이해관계 개선방안에 해당하지 않는 것은?
① 고객만족경영 ② 이사회제도의 활성화 ③ A/S 강화
④ 제품정보 제공 강화 ⑤ 사회적 마케팅 실현

단답식 해답

1. 다원화사회 2. 윤리적 행동, 이해관계자 집단 3. 이해관계, 거래관계
4. 기업 활동에서 직·간접적으로 영향을 받는 사람들로서, 즉 기업의 행동에 의해서 이익을 보거나 손해를 보고 권리를 침해당하거나 손상당하는 개인이나 집단.
5. 기업이 사회에 제품이나 서비스를 공급하기 위한 1차적 목적을 수행하는 과정에서 직접적으로 영향을 미치는 상호작용 집단이며, 종업원, 주주, 공급업자, 유통업자, 채권자, 고객 등이 포함된다.

객관식 해답

1. ⑤ 2. ③ 3. ① 4. ④ 5. ②, ⑤ 6. ③ 7. ① 8. ④ 9. ② 10. ②

참고 문헌

- 김성국, 디지털시대의 경영과 사회, 명경사, 2007.
- 김영재, 조창욱, 박상범, 황세욱, 기업과 사회, 삼영사, 2007.
- 신유근, 사회중시 경영 - 기업과 사회, 경문사, 2007.
- 신철우, 경영과 사회, 삼영사, 2007.
- 이종영, 기업윤리, 삼영사, 2008.
- Carroll, A. B. & Buchholtz, A. K., *Business and Society : Ethics and Stakeholders Management*, Thomson Learning, 2008.
- Lawrence, A. T. & Weber, J., *Business and Society: Stakeholders, Ethics, Public Policy*, McGraw-Hill, 2007.

미 주

❶ 신철우, 경영과 사회, 삼영사, 2007, pp.41~42에서 재인용.

❷ 개방시스템(open system)은 본래 생명체를 설명하는 개념으로서, 시스템의 경계를 넘어서 외부 환경과 상호작용을 하는 시스템을 말한다.

❸ 김성국, 디지털시대의 경영과 사회, 명경사, 2007, pp.21~22

❹ 신철우, 앞의 책, P.46

❺ 김성국, 앞의 책, pp.19~22; 신철우, 앞의 책, pp.47~52 참고

❻ 김영재 외, 기업과 사회, 삼영사, 2007, p.85

❼ 이종영, 앞의 책, pp.167~168

❽ 김영재 외, 위의 책, pp.85~86

❾ 신철우, 앞의 책, pp.121~122

❿ 신철우, 앞의 책, pp.121~122

⓫ 신철우, 앞의 책, pp.122~123

⓬ 신유근, 사회중시 경영, 경문사, 2007, pp.401~523을 요약 정리(구체적 내용은 이 책을 참고할 것).

제3장
경영관리 과정

1. 경영관리 과정의 의미
2. 계 획
3. 조직화
4. 지휘와 조정
5. 통 제

사 례 목표 달성에 필요한 일을 스스로 계획하고 결정하는 비버 이야기

비버(beaver)는 매우 부지런하고 또한 겁이 많은 동물로 알려져 있다. 비버들은 자신들의 복잡한 서식처(living quarters)인 댐을 만들기 위해 끊임없이 분주하게 움직인다. 이들이 댐을 만들기 위해 연못위에 갖다가 아무렇게 놓아 둔 나뭇가지와 나무둥치들은 나름대로 패턴과 질서가 있다. 즉 비버들은 하나의 계획(plan)을 가지고 있는 것이다.

이들은 본능에 따라 댐을 건설하지만 이 나뭇더미들은 전략적인 위치와 구조를 가진다. 즉 댐이 완성된 못의 중심부에 비버들은 가족이 생활하기에 가장 좋은 위치에 가장 적절한 크기의 보금자리를 만드는데 나무, 돌, 흙 같은 가장 편리한 자재들을 결정한다. 그리고 그들은 집을 수면위에 짓지만 입구는 외부의 적으로부터 보호하기 위해 물속 깊은 곳에 만든다. 그 이유는 집을 겉에서 부수더라도 물 속으로 도망칠 수 있도록 하기 위해서다. 이러한 모든 결정들은 하나의 기업처럼 집단이나 조직을 보호함으로써 생존과 발전을 가능하게 하는 전체 전략의 부분인 것이다.

댐을 만드는 일이 실현되지 못하면 비버는 경영자처럼 문제를 인식하고 대안을 평가한 후 어디에 다시 지어야 할 것인지를 결정한다. 만약 집의 위치와 크기 그리고 구조가 잘못된 것으로 판명되면 비버는 잘못된 결정을 내린 것으로 다시 시작해야 하는 것이다. 예컨대 여름에 큰 비가 와서 연못의 물이 넘쳐 집이 부서지면 밤에 보수작업을 해서 다시 복구하게 된다.

기업의 경영도 마찬가지다. 기업 생존의 핵심은 미래 경영환경의 변화와 불확실성을 예측하고 어떻게 대처하느냐 하는 대응계획의 수립이라고 할 수 있다.

예를 들어 한 제품의 판매량이 줄고, 제조과정이 너무 지연되거나 종업원들이 일할 동기부여가 되지 않으면 경영자는 기존의 결정을 재평가하고, 전략을 수정하여 계획을 재수립하게 된다.

비버들처럼 경영자들은 막후(behind the scenes)에서 많은 일들을 한다. 그들은 의사결정을 하고, 전략들을 수립하며, 실천을 위한 계획들을 입안한다. 조직 안팎의 많은 사람들은 경영자의 업무수행 결과를 경험하게 된다. 이러한 모든 일들이 잘 이루어지면 그 조직은 불확실한 환경과 치열한 경쟁 속에서 살아남을 수 있을 것이다.

01. 경영관리 과정의 의미

경영관리는 경영활동이 이루어지는 과정측면(management process)과 각 부문별 기능측면(management function)으로 구분할 수 있다.

경영활동이 이루어지는 과정측면에서 보는 관점은 조직의 목표를 효율적으로 달성하기 위하여 요구되는 기본적인 과정(process)별로 나누어 보는 관점이다. 이에 따르면 우선 계획을 세우고(planning), 그 계획을 달성할 조직을 구성(organizing)하고, 목표에 따라 계획이 실행되도록 종업원들을 지휘 · 조정(leading)하며, 계획대로 이루어졌는지를 평가하는 통제활동(controlling)으로 나누어진다(그림 3.1).

또한 경영활동을 부문별 기능측면에서 보면 업무의 내용 또는 성격별로 구분된다. 사람과 관련된 모든 활동인 인사활동, 제품과 서비스의 교환활동인 마케팅 활동, 자본의 조달과 운용활동인 재무활동, 제품과 서비스의 창출활동인 생산활동 등으로 나누어진다.

이때 인사활동이나 마케팅활동, 재무활동, 생산활동 등도 모두 계획, 조직화, 지휘 · 조정, 통제활동의 과정으로 이루어진다. 예를 들어 마케팅활동도 우선 마케팅계획을 세우고 이를 실행할 마케팅조직을 구성하여 이들을 보다 효과적으로 이루어지도록 지휘하며 결과에 대한 통제를 한다. 이처럼 계획, 조직화, 지휘 · 조정, 통제는 모든 경영활동에서 이루어지는 기본과정이라고 할 수 있다.

그런데 계획은 경영자가 기업에서 수행하는 경영관리의 최초의 과정으로서 경영관리의 최종적인 과정인 통제와 연결된 경영관리의 순환(management cycle)에서 주도적인

그림 3.1 경영관리의 기본과정

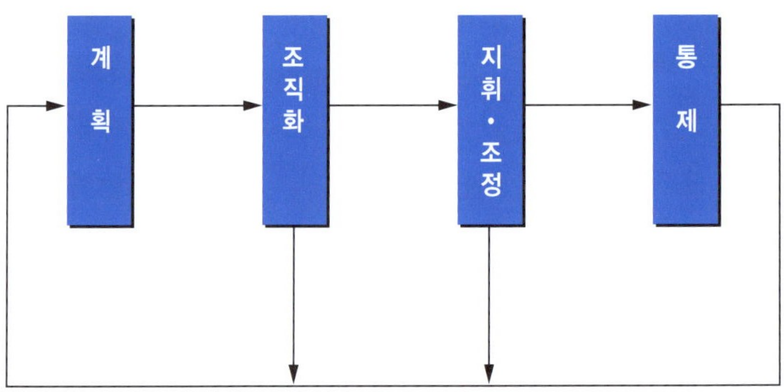

기능을 하게 되며, 따라서 전체 관리기능의 효과적인 수행을 위한 전제조건이 된다고 할 수 있다. 이런 의미에서 계획과 통제는 경영관리 활동의 출발점과 종착점을 형성한다고 볼 수 있으며 경영관리의 출발점으로서 계획은 기업이 지향하는 목표를 나타내며, 그것을 구체적으로 지시하게 된다는 점에서도 기업의 목표와 밀접한 관련성이 있다.

02. 계 획

"계획없는 관리란 진정한 관리라 할 수 없다."는 테일러(F.W.Taylor)의 지적처럼 경영활동에 있어서 계획(plan)은 가장 먼저 시작되는 활동이면서 기업의 성과에 중요한 영향을 미치는 활동이다. 그 이유는 계획이 기업의 경영목표를 어떻게 달성할 것인가 하는 수단을 나타내는 활동이기 때문이다. 이것은 규모가 큰 대기업뿐만 아니라 중소기업 그리고 작은 소점포를 운영하는 곳에서도 반드시 필요하며 중요한 경영활동이다.

계획(plan)이란 조직이 정의된 목표를 달성하는 데 필요한 방법이나 과업을 상세히 기술한 틀을 의미한다. 따라서 계획은 조직이 어떻게 논리적으로 그리고 체계적으로 조직목표를 달성할 수 있는가에 관한 구체적 내용을 말한다.

즉 계획이란 조직의 목표를 달성하기 위하여 누가, 무엇을, 언제, 어떻게, 왜 작업을 해야 하는지에 관하여 사전에 결정하는 것으로 현재의 활동과 미래의 활동을 연결하는 교량역할을 한다. 계획수립(planning)이란 이러한 조직에서의 계획을 개발하는 과정을 의미한다.

환언하면 계획수립(planning)은 목표를 설정하고 그 목표를 달성하기 위한 수단을 선택하는 과정을 말한다. 계획(plan)이 없으면 경영자는 조직 구성원과 자원을 효과적으로 조직화할 수 없으며, 나아가 무엇을 조직화할 것인지를 알 수도 없다. 또한 계획이 없는 경우 조직과 조직구성원을 확신을 가지고 이끌어 갈 수 없다. 계획의 궁극적인 목적은 조직의 목표 달성 정도를 높이기 위해 조직의 제반 활동을 조정하는 데 초점이 있다. 한편 조직 환경의 불확실성이 높은 상황하에서는 조직의 하부 단위 및 조직 구성원간의 제활동을 통합하고 조정하기 위한 수단이 필요한데 이는 계획에 의해 가능하다. 이와 같이 계획은 기업의 모든 경영활동을 포괄하는 청사진이라 할 수 있다.

이처럼 기업이 계획을 수립하여 경영활동에 활용한다는 것은 증상이 나타난 후에 병을 치료하는 사후적인 경영활동이 아니라 미리 병을 예방하는 사전적, 미래지향적 경영활동을 의미한다. 따라서 계획을 현실 경영에 실제로 활용하기 위해서는 기업마다의 특수한 상황을 고려한 계획을 수립하되 계획에 현실을 맞추는 것이 아니라 현실의 나침반으로서 계획을 사용하여야 한다.

1. 목표와 전략, 계획의 구분

계획과 유사한 용어로 목표, 전략, 정책 등이 있는데 이에 대해서는 학자들간에 의견이 다소 엇갈리고 있으나, 여기서는 일반적인 견해에 따라 이들 용어간의 개념적 구분을 해 보고자 한다.

우선, 목표(goal)는 계획(plan)과는 그 개념상 차원이 다르다. 전자는 기업이 실현하고자 하는 미래의 바람직한 상태로서, 기업이 도달해야 할 방향과 지점을 나타내는데 대해, 후자는 목표를 달성하는 데 필요한 자원배분, 일정계획, 기타 행동을 구체화하는 청사진으로서, 그 목표에 어떻게 도달할 수 있는가에 대한 구체적 사고방식 내지 수단을 말한다. 즉 계획은 기업목표를 달성하기 위한 구체적이며 합리적인 방책이라 할 수 있다. 물론 계획이 목표없이 존재할 수는 없기 때문에 목표와 밀접한 관련이 있다고 할 수 있지만, 목표 그 자체를 계획으로 간주하는 것은 잘못이다.

다음으로 전략(strategy)을 계획의 한 유형이나 일종으로 간주하는 것은 좋으나, 마치 전략과 계획이 같다는 식의 동일시는 곤란하다. 전략이란 대외지향적인 성격이 강한 개념이지만, 계획은 대내적인 성격이 강한 용어이다. 즉 계획은 흔히 대내적인 절차나 방침에 그 중점이 있는 방법이 앞세워지며, 전략은 장기적 · 거시적 안목에서의 대외적 목표 달성에 초점이 두어진다.

또한 정책(policy)과 계획은 같은 범주의 개념으로 이해되는 것이 일반적이지만 정책 자체가 대외적인 정책과 대내적인 정책으로 구분되므로 후자의 경우가 계획에 해당할 뿐 엄밀한 의미에서 정책과 계획이 동일하다고 볼 수는 없다.

또한 정책은 최고경영층(top management)의 직능이며, 계획은 최고경영층을 포함한 전 계층의 직능으로 구별하기도 한다.

결국 계획이란 그 성격과 차원을 달리하는 목표, 전략, 정책이라는 3자와의 구별을 위

그림 3.2 목표, 전략, 정책, 계획의 구분

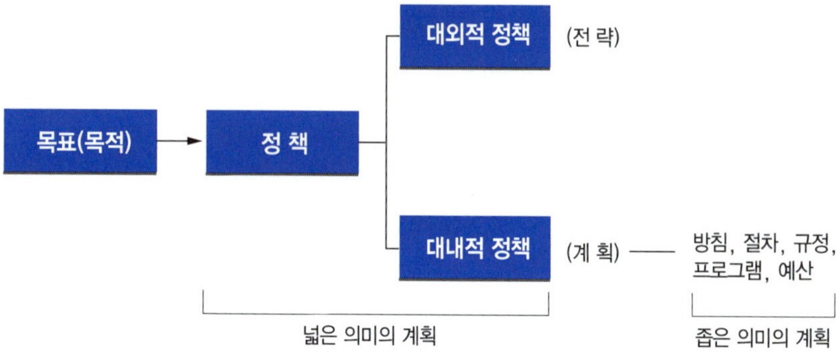

해서는 가능하면 좁은 뜻으로 정의함이 옳을 것으로 보인다(그림 3.2).

즉 계획이란 기업의 장래의 활동에 관한 구체적이며 합리적인 의사결정과 그 과정으로서, 누가, 무엇을, 언제, 어떻게, 어디서, 왜 결정하는가에 의해서 경영을 둘러싼 불확실성, 변화, 위험 등에 대한 효과적인 대처를 위해 필요한 것이다.

2. 계획수립의 이유

만약에 경영자가 환경 변화에 직면하지 않는다면 계획을 수립할 필요성이 거의 없을 것이다. 그러나 우리가 살고 있는 세상은 정치, 경제, 사회, 기술 그리고 법률적 변화가 상존하고 있다.

즉, 경영자들이 직면하고 있는 환경은 너무 역동적이고 조직의 생존에 엄청난 영향을 미치고 있다. 따라서 오늘날의 경영자들은 계획을 수립하되 그것도 효과적으로 수립해야 한다. 이러한 변화가 심한 환경하에서 경영자들은 적어도 다음의 네가지 이유로 계획수립(planning)을 하고 있다(그림 3.3).

경영활동의 방향 제시

모든 조직구성원들이 조직의 나갈 방향과 도달해야 할 목표를 이해할 때 협력과 팀웍을 통해 그들의 활동을 조정해 갈 수 있다.

그림 3.3 계획수립의 이유

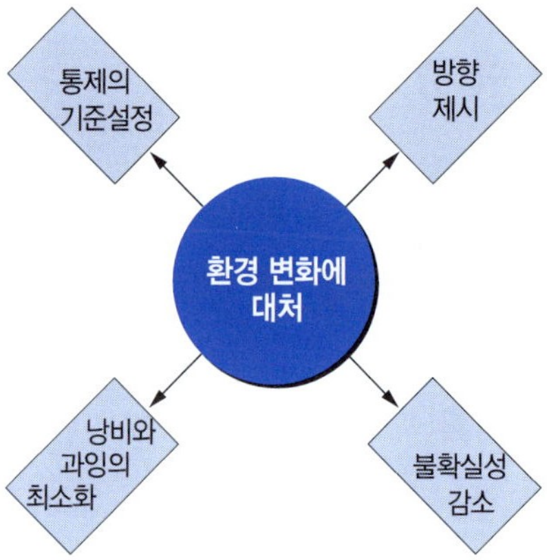

자료: Robbin S.P. & Decenzo D.A., 「*Fundamentals of Management*」, Pearson Prentice Hall, 2004, p.79를 참고하여 수정.

반대로 계획이 없을 경우 조직구성원들과 부서들은 서로에게 손해를 끼쳐 결국 조직이 목표를 향해 효율적으로 나아가는 것을 방해하게 된다.

불확실성 감소

계획은 경영자들로 하여금 변화를 예견하고, 그 변화의 영향을 고려하여 적절한 대응방안을 개발하게 함으로써 불확실성을 줄인다. 또한 계획은 카오스적 환경하에서 경영자들에게 변화에 대응하게 함으로써 그 행동 결과를 명백히 제시하여 준다.

낭비와 과잉의 최소화

계획은 중복과 낭비적인 활동을 줄여 준다. 낭비와 과잉을 최소화할 수 있도록 사전에 조정하고, 수단과 목적을 분명히 하여 비능률과 비용을 감소시킨다.

통제의 기준 설정

계획은 목표(objectives)와 통제(control)의 기준을 설정한다. 만약 조직구성원들이 달성해야 할 목표를 확실히 하지 못한다면, 그것의 달성 여부를 어떻게 결정할 수 있을까? 계획 속에 목표가 들어 있다. 경영관리의 통제기능에서 성과(performance)란 이미 설정된 목표와 비교하여 심한 차이가 발견되면 수정이 이루어지는 것이다. 그러므로 계획없이는 진정으로 효과적인 통제가 이루어질 수 없는 것이다.

3. 계획의 유형

계획의 종류를 구분하기 위한 기준은 여러 가지가 있을 수 있으나, 일반적으로 가장 널리 사용되는 기준은 계획의 계층(hierarchy), 활용범위(breadth), 기간(time frame), 특수성(specificity), 활용빈도(frequency) 등에 따라 구분된다.

계층에 의한 계획은 전사차원에서 경영활동 전반에 관한 전체 계획으로서 기본 계획(basic plan)과 부서별로 수립되는 생산계획, 마케팅 계획, 재무계획, 인력계획 등 구체화된 부분계획으로서 실시계획(actual plan)이 있다. 활용범위에 따른 계획은 최고경영층이 조직 전체의 목표를 달성하기 위해 수립되는 전사적이고 종합적인 장기계획으로서 전략적 계획(strategic plan)이 있고, 전략적 계획을 실행하기 위한 구체적인 세부계획으로서 운영계획인 전술적계획(operational plan)이 있다. 또한, 기간에 따라서 5년 이상 소요되는 장기계획(long-term plan), 2~5년 정도의 중기계획(mid-term plan), 1년 이내의 계획인 단기계획(short-term plan)이 있다. 특수성에 따라서는 일반적인 지침을 제시하는 방향제시계획(directional plan)과 명확하게 정의된 목표를 달성하기 위하여 특정계획(specific plan)이 있다. 방향제시계획은 향후 6개월 동안 이익을 10% 개선한다는 목표를 제시하는 경우이며, 특정계획은 향후 1년 동안 매출액 10% 증가를 위한 마케팅 활동 계획 같은 것이 포함된다. 마지막으로 활용빈도에 따라서 상용계획(standing plan)과 일회용계획 (single-use plan)이 있다.

표 3.1 계획의 유형

계 층	범 위	기 간	장 점	단 점
기본 계획 (전체 계획)	전략적 계획 (공식 계획)	장기 계획	방향제시 계획	상용 계획
실시 계획 (부문 계획)	전술적 계획 (부문 계획)	단기 계획	특수 계획	일회용 계획

자료원 : Robbins S.P. & Decenzo D.A., *op.cit.*, p.81 및 한희영, 앞의 책, pp.509~512를 참고하여 수정.

03. 조직화

1. 조직화의 개념

조직화(organizing)는 관리과정의 첫 단계인 계획 다음에 이루어지는 활동이다. 먼저 계획이 수립되고 나면 이를 효율적으로 실행할 조직을 구성해 가는 것이 필수적인 과정이다.

이와 같이 조직화(organizing)란 기업의 목표를 효과적으로 하기 위해 어떤 형태로 조직을 구성할 것인가를 결정하고 각종 인적, 물적, 재무, 정보 등의 경영자원을 배분하고 조정하는 활동을 말한다.

이러한 조직화는 경영관리 활동의 한 부문으로서 목표달성을 위한 업무세분화 과정의 성격을 갖고 있다. 따라서 어떤 업무가 수행되어야 하며, 누가 그것을 담당할 것인지, 업무분장은 어떻게 하며, 업무보고는 누가 누구에게 하고, 의사결정은 어디에서 이루어질 것인가에 관한 문제를 다루는 활동이라고 할 수 있다.

결국 조직화는 경영자가 기업의 목표를 달성하기 위해 자원과 업무를 적절하게 배분하고 조정해 나가는 과정으로 정의될 수 있다.

그런데 여기서 조직화(organizing)는 관리과정의 일환이자 계획을 수행하기 위한 수단으로서 경영자가 조직을 어떻게 형성하고 관리할 것인가라는 과정을 포함하는 동태적(dynamic) 표현이라고 한다면, 뒤에 설명할 조직(organization)은 조직화의 결과로서 만들어진 정태적(static) 형태라는 점에서 구분된다. 즉 조직이란 조직화 과정을 거쳐 조직구조가 형성되어 체계를 갖춘 완성된 결과물을 의미한다.

2. 조직의 중요성

조직은 대체로 다음과 같은 세 가지 기능을 통해 조직구성원들의 행동 및 사고, 그리고 구성원들간의 상호작용방식뿐만 아니라 기업의 생산성 및 효율성 등과 같은 경제적 성과에도 지대한 영향을 미친다. 따라서 조직은 사업을 성공적으로 수행하기 위한 기틀인 것이다.

첫째, 조직구성원들로 하여금 공통의 목표(common goal)를 갖도록 해 준다. 조직은 구성원들에게 조직목표 달성을 위해 필요한 업무들을 할당하고 업무를 어느 정도 담당자의 재량에 맡길 것인가를 정해 주기 때문에 구성원들이 자연스럽게 공통의 목표를 추구하도록 한다. 이와 함께 조직은 업무수행을 위해 필요한 규정과 절차들을 명시함으로써 구성원 모두가 조직의 공통목표를 효과적으로 달성하는 데 가장 적합하고 필요한 행동을 하도록 촉진제 역할을 한다. 그 결과 조직을 통해 구성원들은 그들의 개별적인 목표지향적 노력들, 필요한 일 또는 역할들을 효과적으로 조직화하여 전체로서 연결을 이루도록 함으로써 사람들을 단순히 집합시켜 놓았을 때보다도 더 높은 생산성(시너지효과)을 내도록 한다.

둘째, 조직은 구성원들로 하여금 협력 의사(willingness to cooperate)를 갖도록 해 준다. 어떤 한 사람이 자기 혼자서 일을 하는 데는 한계가 있기 때문에, 조직은 사람들로 하여금 개인적 한계를 극복하는 방법으로 조직에 참여하고 여러 사람들과 더불어 협력하려는 의사를 갖도록 한다. 조직구조에 따라 구성원들의 협력의사가 달라지는데 그 이유는 조직구조가 어떤 규정이나 절차를 만들어 구성원들의 행동을 통제하기도 하고 촉진하기도 하기 때문이다.

셋째, 조직은 구성원간의 인간관계(human relations)의 형성 및 개선에 커다란 영향을 미치게 된다. 사회적 존재로서의 인간은 조직을 통해 다른 사람들을 만나 업무적으로 상하 또는 수평 관계를 맺으면서 사회적인 신분관계를 형성하기도 하고 개인적으로 서로 친밀해지거나 혹은 갈등을 빚기도 한다. 이처럼 조직을 통해 사람들은 사회적 관계를 형성하고 그 속에서 업무 이외의 정서적 측면에 대한 것도 상호 의사소통(communication)하거나, 사회적 신분 및 지위의 상승, 사회적 권한의 획득과 같은 사회적 욕구들을 충족시킬 수 있을 뿐만 아니라 구성원들간의 관계에 사회적 질서를 형성해 주기도 한다. 조직구조가 어떠하냐에 따라서 구성원들간의 인간관계가 달라지게 되는데, 예를 들어 권위주의적인 조직인 경우와 개방적이고 민주적인 조직에서의 구성원들간의 인간관계의 성격은 정반대일 수 있다.

이와 같이 조직은 조직목표를 달성하기 위해 조직구성원들에게 공동의 노력을 할 수 있도록 안정적이고 이해가능한 여러 가지 자원들의 틀을 제공한다는 점에서 그 중요성이 있다 하겠다.

사 례　피라미드와 조직 - 과거는 현재와 미래의 거울!

이집트의 기자시에는 기원전 2500년경에 세워진 체옵(Cheops) 왕의 피라미드가 있는데 이는 평균무게 2~15t의 돌 약 250만 개를 쌓아서 만든 것이다. 넓이는 사방 230m, 높이는 146m나 된다. 돌은 나일강 하구에서 약 사흘 길이나 되는 채석장에서 수천 명의 채석단에 의해 깨지고 운송되어 건설되었다. 이런 규모의 피라미드 한 개를 건설하는 데 연인원 20만 명의 인부가 10년 동안 노동을 해야 가능하다고 한다. 그런데 지금까지 발견된 나일강변의 피라미드는 90개가 넘는다.

이러한 일을 효과적으로 하기 위해 옛 사람들은 오늘날의 조직론 책에 나오는 많은 이론들을 이미 사용하고 있었다. 피라미드에 쓰일 돌을 깨러 가던 8,800여 명의 채석단은 오늘날 대형 건설업체의 부서만큼이나 나뉘어져 있었다. 그 중에는 설계팀, 채석팀, 운반팀 이외에도 제사팀, 취사팀, 심지어는 돌 운반시 피리를 불어 흥을 돋구는 모티베이션팀도 있었다. 또한 이스라엘 역사 초기에 있었던 일을 B.C.1500년경에 기술한 구약성경 출애굽기를 보면 모세의 장인 이드로는 모세에게 효율적인 조직관리를 위해 "그대는 또 온 백성 가운데서 재덕이 겸전한 자, 곧 하나님을 두려워하며 진실무망하며 불의한 이를 미워하는 자를 빼서 백성 위에 세워 1,000부장과 100부장과 50부장과 10부장을 삼아 그들로 때를 따라 백성을 재판하라. 〈수직적 위계조직〉… 무릇 큰 일이면 그대에게 베풀 것이고 무릇 작은 일이면 그들이 스스로 재판할 것이니." 〈권한위임〉(성경, 출애굽기 18장 21, 22절)라며 시나이 반도 광야에서 방황하는 이스라엘 백성을 다스리는 계층조직과 권한위임 방법을 알려 주고 있다. 조직의 많은 원리들이 인간에 의해 발견되고 사용된 것이 어제 오늘의 얘기가 아님을 시사해 주는 좋은 예들이다.

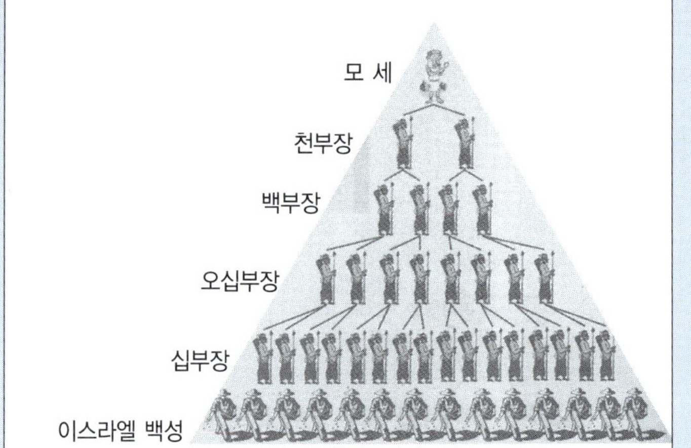

3. 조직, 조직구조, 조직설계

오늘날 조직은 현대사회 전반에 걸쳐 개인과 인간사회에 지대한 영향을 주고 있다. 따라서 현대인들은 다양한 조직 속에서 함께 모여 일하면서 조직의 목표 달성과 함께 개인의 만족과 보람을 효율적으로 추구하고 있다 이러한 조직의 형태로 기업, 대학, 백화점, 병원, 시청, 교회, 군대 등을 들 수 있다.

일반적으로 조직(organization)이란 둘 이상의 사람들이 모여 공통의 목표(common goal)를 달성하기 위해 협동적으로 일을 수행하는 집합체라고 할 수 있다. 이를 좀더 자세히 설명하면 공통의 목표를 달성하기 위해 체계화된 구조에 따라 구성원들이 상호작용하며, 외부환경에 적응하는 인간의 사회집단을 말한다. 이와 같이 조직은 사람들이 기업조직에 참여하여 목표 달성을 위해 일하고 또 다른 일을 착수하게 하는 생활터전을 제공한다. 즉 오늘날의 많은 사람들은 현대사회 발전의 중추라고 할 수 있는 기업조직의 구성원이 되어 서로 긴밀한 관계를 맺으면서 국민생활에 필요한 재화와 서비스를 생산하고 이를 원하는 소비자들에게 판매하기도 한다. 또한 조직은 조직내부적으로도 새로운 작업방식이나 관리방식을 개발하거나, 미래를 이끌어갈 인재를 양성한다거나, 새로운 생활문화를 형성하는 등 구성원들에게 다양한 효익을 산출하는 것이다.

이처럼 사회적으로나 조직내부적으로 다양한 효용을 산출하는 조직이 어떤 요소들에 의해 형성되는가 하는 문제가 제기될 수 있다. 우선, 조직은 현대 기업경영시스템의 관점에서 볼 때 흔히 조직구조를 말한다. 여기서 조직구조(organization structure)란 주로 기업의 성공적인 경영활동을 위해 필요한 일과 부서, 직위나 권한관계, 조정메커니즘 등을 안정적으로 짜놓은 틀 또는 뼈대를 의미한다. 이러한 조직구조의 개념을 우리들이 살고 있는 집에 비유해 보면 주로 가옥의 구조물을 말하는데, 그 구성요소들로 철근 · 모래 · 시멘트와 같은 건축재료들을 들 수 있는 것처럼 조직구조도 그 구성요소로서 조직목표 달성을 위해 필요한 업무들을 할당하는 방법(과업의 분화), 업무를 어느 정도나 담당자의 재량에 맡길 것인가를 정하는 방법(권한의 배분), 업무수행을 위해 필요한 규정과 절차를 명시하는 방법(공식화) 등을 들 수 있다.

그러나 조직은 이러한 구조적 구성요소로만 형성되는 것은 아니며 그 틀 속에서 조직구성원들이 서로 의사를 전달하거나, 문제해결을 위한 결정을 하거나, 갈등을 해소하는 등의 상호작용활동 등과 같은 조직과정(organization process)을 포함하게 된다. 따라서 조직은 단단한 뼈대를 만드는 조직구조의 구성요소를 주로 다루면서 구성원들간의 일련의 상호작용적 활동과 관계, 즉 비교적 부드러운 접착제와 같은 조직과정을 포함하는 것이다. 결국 조직은 조직구조의 구성요소와 조직과정의 상호작용에 의해 형성되는 것이다.

한편, 무엇이 조직구조를 형성하느냐 하는 문제를 세부적으로 알아보는 것도 중요하지만, 어떤 기업이든지 갖고 있는 조직구조가 실제적으로 어떤 구체적인 형태로 나타나느냐 하는 문제를 알아두는 것이 우리가 조직을 이해하는 데 있어서 필수적인 사항이다. 이것은 마치 집의 전체적인 모습이 크게는 한옥이냐 양옥이냐, 더 구체적으로는 초가집, 기와집, 아파트, 단독주택, 빌라 등으로 구분해 볼 수 있는 것과 같다. 조직에서는 이를 조직형태(organization form), 또는 구조적 형태(structural form)라고 한다.

예를 들어 우리가 어떤 회사의 건물에 들어섰을 때 보이는 층별 안내판을 보면, 사장실은 5층, 전무 및 상무는 4층, 기획조정실과 연구개발실은 3층, 인사부 · 총무부 · 경리부는 2층, 영업부는 1층과 같이 나타나 있다. 안내판에 나타나 있는 다양한 직위나 부서들은 그 회사의 목표를 달성하기 위해, 필요한 업무의 분담과 공식적인 권한관계를 시각적인 그래픽(그림형태)으로 표시해 놓은 것으로써 보통 조직도(organization chart) 상에 나타나 있다(그림 3.4). 즉, 어떤 사람이 무슨 일을 하고 누가 누구에게 보고하는지 등을 보여주는 회사의 공식도표를 말한다.

그림 3.4 조직도의 예

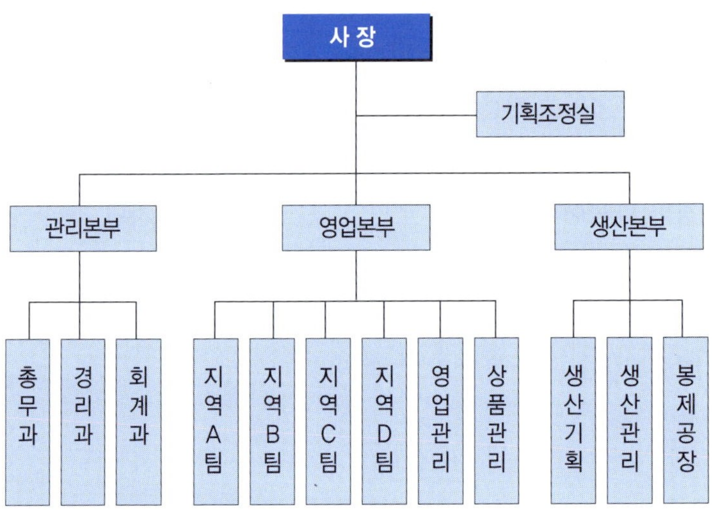

이러한 조직의 형태는 기업이 처한 상황이나 환경조건에 알맞을 때 기업의 목표를 효과적으로 달성할 수 있다. 따라서 기업이 처한 시장상황이라든가, 활용하고 있는 기술의 성격이라든가 하는 여건을 고려하여 조직의 형태를 선택하여야 한다. 이와 같이 상황에 따라서 적합한 조직의 형태를 선택하는 활동을 조직설계라고 한다. 즉, 조직설계(organizational design)란 조직화하는 과정에서 조직의 틀을 어떻게 구성할 것인가를 결정하는 것을 의미한다. 즉, 조직의 목표를 달성하기 위해 가장 적합한 조직구조를 구축하는 것으로 여러 구체적인 조직형태들 중에서 필요한 형태를 선택 · 결정하는 과정과 기존의 조직구조를 변화시키는 활동을 말한다. 요약하면 조직설계는 어떤 조직형태를 선택할 것인가 하는 경영자의 의사결정이라고 할 수 있다. 이와 같이 경영자는 새로운 조직을 만들거나, 환경이 변화하여 조직을 변경할 필요가 있을 때 조직설계를 하게 된다.

이러한 조직설계의 결과로서 나름대로의 모양과 특색을 갖춘 짜임새 있는 조직으로 태어나게 된다. 이때의 짜임새와 관련하여 조직의 틀을 나타내는 것이 조직구조(organizational structure)인 것이다.

조직설계와 조직구조를 보다 쉽게 이해하기 위해 건물과 비교해 보자. 만약 우리가 업무를 수행할 회사 건물을 지으려고 한다면 우선 어떤 모양으로 지을 것인가를 생각한 후 건물 설계도를 작성하게 된다. 이 건물 설계도를 통해 층수는 몇 개이고, 한 층의 크기는 어느 정도인지, 출입문과 창문은 어디에 낼 것이며, 화장실은 어디에 둘 것인지 등에 대해 알 수 있다.

이렇게 건물의 모양이나 짜임새를 결정하는 과정을 건물의 설계라고 한다. 건물이 다 지어지고 나면 설계도에 나타난 것처럼 어떤 모양과 특성을 지니게 되는데 이것을 그 건물의 구조라고 한다.

기업의 조직도 건물과 마찬가지다. 기업의 조직도 설계가 필요하며 그 설계에 따라 조직이 만들어지면 나름대로의 구조적인 특성을 지닌 조직구조를 갖게 되는 것이다. 이러한 개념들을 종합적으로 비교해 보면 조직설계는 조직을 구성해 가는 과정(process)이라는 동태적(dynamic)인 특성을, 조직구조는 설계에 의해 완성된 구조(structure)라는 정태적(static)인 특성을 갖게 된다.

4. 조직화의 구성요소

앞에서 조직화란 경영자가 기업의 목표를 달성하기 위해 자원과 업무를 적절하게 배분하고 조정해 나가는 과정이라고 설명하였다. 그리고 조직화하는 과정에서 조직의 틀(구조)을 어떤 형태로 구성할 것인가를 결정하는 것을 조직설계라고 한바, 이하에서는 조직을 설계할 때 가장 기본적으로 필요한 구성요소 즉, 기본변수를 설명하고자 한다(그림 3.5).

(1) 복잡성

조직을 구성하는 세가지 기본변수의 하나로서 복잡성(Complexity)을 들 수 있는데, 복잡성(complexity)이란 조직 내 과업(업무)의 분(업)화 정도를 말한다. 예를 들어 조립라인에서 혼자서 부품을 조립하여 완성품을 만들거나, 업무에 대한 모든 책임을 혼자서 지면 분업화가 낮고 따라서 복잡성도 낮다. 이러한 분(업)화의 형태로는 조직단위(부서)간의 수평적 분할 정도를 말하는 수평적 분(업)화(horizontal differentiation), 조직 내 상하관계에 의한 계층(hierarchy)의 깊이를 말하는 수직적 분(업)화(vertical differentiation), 지역적으로 흩어져 있는 조직의 설비 및 구성원의 분산정도를 말하는 장소적 분산(spatial dispersion)을 들 수 있다. 여기서 분(업)화란 노동의 분(업)화(division of labor)라고도 하며 조직의 구성원이 책임을 지고 수행해야 할 과업(업무)의 범위와 깊이를 말하며, 분(업)화의 목적은 전체 업무(작업)를 세분화하고 단순화된 업무의 반복 수행에 의한 숙련화를 촉진시켜 생산성을 제고하려는 데 있다.

그림 3.5 조직화의 구성요소

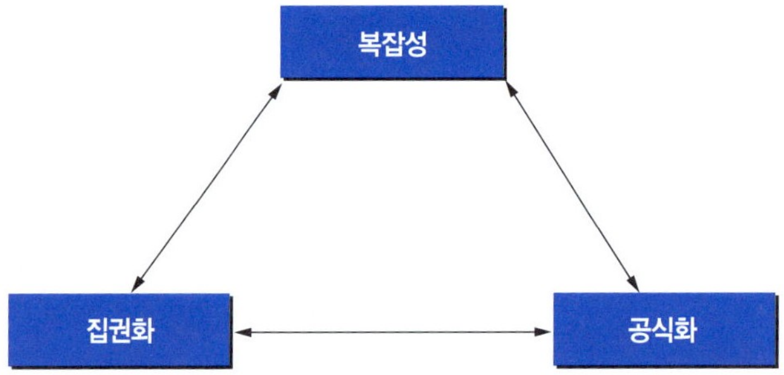

위와 같이 과업이 분(업)화가 많이 되어 있느냐 그렇지 않느냐는 분(업)화된 직무의 복잡성으로 알 수 있다. 예를 들어, 가까운 피자 체인점에 가더라도 카운터에서 계산만 하는 사람, 열심히 주문을 받고 나르는 사람, 주방에서 음식만 만드는 사람, 전체를 감독하는 일만 하는 사람들을 볼 수 있다. 또 어떤 자그마한 가게에서는 주인처럼 보이는 사람이 모든 일을 다하는 것을 볼 수 있다. 이와 같이 과업의 분(업)화가 많이 되어 있느냐 그렇지 않느냐 하는 것을 볼 수 있는데 이것이 복잡성이다. 대기업에서 하고 있는 일들은 이보다 훨씬 복잡하다.

(2) 집권화

경영자들은 조직 내의 지위를 막론하고 의사결정을 하게 되는데, 집권화(centralization)란 의사결정권한이나 명령지시권이 조직의 어느 한 지점에 집중(concentration) 되어 있는 정도를 말한다. 의사결정권의 집중도가 높다는 것은 집권화의 정도가 높다는 것을 의미하며, 의사결정권한의 집중도가 낮다는 것은 집권화의 정도가 낮은, 즉 분권화되어 있다는 것을 의미한다. 여기서 집권화와 분권화는 연속선상의 상대적인 개념이다. 따라서 집권화란 조직의 의사결정 및 통제권한이 조직의 상위층에 집중되어 있는 상태를 말하며, 일반적으로 조직의 상층부에서 경영활동 및 업무에 관한 거의 모든 의사결정을 하고 결정된 사항을 하위계층에 일방적으로 명령 · 지시 · 통제하는 것이다. 예를 들어 어느 회사가 본사 중심의 기업경영을 하여 본사의 사장이 경영활동에 관련된 모든 사안에 대해 의사결정을 하고 현장의 실무부서는 일방적으로 본사 사장의 결정사항과 명령지시를 따라야만 하는 경우가 이에 해당한다. 반면, 분권화(decentralization)란 의사결정권과 명령지시권이 조직의 여러 계층에 대폭 위양되어 있는 상태를 가리킨다. 즉, 조직의 상부에서 모든 의사결정을 하는 것이 아니고 경영활동 및 업무에 관한 의사결정권의 일부 또는 대부분을 하위층에 위양하는 권한배분의 방식이다. 집중성의 개념으로 보면 의사결정권한과 명령지시권이 조직 내의 어떤 단일점에 집중되고 있는 정도가 낮아 조직 내의 여러 계층에 퍼져 있는 것이다.

(3) 공식화

공식화(formalization)란 조직 내의 업무가 얼마나 표준화(문서화) 되어 있느냐 하는 정도로서, 조직목표의 효율적인 달성을 위해 필요한 구성원들의 행위를 규제하는 규칙과 규정이 명시화(성문화)된 정도를 말한다. 즉, 조직에서 업무 수행에 관하여 언제, 무엇을, 어떻게 수행해야 하는가 하는 행위를 미리 정하기 위해 절차와 규칙의 명시화된 정도를 의미한다. 공식화는 문자로 가시화되는 것뿐만 아니라 암묵적으로 구성원들에게 인식되어 있는 규정 및 절차도 포함한다.

조직에서 공식화의 정도가 높게 되어 있느냐 낮게 되어 있느냐는 규칙 및 규정, 표준화된 절차가 문서화되어 있는 것들이 많은가 적은가, 비록 문서화되어 있지는 않더라도 조직 내에 불문율로서 엄격하게 적용되어 있는 것들이 많은가 적은가로 알 수 있다. 예를 들어 시중은행의 창구업무나 항공사의 여승무원직의 경우를 보면 고객을 맞이할 때의 인사법이라든가 고객에게 서비스를 수행하는 절차와 방법을 사규나 책자로 만들기도 하고, 또 어떤 기업에서는 규정 및 절차가 문서화되어 있지 않더라도 하나의 관행으로서 이를 엄격하게 적용하기도 한다. 이와 같이 조직에서 업무수행과 관련된 규정 및 절차를 문서로 명시하여 그에 일치된 행동을 요구하거나, 또는 암묵적으로 구성원들에게 그러한 것이 인식되도록 하는 경우를 볼 수 있는데 이러한 것이 많을수록 공식화의 정도가 높게 나타난다. 그리고 공식화를 하는 이유는 다양한 조직구성원들의 행위를 정형화 내

그림 3.6 상황변수와 기본변수의 관계

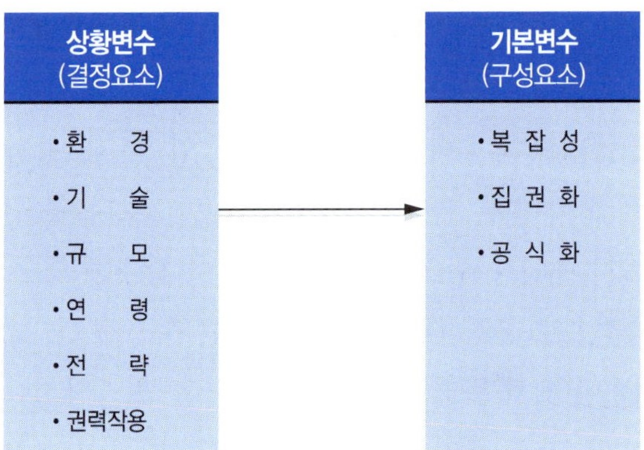

자료원 : 최종태, 현대조직론, 경세원, 1997, p.191을 재구성.

지 표준화하여 통제와 예측을 용이하게 하는 데 있으며, 공식화의 일반적 형태로서 직무기술서, 규정, 규칙, 지침 등을 통해 행동의 표준화를 꾀하는 작업절차의 공식화, 의사처럼 수련기간을 엄격히 정하여 작업기술이 표준화되게 하거나, 제품의 규격을 통일하여 산출물의 표준화를 기하는 방법이 있다.

이상에서 설명한 조직화의 세가지 구성요소 외에 조직구조에 영향을 주는 상황변수들이 있는 바, 이에 대해 간단하게 정리해 보면 다음과 같다(그림 3.6).

사 례

* 나쁜 감독 밑에도 좋은 배우는 있을 수 있지만, 좋은 감독 밑에 나쁜 배우는 없다. 주역에서 단역까지 잘 조율된 연기들은 앙상블이 어떤 건지 조곤조곤 일러준다 (이동진,~). "새영화- 살인의 추억"

부시맨 리더십이라는 게 있다. 아프리카에 지금도 석기시대 생활을 하고 있는 부시맨이 2만 년 동안을 진화하지 않는 이유 가운데 하나로 종족을 이끌 리더를 뽑지 않는다는 것을 든다. 이들의 집단합의제는 민주주의의 이상이긴 하지만 당장 외적이 쳐들어왔는데 수백 수천 명의 집단 합의 없는 중구난방으로는 패망을 거듭할 수밖에 없다. 이와는 달리 사자형(型) 리더십이라는 게 있다. 사자는 밀림의 왕자답게 강력한 힘으로 선두에 서서 나를 따르라는 천재형 리더십이다. 이 천재형에 대비하여 합심형이랄 수 있는 것이 늑대형 리더십이다. 외톨이 늑대라는 말도 있듯이 늑대는 외톨이로서는 힘을 못쓴다. 사자는 에너지 집중력이 커 일정 영역 안에서는 왕자로서 군림하지만 그 한도는 겨우 300m가 고작이다. 늑대의 순발 주력은 그보다 못하나 무한 주력을 가졌기에 사자를 300m까지 유인한 후 집단으로 달려들어 끝내는 맹수를 지쳐 쓰러지게 한다. 5~10마리가 효율적으로 공격한다 하여 합심 또는 시스템 리더십이라고도 한다. 부시맨형은 비현실적이기에 제쳐 두고 사자형과 늑대형은 그 장단점이 시대와 상황에 따라 자주 대비돼 왔다. 한국 같은 종적인 서열사회에서는 사자형이, 미국 같은 횡적인 평등사회에서는 늑대형이 효율적이고, 유럽처럼 역사가 깊은 문화풍토에서는 사자형이, 초기 미국처럼 잡동사니가 어울려 사는 신천지에서는 중지를 시스템화하는 늑대형이 리더십으로 떴다. 사과 하나 떨어지는 것을 보고 만유인력을 발견하는 것은 천재형 풍토에서 가능하지만 아폴로 계획처럼 40만 명의 과학자들이 합심, 시스팀화해야만 하는 리더십으로는 부적하다. 요즈음 TV 광고방송에서처럼 운동장에 한 아이가 금을 그을 때 비뚤어지던 것을 여럿이 합심하면 반듯해지듯이 시스템 리더십을 내세운 늑대 총수와 선진국과의 격차를 좁히고 후진국의 추격을 따돌리자는 천재 리더십을 주장하는 사자 총수가 경제계의 화제로 뜨고 있다. 오늘날의 한국적 상황에 어떤 리더십이 먹히느냐, 그 절충은 불가능한 것인가, 업종에 따라 분야에 따라 어느 것이 보다 적성인가 하는 인재교육의 질을 달리해야 하는 문제이기에 이 논의를 깊고 넓게 활성화했으면 한다.

자료: 조선일보, 이규태 코너, 2003. 7. 4

04. 지휘와 조정

조직에서 지휘활동의 중요성은 아무리 강조해도 지나치지 않는다. 일반적으로 지휘(directing, leading)는 부하들이 과업을 보다 유효하고 능률적으로 수행할 수 있도록 하기 위한 모든 활동이라고 정의된다. 즉, 경영자들은 부하들이 계획에 따라 기업 활동을 의욕적으로 수행하도록 동기를 부여하고 지도 및 감독 하는 일련의 관리직능이라고 할 수 있다.

이러한 지휘의 개념은 시대에 따라 상이하게 전개되어 왔다. 초기의 전통적 입장에서는 지휘는 상위자가 하위자에게 가지는 당연한 권한의 개념으로 인식되었으며, 그에 따라 가부장적 내지 전제적 성격을 지니고 있었다. 그러나 근래에 와서는 이러한 지휘는 상위자의 일방적이 아닌 하위자의 수용을 전제로 한 상호관계 내지 상호작용적 관점에서 논의되고 있다. 왜냐하면 오늘날 조직의 모든 관리활동은 그 과정에서 부하들의 수용과 적극적인 협조 및 지지 없이는 성공적 수행을 기대할 수 없게 되었음을 인식하게 되었기 때문이다.

따라서 효과적 지휘활동을 위해서는 종업원의 동기부여와 이를 전제로 한 관리자의 리더십 개발을 위한 제반 이론에 대한 검토가 필요하다. 또한 이러한 동기부여와 효과적 리더십의 발휘를 위해서는 조직 내의 제반 활동에 대한 정보의 원활한 전달이 전제가 되지 않으면 안 된다. 이런 점에서 효율적 지휘활동 관리를 위해서는 경영자의 의사소통 내지 조정활동에 대한 관리의 문제도 검토되어야 할 것이다. 아래에는 지휘활동과 관련된 동기부여, 리더십, 그리고 의사소통과 관련된 내용들을 검토하고자 한다.

1. 동기부여

동기부여 또는 유발(motivation)이란 어떤 목표를 달성하기 위하여 개인의 에너지가 동원된 상태를 말한다. 이러한 상태는 긴장 때문에 발생하며, 긴장은 해소되지 않은 욕구가 있기 때문에 생기는 것이다. 일반적으로 동기는 과거의 행동보다 미래 활동을 예측하는 데 유용하게 사용된다. 따라서 조직 구성원의 동기를 파악하면 그들이 미래에 어떤 행동을 취할 것인가를 예측하기가 쉬워진다.

동기부여는 심리학의 모티베이션의 개념에서 비롯된 것으로 인간을 정태적 상태에서 동태적 상태로 변화시키기 위해서 그들의 행동에 주요 동기를 주입시키는 것을 의미한다. 즉, 모티베이션은 인간 행동의 개발과 그 개발된 행동의 유지, 그리고 나아가서 이들 행동을 일정한 방향으로 유도해 가는 과정으로 파악되며, 이에는 강력한 목표지향적 의미를 내포하고 있다. 따라서 인간행동의 주요원천은 동기(motives)라고 하는 비취(Beach)의 주장에서 보듯이 인간의 모든 행동은 이들 모티베이션에 그 근거를 두고 있다고 할 수 있다.

이러한 모티베이션을 경영학적 관점에서 보면, 그것은 자연발생적이고 일반적 목표의 달성과 관련된 행동이라기보다는 특정한 조직목표의 달성과 관련하여 경영관리자에 의한 의도적이고 계획적인 노력의 일환이라고 할 수 있다. 따라서 경영학적 의미에서의 모티베이션 내지 동기부여는 조직의 목표달성을 위한 종업원의 지속적 노력을 효과적으로 유발시키는 것이라고 하겠다.

이러한 동기부여는 욕구, 충동 및 목표 등의 개념과 밀접한 관련을 지닌다. 욕구는 일정시점에 개인이 경험하는 어떤 결핍된 상태에서 발생하는 것으로 이에는 여러 가지가 있다. 이 경우 각 개인은 이러한 욕구를 충족시킴으로서 이러한 결핍상태에서 벗어나려고 하는 바, 이때 가장 강력한 욕구부터 우선적으로 충족시키려고 한다. 여기서 가장 강력한 욕구가 바로 충동이며, 이의 해소과정에서 목표지향적인 행동이 유발된다. 그리고 목표의 달성은 그에 따른 욕구결핍의 감소를 가져오게 되어 그것은 더 이상 충동요인이 되지 못하고 다른 욕구가 충동요인이 되게 된다. 이런 점에서 이들 동기부여의 과정은 일련의 순환과정을 반복하게 된다고 하겠다.

오늘날 이러한 동기부여가 특히 중요하게 된 이유는 우선, 기술변화를 포함한 기업 환경의 급격한 변화 때문이라고 할 수 있다. 즉, 이들 환경에의 적극적이고 창의적 대응에는 물적요소보다는 인적요소가 중요함을 인식하고, 보다 장기적 관점에서 인적자원의 잠재력 개발을 주목한 데서 찾을 수 있다. 또한, 종업원의 자발적인 참여와 그에 따른 만족감의 고취를 통한 조직의 유효성 창출을 위해서도 기업은 이들 종업원들이 그러한 과업 수행과 관련된 폭넓은 이해를 위한 동기부여의 문제를 검토하지 않을 수 없게 되었다. 왜냐하면, 이러한 이해가 바탕이 될 때, 보다 효율적인 여러 가지 경영관리 기법의 개발과 적용도 가능해지기 때문이다.

이러한 동기부여에 대한 연구는 일찍부터 심리학에서 발전되어 온 바, 이에는 쾌락이론, 본능이론 및 충동이론 등이 있다. 그러나 이들 심리학의 이론들은 인간의 행위가 왜 유발되는가에 관해 주로 관심을 가진 반면에 경영학의 이론들은 동기부여의 이론들을 응용하여 실제로 현장에 적용하는 데 초점을 두고 있다. 즉, 종업원의 동기부여를 위해서 경영자는 어떻게 하여야 하는가에 관심을 가지고 있다는 것이다.

경영학적 관점에서 초기의 테일러의 과학적 관리론은 동기부여의 요인으로서 임금을, 그후 인간관계론의 경우는 사회적 관계를 중요시하였다. 이에 비해서 인적자원모델에서는 동기부여를 보다 복잡한 관점에서 상호관련된 요인들을 제시하고 있다.

2. 리더십

조직의 목적을 효과적으로 달성하려면 조직을 구성하고 있는 개인과 집단의 유기적인 협조가 매우 중요하다. 그러나 개인과 집단의 협조는 그들과 직접적으로 상호작용하는 리더의 역할이 없이는 실현되기 어렵다. 이러한 의미에서 리더십(Leadership)은 개인행동과 집단행동의 형성은 물론 이들 행동을 조직체 성과에 연결시키는 가장 중요한 요인이 되고 있다 (Lussier & Achua, 2001). 따라서 지금까지 리더십은 정치뿐만 아니라 군사와 경제를 비롯한 여러 분야에서 오랫동안 주요 관심의 대상이었다.

전형적으로 리더십은 특성이론에서 출발하여 행동이론과 상황이론으로 전개되어 왔다.

효과적 지휘활동에 의한 조직목적의 달성을 위해서는 무엇보다도 이들 부하들을 통일적 방향으로 이끌어 갈 수 있는 경영자의 능력 내지 기술이 필요하다. 이러한 능력 내지 기술은 효과적 리더십에 의해서 가능하게 된다. 이에 따라 오랫동안 효과적 리더십을 위한 많은 노력이 전개되어 왔다.

이러한 리더십에 대해, 우선 쿤쯔(H. Koontz)는 조직구성원들이 집단목표의 달성을 위해 자발적인 노력을 하도록 그들에게 영향력을 행사하는 기술 내지 과정으로 정의하고 있다. 이반세비치(J. M. Ivancevich) 등도 리더십을 목표달성을 위한 사람들간의 영향력 행사관계로 파악하고 있다. 이에 대해 허쉬와 브랜차드(P. Hersey & K. H. Blanchard)는 리더십을 일정한 상황하에서 목표달성을 위해 개인 및 집단 활동에 영향을 미치는 과정으로 보고 그 관계를 다음과 같이 간단히 제시하였다.

리더십의 유효성= F (리더 x 추종자 또는 구성원 x 상황요인)

따라서 효율적 리더십의 발휘를 위해서는 리더가 능력이 있어야 함은 물론이고 추종자의 적극적 지원과 협조와 동시에 상황이 리더십의 행사에 유리하도록 조성될 필요가 있다고 하겠다.

3. 의사소통

조직 내의 제반 활동의 효과적 수행을 위해서는 먼저 구성원간, 부문간, 및 계층간에 원활한 의사소통이 이루어져야 한다. 왜냐하면, 그렇게 될 때 조직목표 달성을 위한 제반 활동 등이 서로 조정되고 통합될 수 있기 때문이다. 따라서 의사소통의 효율적 관리도 경영활동의 지휘기능의 주요한 부분이라고 할 것이다.

일반적으로 의사소통은 단순히는 개인간의 정보의 교환과정으로, 또한 보다 복잡한 조직에서는 상하간, 동료간, 단위 부서간 및 조직내외간의 의사의 소통 내지 정보의 전달을 의미한다. 이와 관련해서 카츠와 칸(D. Katz & R. L. Kahn)은 의사소통, 즉 정보의 교환과 의미의 전달을 사회시스템 내지 조직의 본질이라고 하고 있으며, 바나드(C. I. Barnard)도 의사소통을 조직의 공동목표를 달성하고자 노력하는 구성원들의 연결수단으로 이들 커뮤니케이션 시스템의 유지가 경영자가 해야 할 첫 번째의 과제로 들고 있다.

이와 같이 의사소통은 오늘날 가장 중요한 관리과정의 하나로서 간주되고 있는 바, 그 배경은 다음과 같다.

첫째로, 조직규모의 확대와 관리의 복잡성에 따른 결과이다. 즉, 조직규모의 확대와 관리의 복잡성은 조직계층의 증가와 직능분화를 가속화 시키는 동시에 권한위양 내지 분권화의 필요성을 증대시킴으로서 이들 조직을 관리하기 위한 지시 내지 보고 사항의 정확성과 신속성이 그 어느 때보다도 요구되었기 때문이다.

둘째로, 노동조합의 발달에 따른 결과이다. 즉, 노동조합의 결성 및 그에 따른 노동공세는 이들에게 조직 내의 제반 사항을 정확히 전달함으로서 불필요한 분쟁을 미연에 방지하는 동시에 이들 노동조합의 적극적 협력을 유도할 필요성이 증대되었기 때문이다.

셋째로, 인간관계론의 대두이다. 즉, 호손연구 등을 통한 인간관계론 및 행동과학 이론 등의 출현에 따라 종업원의 감정 태도 및 욕구 등에 대한 파악과 그에 따른 관리의 필요성이 증대되었기 때문이다.

의사소통이 어떠한 경로를 통해 이루어지는가가 의사소통의 과정인 바, 가장 기본적 과정은 송신자-메시지-수신자로서 구성된다. 이러한 의사소통의 세 가지 요소 중 어느 하나라도 없으면 의사소통은 불가능하다. 한편, 이와 같은 단순한 과정은 조직이나 환경이 복잡해짐에 따라 다소 복잡하게 된다. 즉, 의사소통이 이루어지는 과정에 원활한 의사소통을 저해하는 잡음 등이 게재된다. 또한 의사소통을 단순히 송신자로부터 수신자로의 정보전달 이외에 송신자가 수신자에게 기대했던 반응까지지도 포함하는 개념으로 보면, 여기에는 반드시 피드백의 과정까지 포함되어야 한다. 이를 좀더 구체적으로 제시하면 다음과 같다.

송신자

의사소통은 어떤 생각이나 아이디어를 전달하고자 하는 송신자는 자신의 의도한 바를 부호나 심볼로서 변환시킨다. 이러한 심볼 중 가장 대표적 형태가 언어이다.

메시지 전달

전달하고자 하는 메시지가 송신자와 수신자를 연결하는 통로에 의해 전달된다.

수신자

송신자에 의해 전달된 메시지를 수신자가 수령하여 재해석하는 단계이다.

잡음(noise)

잡음이란 송신자와 수신자 사이에 일어나는 일종의 방해로 의사소통의 정확도나 감도를 감소시키는 모든 것을 의미한다.

피드백

이는 메시지가 정확히 전달되고 이해되었는지를 알려 주는 수신자의 반응이다. 이는 불만이나 오해를 대화나 표정 등을 통해 알 수 있는 경우나, 기업에서의 생산성 저하나 이직률 증가 및 부서간의 갈등과 같은 것이 이에 해당된다.

05. 통 제

통제(Control)는 계획-조직화-지휘-통제로 이어지는 경영활동의 사이클상에서 마지막 단계에 해당한다. 기업 경영에 있어서 통제는 조직의 행동을 규제하여 조직의 성과가 목표로 하는 바람직한 범위 내에 있도록 하기 위한 활동이다. 아무리 좋은 계획과 조직을 가지고 있더라도, 적절한 통제가 수행되지 못한다면 기업의 활동은 목표를 달성하지 못하고 표류하게 될 것이다. 따라서, 다른 모든 단계들이 중요한 것과 마찬가지로, 기업 경영에 있어서 적절한 통제는 성공적인 경영을 위한 본질적인 요소라고 할 수 있다. 예를 들어, 어떤 기업이 자사의 고객주문충족률이 95%이상이 되도록 하는 것을 목표로 하고 있다고 할 때, 이러한 목표를 달성하기 위해서는 제품의 생산, 운송 및 재고에 대한 적절하고 조화로운 통제가 필수적이며, 만약 이러한 통제가 적절히 수행되지 못한다면 계획된 목표는 공허한 구호로 끝나고 제품은 시장에서 도태되고 말 것이다.

그림 3.7 통제의 과정

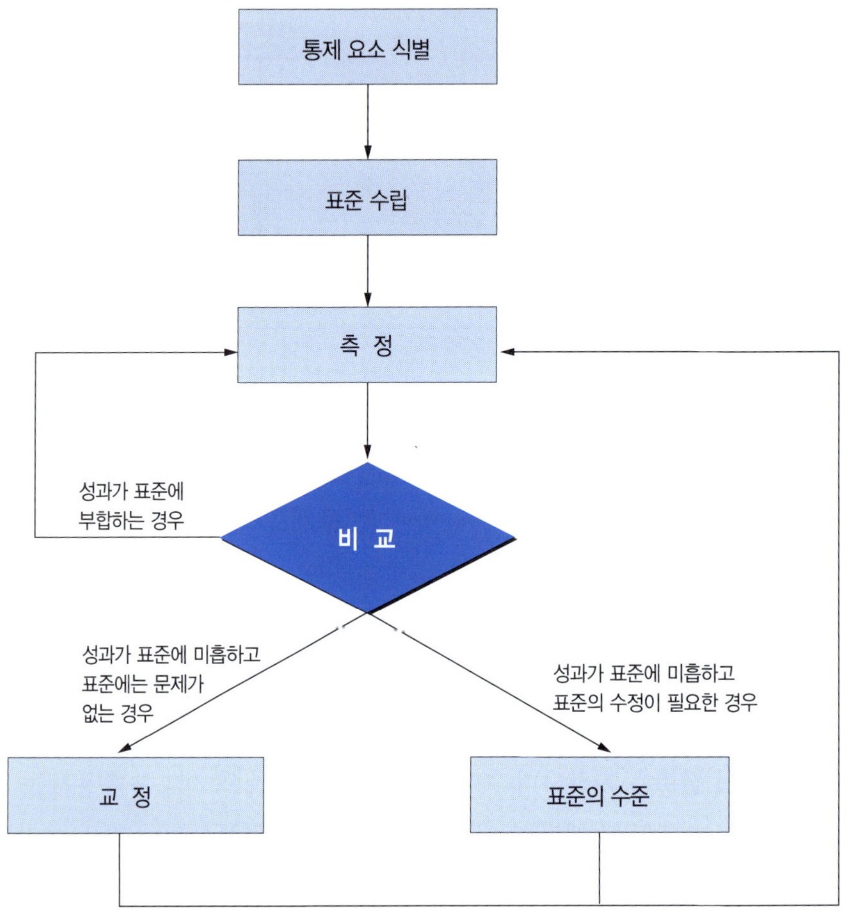

기업의 성과를 목표 범위 내에 둔다는 통제의 본질에 비추어, 통제의 과정은 다음 같이 도식화할 수 있다(그림 3.7).

1. 통제의 유형

통제를 구현하는 시점은 경영활동이 시작되기 전이나, 활동이 진행되는 중 또는 활동이 끝난 후가 될 수 있다. 이들을 각각 사전통제, 동시통제, 사후통제라고 일컫는다(그림 3.8 참조).

그림 3.8 통제의 유형

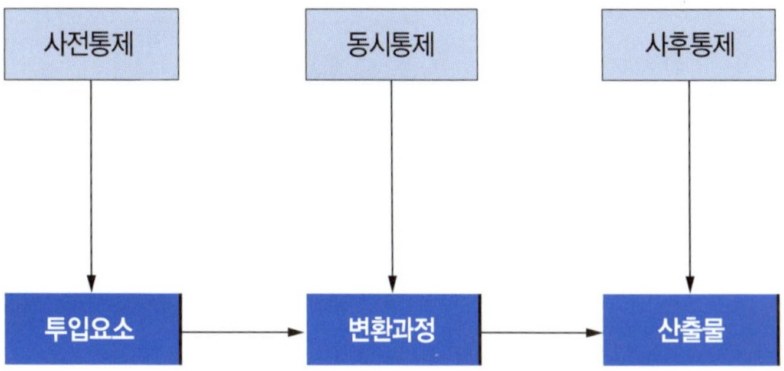

(1) 사전통제

사전통제(feedforward control)는 문제를 일으킬 수 있는 소지를 미연에 방지한다는 점에서, 가장 바람직한 통제의 형태라고 할 수 있다. 사전통제는, 업무를 수행하기 위하여 조직에 투입될 자원-인적자원, 자재, 재무적 자원 등-의 품질을 높여서 향후에 발생할 수 있는 목표치와 실적치와의 편차를 사전에 방지하는 데에 초점을 둔다. 예컨대, 많은 조직들이 신규 직원을 뽑을 때 조직의 문화에 잘 부합할 수 있는지를 사전에 판단하는 데에 신중을 기한다거나, 항공기와 같은 복잡한 기계를 운용하는 경우 문제가 일어날 수 있는 요소들에 대하여 정기적인 사전점검을 실시하는 것은 사전통제의 예를 보여 주고 있다.

(2) 동시통제

동시통제(concurrent control)는 업무가 진행중인 동안 행해지는 통제이다. 동시통제는 업무가 수행되는 과정에서의 측정치와 표준치 사이의 편차를 계속적으로 평가하므로, 편차가 허용 가능한 한계를 넘어서면 이것이 조직에 심각한 문제를 야기하기 전에 바로잡을 수 있다는 장점이 있다. 일반적인 동시통제의 예는 경영자가 종업원의 행위를 직접 감독(direct supervision)하는 것이다. 종업원의 과업 수행 행위상에서 문제가 발견되는 순간에 경영자는 이에 대한 교정조치나 대응조치를 수행할 수 있다. 또한, 산출물에 대한 측정과 표준치와의 비교를 자동화하는 각종 기술은 이러한 동시통제 활동을 용이하게 하는데, 예로서 워드프로세서의 맞춤법 확인 기능은 잘못된 단어를 입력함과 동시에 문제가 발생했음을 알려서 이를 수정할 수 있도록 한다. 동시통제는 문제가 고객에게 전달되기 전에 발견되고 수정될 수 있게 하므로, 품질의 향상을 위하여 점차 많은 기업들이 동시통제를 수행하고 있다.

(3) 사후통제

사후통제(feedback control)는 일반적으로 가장 널리 사용되는 통제의 형태이다. 사후통제는 행위가 발생한 이후에 행위의 결과로 얻어진 산출물을 표준과 비교한다. 이러한 형태의 통제가 가지는 단점은, 문제가 발견되었을 때 그것은 이미 행위가 일어나서 문제의 결과가 조직에 반영된 이후라는 점이다. 이른바 "소 잃고 외양간 고치는" 격이 되는 셈이다. 사후통제의 이러한 문제점에도 불구하고 이것이 널리 사용되는 이유는, 많은 경우에 사후통제 이외의 방법이 가용하지 않기 때문이다. 사후통제의 가장 전형적인 형태는 재무적 지표를 활용하는 것이다. 예를 들어, 각 영업팀의 성과를 분기말 또는 연말에 결산하여, 회사에 가장 많은 이익을 공헌한 영업팀에게는 보상을, 가장 저조한 이익을 기록한 영업팀에는 시정을 지시하거나 담당자를 교체하는 등의 불이익을 주는 식이다. 대학에서 과목별로 시험을 실시하는 것도 학생들의 학습 성취도를 평가하여 학습의 동기부여를 도모하는 사후통제의 한 형태로 볼 수 있다. 따라서, 사후통제는 종업원에게 표준치 달성을 위한 동기를 부여할 수 있다. 사후통제는 또한, 표준치와 성과 사이의 편차로부터, 원인을 파악하고 이를 수정하기 위한 계획을 수립하도록 하는 정보를 제공한다는 장점도 가지고 있다. 예를 들어, 특정한 제품의 판매실적이 표준치에 비해 저조하다는 것이 사후에라도 발견되면, 해당 제품의 낮은 매출을 발생시킨 원인을 파악하여 이 문제를 수정하기 위한 활동을 수행할 수 있게 되는 것이다.

요약 정리

❖ 경영활동이 이루어지는 과정측면에서 보는 관점은 조직의 목표를 효율적으로 달성하기 위하여 요구되는 기본적인 과정(process)별로 나누어 보는 관점이다. 이에 따르면 우선 계획을 세우고(planning), 그 계획을 달성할 조직을 구성(organizing)하고, 목표에 따라 계획이 실행되도록 종업원들을 지휘 · 조정(leading)하며, 계획대로 이루어졌는지를 평가하는 통제활동(controlling)으로 나누어진다

❖ 계획은 경영관리의 최초의 과정으로서 통제와 함께 경영관리 순환의 출발점과 종착점이다. 여기서 계획(plan)은 조직이 목표를 달성하는 데 필요한 방법이나 과업을 상세히 기술한 틀로서, 누가, 무엇을, 언제, 어떻게, 왜 작업을 해야 하는지에 관해 사전에 결정하는 것을 말한다. 이에 비해 계획 수립(planning)은 계획을 개발하는 과정으로서 목표를 설정하고 그 목표를 달성하기 위한 수단을 선택하는 과정을 의미한다.

❖ 급변하는 글로벌 경영환경에 대처하기 위한 계획 수립은 경영활동의 방향을 제시하고 불확실성을 감소하며, 낭비와 과잉의 최소화, 그리고 통제의 기준을 설정하는 데 그 중요성과 이유가 있다.

❖ 조직화(organizing)란 기업의 목표를 효과적으로 달성하기 위해 어떤 형태로 조직을 구성할 것인가를 결정하고 각종 인적, 물적, 재무, 정보 등의 경영자원을 배분하고 조정하는 활동을 말한다. 반면 조직(organization)은 둘 이상의 사람들이 모여 공동의 목표를 달성하기 위해 협동적으로 일을 수행하는 집합체다.

❖ 조직화의 구성요소로서 복잡성, 집권화, 공식화의 세가지가 있고, 조직 구조에 영향을 주는 상황변수로는 환경, 기술, 규모, 연령, 전략, 권력 작용 등이 있다.

❖ 지휘(directing, leading)는 부하들이 과업을 보다 유효하고 능률적으로 수행할 수 있도록 하기 위한 모든 활동이라고 정의된다. 즉, 경영자들은 부하들이 계획에 따라 기업 활동을 의욕적으로 수행하도록 동기를 부여하고 지도 및 감독 하는 일련의 관리직능이라고 할 수 있다

❖ 효과적 지휘활동을 위해서는 종업원의 동기부여와 이를 전제로 한 관리자의 리더십 개발을 위한 제반 이론에 대한 검토가 필요하다. 또한 이러한 동기부여와 효과적 리더십의 발휘를 위해서는 조직 내의 제반 활동에 대한 정보의 원활한 전달과 소통이 이루어져야 한다.

❖ 통제(Control)는 계획-조직화-지휘-통제로 이어지는 경영활동의 사이클상에서 마지막 단계에 해당한다. 기업 경영에 있어서 통제는 조직의 행동을 규제하여 조직의 성과가 목표로 하는 바람직한 범위 내에 있도록 하기 위한 활동이다.

연습문제

주관식

1. 경영관리의 순환(management cycle)에서 계획의 의의를 설명하세요.

2. 조직화의 구성요소 세 가지를 들고 간단히 설명하세요.

3. 통제의 유형에는 어떤 것들이 있는가?

단답식

1. 장기계획은 일반적으로 (   ) 이상 소요되는 계획이고, 단기계획은 계획기간이 (   ) 이내인 계획을 말한다.

2. 기업의 성공적인 활동을 위해 필요한 일과 부서, 직위와 권한 관계, 조정메커니즘 등을 안정적으로 짜놓은 틀 또는 뼈대를(   )라 한다.

객관식

1. 다음 중 목표(goal)와 계획(plan)의 개념 구분이 틀린 것은?
   ① 목표는 기업이 실현하고자 하는 미래의 바람직한 상태를 말한다.
   ② 계획은 목표를 달성하는데 필요한 자원 배분, 일정계획, 기타 행동을 구체화하는 청사진이다.
   ③ 목표는 기업이 도달해야 할 방향과 지점을 나타낸다.
   ④ 계획은 목표없이 존재할 수 있다.

2. 계획수립의 결과 얻을 수 있는 효과에 해당되지 않는 것은?
   ① 비합법성 부여　　　② 동기부여와 몰입
   ③ 의사결정의 근거　　④ 성과 평가의 기준

3. 다음 중 조직화의 과정을 순서대로 바르게 나타낸 것은?
   ① 업무의 분(업)화 → 권한과 책임부여 → 부서의 구성 → 조정
   ② 부서의 구성 → 권한과 책임부여 → 조정 → 업무의 분(업)화
   ③ 업무의 분(업)화 → 부서의 구성 → 권한과 책임부여 → 조정
   ④ 권한과 책임부여 → 조정 → 업무의 분(업)화 → 부서의 구성

4. 조직의 의사결정권과 명령지시권이 조직의 여러 계층에 대폭 위양되어 있는 상태는?
   ① 집권화 ② 분권화
   ③ 공식화 ④ 성문화

5. 다음 중 통제의 과정에 해당한다고 보기 어려운 것은?
   ① 표준의 수정 ② 변환
   ③ 비교 ④ 통제요소 식별

단답식 해답

1. 5년, 1년 2. 조직

객관식 해답

1. ④ 2. ① 3. ③ 4. ② 5. ②

제2부 기업경영의 주요 기능

제4장
인력의 효율적 이용

1. 인사관리의 개념

2. 인사관리의 정책

3. 인사관리의 주요 활용

01. 인사관리의 개념

1. 인사관리의 의의

(1) 인사관리의 정의

인사관리(personnel management, personnel administration)의 정의는 시대적인 변화에 따라 변해오기는 하였지만, 그 개념과 정의는 학자에 따라 또는 시대의 변화에 따라 다소 달라질 수 있다. 그러나 여기에서는 인사관리란 "인력의 확보와 유지 · 활용 · 개발에 관한 계획적이고 조직적인 관리활동"이라고 설명할 수 있다. 즉, 조직이 목표를 달성하기 위해서 필요로 하는 인력을 조달하고 유지 · 개발하며 이를 활용하는 계획적이고 조직적인 관리활동의 체계라고 정의할 수 있다.

현대 사회에서는 기업 환경의 급격한 변화에 따라 인간의 욕구와 가치관도 다양해지고 있다. 그러므로 기업은 조직구성원의 현재 및 장래의 욕구를 적절하게 조정 · 충족시키는 데 노력해야 하고 개인도 자신의 직장생활을 계획하고 그것을 자신이 참여하는 조직의 요구와 적절히 조정하도록 해야 할 필요성이 증대되고 있다. 이처럼 조직의 목표와 개인의 목표가 조화를 이루도록 하는 일은 인사관리에서 중요한 과제가 되고 있다.

따라서 인사관리는 조직구성원들이 자발적으로 조직의 목적달성에 적극적으로 기여하도록 함으로써 조직의 발전과 개인의 발전 및 안정을 이루도록 하며, 조직에서의 사람을 다루는 철학과 그것을 실현하는 제도 및 기술의 체계라 할 수 있다.

(2) 인사관리의 성격

첫째, 인사관리는 조직체의 인적자원을 관리하는 경영의 한 부분 또는 하위과정이다. 따라서 인사관리는 인적자원의 계획과 확보로부터 시작하여 이의 효율적인 활용과 유지 · 보존, 그리고 보상과 개발에 관련된 모든 기능과 활동을 포함하고 있다.

인적자원확보

조직의 목표를 달성하는 필요한 역량을 갖춘 인적자원을 일정한 계획에 따라 조직 외부와 내부에서 모집 및 선발을 통해 확보하는 것을 말한다.

인적자원활용

배치와 인사이동 등을 통하여 구성원에게 가장 적합한 직무를 부여하거나 일정한 직무에 가장 적합한 역량을 갖춘 사람을 이동배치하고, 이들이 자신의 직무에서 최대의 성과를 발휘할 수 있도록 동기를 유발하고 이끄는 과정을 말한다.

인적자원개발

인적자원이 조직의 목표달성에 필요한 역량을 갖출 수 있도록 교육 및 훈련시키고 개인의 잠재력을 발견하여 그것을 실현하도록 만드는 과정을 말한다.

인적자원보상

구성원이 조직의 목표달성에 공헌한 대가로 적정하고 공정한 직접적 · 간접적 급부를 제공하는 것을 말한다.

인적자원유지

조직이 이미 확보하고 개발시킨 인적자원의 육체적 · 정신적 상태를 지속시켜 조직에 기여하도록 유도하는 과정이다.

둘째, 인사관리는 조직의 목표를 달성하기 위하여 모든 조직구성원을 대상으로 경영 각 계층에서 발휘되는 필수기능으로 조직체의 최고경영층에서 하부의 일선관리자에 이르기까지 모든 실무관리자들이 수행해야 하는 기본적인 일반관리기능이다.

셋째, 인사관리는 조직체의 목적과 성과를 달성시키는 경영과정이다. 조직체의 목표달성은 인적자원관리뿐만 아니라 생산, 마케팅, 재무, 회계 등 경영 각 분야의 공통된 목표이다. 그러나 조직체의 목적달성 과정에서 인적자원관리가 강조하는 성과와 다른 경영관리 분야에서 강조하는 성과 간에는 중요한 차이가 있다. 인사관리는 조직의 목표달성에 요구되는 역량을 갖춘 인적자원의 확보, 인적자원의 잠재력 발견과 실현 및 동기유발, 조직구성원의 직무만족을 통한 자아실현 유도, 근로생활의 질 향상, 구성원의 윤리적 행동 유지 등과 같은 목표를 실현함으로써 조직유효성을 높이는 데 기여한다.

2. 인사관리의 중요성

기업조직은 복잡한 환경으로부터 다양한 자원(인적, 물적, 재무, 정보 등)을 투입물로 받아들이고 기업 고유의 변환과정을 통하여 재화와 서비스 등의 가치를 창출하고 그것을 고객에게 전달하는 개방시스템이다. 다양한 자원 중에서 인적자원은 다른 자원들을 능률적이고 효과적으로 활용하도록 하는 핵심자원이 되며 기업조직의 성과에 가장 큰 영향을 미친다. 이와 같은 인적자원의 특성과 중요성을 살펴보면 다음과 같다.

(1) 인적자원의 능동성

인적자원이 다른 자원에 비하여 가장 특이한 점은 인적자원의 능동적 성격에 있다. 즉, 자금과 기계, 설비, 자재 등 물질적 자원은 성과에 기여하는 정도에 있어서 이들 자원 자체의 양과 질에 의하여 지배됨으로써 수동적인 성격을 지니고 있다. 그러나 이에 비하여 인적자원으로부터의 성과는 인적자원의 욕구와 동기, 태도와 행동 그리고 만족감 여하에 따라 결정되고, 인적자원의 행동동기와 만족감은 경영관리에 의하여 조건화된다. 따라서 인적자원은 능동적이고 반응적인 성격을 지니고 있다.

이와 같은 인적자원의 능동적 성격 때문에 조직체의 성과는 인적자원의 양과 질은 물론 경영관리에 의해서도 많은 지배를 받는다. 따라서 인적자원이 부족하더라도 이들이 효율적으로 활용되면 좋은 성과를 거둘 수 있는 반면에, 인적자원이 아무리 풍부하고 수준이 높다 하더라도 이들에 대한 경영관리가 부실하면 성과가 좋지 않은 것을 흔히 볼 수 있다. 또한, 인적자원의 능동성이 조직체 성과에 주는 영향은 정태적 환경보다도 동태적 환경에서 더욱 크게 나타나므로 현대 기업조직에서 인적자원의 능동적 · 적극적 성격은 더욱 중요하게 된다.

(2) 인적자원의 개발가능성

자금과 물질적 자원에 비하여 인적자원의 또 한 가지의 특이점은 인적자원의 개발가능성이다. 자금이나 물질적 자원은 자체의 주어진 양과 질이 제한되어 있으므로 이들 자원의 확장과 개발이 불가능하다. 그러나 인적자원은 자연적인 성장과 성숙은 물론, 오랜

기간 동안에 걸쳐서 개발될 수 있는 많은 잠재능력과 자질을 보유하고 있다. 인적자원에 대한 개발가능성은 환경변화와 이에 따른 조직변화가 심할수록 현대조직의 인적자원관리에서 차지하는 중요성이 더욱 커진다.

(3) 전략적 자원

조직의 성과는 인적자원, 물적자원, 재무자원, 정보자원 등을 효과적이고 능률적으로 활용하는 데 달려 있는데, 이러한 자원들을 효과적이고 능률적으로 활용하는 것은 바로 사람, 즉 인적자원이기 때문에 다른 어느 자원보다도 전략적 중요성이 강조되고 있다.

02. 인사관리의 정책

1. 경영이념과 인사철학

경영이념이란 기업경영에 있어서 모든 조직구성원의 활동기반이 되는 것으로서 경영의 행동원리 내지 지도원리와 관련되는 것이다.

인사철학(personnel philosophy)이란 경영자가 종업원에 대해 갖고 있는 기본적인 사고방식을 말한다. 인사철학은 실제 경영자가 일상생활에서 종업원을 관리하는 행위를 통해서 나타나는 것으로서 인사관리의 일반적 제도의 설정과 그 운영 과정에서 경영자의 의도가 일관성 있게 반영되어야 할 필요가 있다. 따라서 인사철학은 경영자가 종업원을 기업의 경영목표에 결합시키기 위한 관리행위에서 나타나는 지속적인 성향이라고 할 수 있다.

이와 같은 인사철학은 경영자의 주관적 신념과 밀접한 관련을 갖고 있는 반면에 또한 객관적인 타당성이 있어야 한다. 객관적 타당성이란 사회 일반의 윤리적 기준에 적합하고 사회 일반의 인간관에 대한 통념에서 수용되는 것을 의미하며 이를 통해 조직구성원들의 수용도를 높일 수 있게 된다. 또한 인사철학은 형식적으로 표명한 구호가 아니며 실제 경영자가 일상생활에서 사원을 관리하는 행위를 통해서 나타나는 것이므로, 인사관리제도의 설정과 그 운영과정에서 그 의도가 일관성 있게 반영되어야 한다.

Focus 인사관리 용어의 변천

인사관리라는 용어는 어떻게 변천되어 지금에 이르게 되었을까? 인사관리 또는 인적자원관리라는 용어의 변천 과정을 살펴보면 기업 내에서 인사기능의 역할과 그 위치를 알 수 있다.

국내 기업에 있어 인사관리가 태동하기 시작한 시점은 1960년에서 70년대에 태동하기 시작하였다. 이때의 원시적 인사관리는 인사기능의 제도화 수준이 낮아 구성원의 인적 사항 등의 기록과 문서의 보관 및 관리, 급여의 계산 및 지급 등이 이루어지는 인사관리의 시작기였다.

1980년 들어 인사관리(Personnel Management : PM)가 본격적으로 정착되면서 인사관리의 각 기능들이 제도화, 체계화되기 시작하였다. 그러나 채용, 평가/보상, 교육훈련, 퇴직 등의 활동들은 개별적 인사 기능의 강화 및 체계화에만 초점이 맞추어져 있었으나 기능간 조정 및 통합 수준이 미비하였다.

1990년 들어 인사관리와 함께 인적자원관리(Human Resource Management : HRM)라는 용어가 자리 잡기 시작하였다. 인적자원관리는 인사활동의 각 기능간 조정 및 통합을 통해 시스템화하도록 했다는 점에서 인사관리와 차이를 보였다. 또한, 인사부서의 역할이 강화되고 인적자원의 개발 및 활용이 강조되기 시작하였다.

최근 2000년대를 접어 들면서 전략과의 연계 및 적합성을 강조한 전략적 인적자원관리(Strategic Human Resource Management : SHRM)가 주요 트렌드로 자리 잡고 있다. 즉, 전략과의 외적 적합성 및 기능간 내적 적합성을 달성하여 기업의 지속적 경쟁우위 창출에 집중할 수 있도록 발전되고 있다. 이에 사업 전략과 HR 전략의 상호 적합성 추구가 본격화 되고 HR 부서의 전략적 역할이 증대되기 시작하였다.

그렇다면 앞으로 10년 뒤 인적자원관리 기능들은 기업의 경영활동에 어떤 역할과 위치를 차지하게 될까? 앞으로의 그 미래가 기대된다.

2. 인간관의 유형

역사적으로 볼 때 조직 속의 인간은 서로 대립하는 두 가지 사상의 흐름 속에서 갈등을 겪어 왔다. 그 하나는 인간을 능률이라는 기계적 작업의 틀로 묶으려는 사고방식이며, 다른 하나는 이 흐름에 거슬러 인간의 자율성을 강조하는 사고방식이다. 기업조직의 경우 전자는 1900년대를 전후로 등장한 과학적 관리법으로 대표되고, 후자는 제1 · 2차 세계대전의 와중을 거치면서 성숙한 인간관계론으로 대표된다. 이 두 조류는 서로 충돌하면서 지금도 경영관리에 지대한 영향을 주고 있다.

경영학 분야에서 논의되고 있는 인간에 대한 관점으로는 인간의 일에 대한 태도나 가치관 측면에서 본 X · Y 이론적 인간관, 인간의 욕구 · 동기 측면에서 본 경제 · 사회인관과 복합인관이 있는데 이에 대해 살펴보기로 한다.

(1) X이론과 Y이론

인간의 본성에 대한 기본적인 가정을 조직의 경영과 관련시켜서 맥그리거(D.McGregor)는 X이론과 Y이론을 전개하였다. X이론적 인간관에서는 인간을 일하기 싫어하고 책임지기 싫어하며, 창의성을 발휘하기보다 마치 로봇처럼 기계적인 일을 선호하는 타율적 존재로 파악한다. 따라서 기업경영에 있어서 사람들은 엄격히 통제되거나 강제되어야 한다는 것을 강조한다. 실제로 이런 생각을 지닌 경영자의 관리방식은 자연히 사람들을 감시 · 감독하고 강제로 목표달성을 위해 끌고 가는 양상을 보인다. 이러한 X이론은 전통적인 경영관리론을 언급한 것이며 이에 대응하여 인간의 존엄성을 전제로 고차적인 인간욕구측면을 강조하면서 맥그리거는 Y이론을 제시하였다.

Y이론적 관점에서는 인간을 적절한 조건만 주어진다면 일을 마치 놀이처럼 즐겁게 생각하고 자발적 의사를 가지며, 무엇인가를 새롭게 만들고자 자기 지시나 자기 통제를 하며 기꺼이 책임을 지려는 창조적인 존재로 파악한다. 여기서 유의할 것은 Y이론적 인간관이 조직에서 사람의 잘못에 대해 수수방관 또는 방임하거나 사람을 무조건 선한 존재로 바라보자는 의미가 아니라 그것을 위한 조건이 함께 조성되어야 한다는 입장이라는 점이다. Y이론적 시각을 가진 경영자는 좋은 여건을 마련해서 인간의 잠재력을 개발하고 종업원이 자기 계발하고 자아실현하려는 노력을 하도록 촉진하여야 한다고 믿는다.

(2) 경제인, 사회인, 복합인의 관점

인간이 어떤 동기에 따라 행동하는지 그 동기의 어느 한 측면을 강조하여 인간관을 분류할 수 있는데 경제인 관점, 사회인 관점, 그리고 복합인의 관점이 그것이다.

경제인의 관점

경제인(economic man) 관점은 인간을 주로 합리적 계산을 하면서 경제적 유인에 의해 움직이는 수동적 · 기계적 존재로 보며, 따라서 인간을 이해하는 데 있어 이런 측면이 중시되어야 한다는 입장이다. 즉, 사람이 주로 경제적 유인에 의해 자극을 받으며 매우 합리적으로 자신의 경제적 이익을 극대화하는 행동을 한다고 보고, 조직의 통제하에 있는 경제적 유인을 통해 조직이 인간의 동기를 유발하고 통제할 수 있다고 본다. 이와 같은 경제인의 관점은 경제적 욕구를 인간행동의 동기로 간주하고 있으며 경영관리의 고전이론, 테일러(F.Taylor)의 과학적 관리법에서 취하고 있는 인간관이다.

사회인의 관점

사회인(social man) 관점은 인간의 비합리적 측면을 강조하면서, 인간의 사회적 욕구를 중시해야 한다는 입장이다. 즉, 사람이 기본적으로 사회적 욕구에 의해 자극을 받고 타인과의 관계를 통해 일체감을 가지며, 기계적이고 효율성을 추구하는 산업조직 내의 업무 자체보다, 일을 하는 과정에서 다른 사람과의 관계 속에서 의미를 찾으려 한다고 본다. 그리고 조직(경영층)이 제시하는 경제적 · 물질적 보상 및 유인 · 통제보다 오히려 동료 집단과 같은 사회적 요인에 더 민감한 반응을 하며 자신의 사회적 욕구를 충족시켜 주는 정도에 따라 경영층에 더 많은 반응을 나타낸다고 본다. 사회인의 관점에서는 인간의 사회적 욕구를 인간 행동의 동기로 파악하고 있으며 신고전이론, 인간관계론 등에서 취하고 있는 인간관이다.

자아실현 · 복합인의 관점

자아실현 · 복합인 관점은 인간의 다양한 욕구와 동기를 강조하면서 자아성장과 자아실현을 추구하는 존재로 보고 있다. 복합인(complex man) 관점은 사람을 복합적이고 변동적인 존재이며 조직 생활이나 업무 경험을 통해 새로운 욕구를 배울 수 있는 존재로 본다. 그리고 개인적으로도 한 사람이 서로 상충되는 목표를 동시에 가질 수도 있으며 여러 가지 외부 자극에 대해서 동시에 반응할 수 있다고 본다. 특히 복합인관에서 중시되는 인간의 모습은 자신의 모든 능력을 최대로 발휘하고자 하는 자아실현 욕구를 가진 존재이다. 즉, 사람들은 성숙되기를 바라고 또 그렇게 될 수 있으며, 장래에 대한 전망과 관심을 갖고 보다 높은 이상을 향한 일에 관심을 가지고 있다고 보는 것이다. 복합인의 관점에서는 인간의 자아실현 욕구를 강조하고 있으며 현대적 관리이론에서 취하고 있는 인간관이다.

03. 인사관리의 주요 활동

1. 직무분석

(1) 직무분석의 의의

직무분석(job analysis)이란 직무내용에 대한 정보를 수집, 분석, 통합보고하기 위하여 직무를 연구하는 일련의 활동이다. 그리고 직무에 관련된 정보는 직무의 내용과 요건에 관한 정보로 나눌 수 있다. 그러면 직무란 무엇인가? 우리가 흔히 쓰는 용어이지만 자세히 조사해 보면 꽤 복잡한 개념이다. 직무는 조직의 목표를 달성하도록 조직과 사람을 연결시켜 주는 가교이며 조직의 중요한 구성성분이다. 즉 직무가 모여 조직을 형성하고 직무를 통해 조직의 목표가 달성된다.

이러한 직무에 대한 정보를 정리한 문서를 직무기술서(job description)라고 하며, 직무를 수행하기 위해 요구되는 인적요건을 자세하게 작성한 문서를 직무명세서(job specification)라고 한다. 따라서 직무분석은 직무기술서와 직무명세서를 작성하는 작업이라고 할 수도 있다.

(2) 직무분석의 목적

직무분석 결과 얻은 정보가 인적자원관리의 거의 모든 분야에 활용될 수 있다고 하여도 과언이 아니다. 그 중에서 주요 활용 분야를 열거하면 다음과 같다.

직무설계

직무는 고정되어 있는 것이 아니고 기술과 환경의 변화에 따라 바뀌는 것이다. 따라서 새롭게 바뀐 상황에 적합하게 과업들을 구성하는 직무설계에 직무분석 정보가 활용될 수 있다.

인적자원계획

앞으로 어떤 형태의 인적자원이 얼마만큼 필요하게 될 것인가를 예측함에 있어 과거의 추세를 근거로 하는 것보다는, 직무분석을 실시하여 얻은 정보를 미래에 필요로 하는 인적자원의 형태와 수를 구체적으로 예측하는 데 활용할 수 있다.

모집 및 선발

기업에서 원료와 설비 등을 조달할 때, 구체적인 명세서가 있어 이것을 지침으로 조달하게 된다. 마찬가지의 원리로 사람을 모집하고 선발할 경우 지원자의 자격기준과 인원 수 및 선발기준 등은 직무분석 정보가 기초가 된다.

인사고과

인사고과란 조직 내부의 인적자원을 대상으로 조직에의 공헌도 및 공헌가능도를 평가하는 것으로 이러한 인사고과는 직무기술서에 명시된 것을 기준으로 실시되어야 한다.

인적자원개발

직무분석 결과 특정 직무를 성공적으로 수행하기 위해서 특정 지식, 기능, 능력, 경험 등이 필요하다고 밝혀졌는데 현재 그 직무를 수행하고 있는 담당자가 그러한 지식, 기능, 능력, 경험을 지니고 있지 못하다면 부족한 부분을 개발을 통해서 메꾸어야 한다. 이처럼 개발의 필요성과 내용을 파악하는 데에도 직무분석 정보가 활용된다.

인적자원의 보상

종업원들이 받게 되는 임금의 차이 중에는 담당하는 직무의 상대적 가치에서 기인하는 부분이 있다고 볼 수 있다. 따라서 '동일노동 동일임금' 이라는 명제하에서 실시되는 직무급체계를 도입하기 위해서는 직무평가가 이루어져야 한다. 그런데 그러한 직무평가는 직무분석에서 얻은 정보를 기초로 하여 이루어지고 있다.

안전 및 보건

직무분석을 통해 특별히 위험하고 건강을 해칠 수 있는 직무를 확인하게 된다. 이렇게 위험하고 건강을 해치는 직무에 대해서는 안전 및 보건에 특별한 관심을 기울여 산업재해와 직업병 등을 방지할 수 있다.

(3) 직무분석의 절차

직무분석을 실시함에 있어 반드시 다음과 같은 절차를 밟아야 하는 것은 아니지만 다음과 같은 단계로 직무분석을 실시하면 효과적이다.

직무분석 목적의 결정

앞에서 살펴본 바와 같이 직무분석을 실시하는 목적은 다양하다. 그리고 그 목적별로 필요로 하는 직무에 관한 정보가 다르고, 그러한 직무정보를 획득하는 효과적인 방법도 또한 상이하다. 따라서 직무분석을 실시함에 있어 우선 직무분석에서 얻은 정보를 어디에 활용할 것인가를 결정하여야 한다.

예를 들어 직무급 체계를 도입하여 보상관리에 활용하기 위해서 직무분석을 실시할 경우에는 직위분석 설문지(Position Analysis Questionnaire; PAQ)와 같은 계량적인 방법을 사용하는 것이 좋겠고, 인적자원의 개발에 활용하기 위한 직무분석의 경우에는 관리직위 기술설문지(Management Position Description Questionnaire; MPDQ)와 같은 직무분석법을 사용하는 것이 효과적이다. 또한 선발에 활용할 목적으로 직무분석을 수행하는 경우에는 자격요건에 관한 자세한 정보가 필요하고 이러한 정보를 획득하는 데는 면접법과 질문지법이 효과적이다.

배경정보의 수집

직무분석을 함에 있어 직무에 대한 대략적인 윤곽을 확인할 수 있는 기초자료를 수집하는 것이 필요하다. 이러한 배경정보에는 조직도(organization chart), 흐름도(process chart), 기존에 작성된 직무기술서(job description) 등이 있다.

직무정보의 수집

직무에 관한 정보를 실제로 수집하는 단계이다. 직무정보를 수집하는 방법은 후술된 것처럼 다양하다.

직무정보의 검토

일단 수집된 정보는 직무담당자 또는 직무담당자를 직접 감독하는 상사 등의 검토를 거쳐야 한다.

직무기술서 및 직무명세서의 작성

검토가 끝난 직무정보를 가지고 일정한 양식의 직무기술서와 직무명세서를 작성하면 직무분석은 끝나게 된다.

(4) 직무분석 방법

직무정보를 수집하고 분석하는 데에는 여러 가지 방법이 있다. 직무분석의 목적과 특정 조직에서 현실적으로 가능한 방법인가를 고려하여 가장 효과적인 방법을 선택하여야 한다.

면접법

직무담당자와의 면접을 통해서 직무정보를 획득하는 방법이다. 면접법(Interviews)을 사용함으로써 이따금 발생하는 중요한 활동 등과 같은 다른 방법으로는 밝혀지지 않을 정보를 얻을 수 있고, 직무담당자나 감독자에게 직무분석의 필요성과 효과 등을 설명할 수 있는 기회가 제공되어 직무분석에 대한 두려움과 거부감을 제거할 수 있다.

설문지법 및 대조표법

설문지(Questionnaires)와 대조표(Checklist)는 약간의 차이가 있다. 설문지는 직무가 요구하는 과업, 스킬, 지식, 그리고 능력에 대한 대부분의 기술을 직무담당자에게 의존하고 있다. 직무담당자들은 직무목적, 과업, 사용장비, 능력요건(지식, 능력, 기능 등) 등을 자유롭게 기술할 수 있다.

관찰법

훈련된 직무분석가가 직무담당자의 직무수행 장면을 관찰하고 관찰 결과를 기록함으로써 직무정보를 얻는 방법이다. 훈련된 직무분석가는 공식적 및 비공식적 행위, 작업활동, 작업대상과의 상호 관계 등을 관찰할 수 있다. 그러나 직무담당자가 과업을 보다 어렵게 보이게 만든다든지 또는 시간을 실제보다 더 길게한다든지 하여 직무담당자가 자신에게 유리한 방향으로 관찰을 왜곡시킬 가능성도 있다.

종업원 기록법

종업원의 매일매일의 작업활동을 작업일지(diary/log)에 기록하게 하여 그것으로부터 직무에 관한 정보를 얻는 방법이다. 이 또한 종업원이 작업 활동을 실제보다 부풀리는 문제를 해결할 수 있어야 한다.

결합법

직무분석시 어느 한 가지 방법만을 사용하여야 하는 것은 아니다. 오히려 여러 방법을 병용하여 분석하는 것이 더 적절하다. 예를 들어 사무직이나 관리직 직무를 분석할 때에는 질문지법을 사용하고, 미흡한 부분을 면접법과 관찰법(Observation)을 통해서 보완하는 것이 효과적이다.

(5) 직무기술서와 직무명세서

직무분석을 통해 얻은 정보를 문서로 작성한 것이 직무기술서와 직무명세서이다. 직무기술서는 분석대상이 되는 직무에서 어떤 활동이나 과제가 이루어지고 작업조건이 어떠한지를 알아내어서 그러한 것들을 기술해 놓은 것이며 직무명세서는 직무를 수행하는 사람에게 요구되는 지식, 기술, 능력 등과 같은 인간적 요건이 무엇인지에 관한 정보를 적어 놓은 것이다.

따라서, 직무분석의 산출물인 직무기술서와 직무명세서는 인적자원관리 활동인 채용, 승진, 평가와 보상, 교육훈련 등의 활용에 정보원천적인 역할을 한다. 최근에는 직무기술서와 직무명세서를 따로 작성하지 않고 두 산출물을 통합하여 하나의 직무기술서로 작성하는 것이 추세이다.

2. 직무평가

(1) 직무평가의 의의

직무평가(job evaluation)는 '동일노동 동일임금(equal pay for equal work)'의 원칙을 실현하는 직무급을 도입하기 위한 기초 작업으로 직무의 상대적 가치를 산정하는 체계적인 과정이다. 즉, 어느 직무를 담당하는 자에게 더 많은 임금을 지불하여야 하는가를 결정하는 것이다. 직무평가는 직무의 상대적 가치를 정하기 위해서 직무 속성을 평가해야 하는데 이러한 평가를 위해서 책임요소(Responsibility), 숙련요소(Skill), 노력요소(Effort), 작업조건(Working conditions) 등을 평가하게 된다.

(2) 직무평가 방법

직무평가 방법에는 서열법, 분류법, 점수법, 요소비교법 등이 있다. 그리고 이 중 서열법과 분류법은 직무를 서열척도나 명목척도를 사용하여 평가하는 비양적 평가방법(non-quantitative method)이고 점수법과 요소비교법은 등간척도를 사용하여 직무를 계량적으로 평가하는 양적 평가방법(quantitative method)이다.

서열법

다른 직무와 비교하여 직무의 상대적 중요성에 따라 직무를 주관적으로 서열을 매기는 방법이다. 이때 평가자가 여러 평가요소를 고려하여 평가하기도 하고 전체적으로 평가하여 순위를 정하기도 한다.

그리고 직무의 서열을 정하는 데 있어, 직무의 짝을 지어 비교 · 평가함으로써 모든 직무의 순위를 정하는 쌍대비교법(paired comparison method)과 평가하려고 하는 직무들 중에서 가장 가치가 높다고 판단되는 직무와 가장 가치가 낮다고 생각하는 직무를 골라내고, 그러한 두 직무를 제외한 나머지 직무들을 대상으로 똑같은 방법으로 평가하여 더 이상 평가대상 직무가 없을 때까지 계속하는 교대서열법(alternative ranking method)을 사용하면 간편하다.

분류법

등급법(grading method)이라고도 부르는 것으로 사전에 규정된 등급 또는 분류에 평가하려는 직무를 배정함으로써 직무를 평가하는 방법이다. 분류법(Classification method)에 의해 직무를 평가하려면 직무등급의 수와 각 등급에 해당하는 직무의 특성을 자세히 정의하는 직무등급 기술서를 준비하여야 한다. 그런 다음 평가하려는 직무가 직무등급 기술서상의 어느 등급의 직무와 유사한가를 따져 평가하는 것이다.

점수법

점수법(Point method)은 직무를 구성하는 중요한 직무요소(job factor)를 찾아, 각 요소별로 등급화하여 점수를 부여한 다음, 평가하려는 직무를 평가요소별로 적절한 등급을 찾아 점수를 부여한다. 이렇게 요소별로 부가된 점수를 합산하여 직무의 가치를 산정하는 방법이다.

3. 직무설계

(1) 직무설계의 기초

무한경쟁, 급격한 기술변화, 작업자들의 기대 등으로 인해 직무는 구성원들이 효율적으로 수행할 수 있고 만족을 높일 수 있어야 한다. 기술변화를 예로 들면 정년퇴직 연령에 있는 세대들이 직장에 처음 입사한 시절에는 거의 존재하지 않았던 컴퓨터가 최근에는 많은 사람들의 직무를 바꾸어 놓았을 뿐만 아니라 이전에 없던 새로운 직종을 만들고 있다.

사람들이 맡은 바 과업을 얼마나 성공적으로 완수하느냐는 설계된 직무의 특성에 의해 영향을 받는다. 생산성뿐만 아니라 근로생활의 질도 직무설계와 밀접하게 관련되어 있다. 즉, 직무는 사람과 조직을 연결하는 연결고리인 것이다.

이와 같은 직무설계(job design)는 조직의 목표를 달성하기 위해 수행되어야 할 구체적인 과업, 과업을 달성하는데 사용되는 방법, 직무가 조직내에서 다른 직무와 어떻게 관련을 맺게 할 것인가를 결정하는 과정이다. 그리고 기존에 설계되어 있는 직무를 다시 설계하는 직무 재설계(job redesign)라고 한다.

(2) 직무설계 기법

직무설계는 조직적 · 기술적 · 인간적인 요구를 충족시키기 위해 필요한 직무내용 · 방법 · 관계를 구체화함으로써, 직무 수행자의 동기유발 및 성과개선 나아가 조직개발의 기반을 구축하는 일종의 동기유발 프로그램이라 할 수 있다. 특히 오늘날처럼 노동력의 교육수준이 높고, 고차수준 욕구의 충족을 간절히 원하는 상황에서는 매우 전문화된 단순 반복적인 직무는 선호되지 않는다. 그러한 직무들은 성취감, 인정감, 도전감, 책임감 등을 느낄 수 있는 기회가 주어지지 않기 때문이다. 그래서 이러한 부작용을 해소하기 위해 여러 형태의 직무설계 방법이 도입되고 있다. 그러한 기법에는 직무순환, 직무확대, 직무충실화, 직무특성모형에 의한 직무설계 등이 있다.

전문화

아담 스미스가 국부론에서 주장한 것처럼 분업(division of labor)을 함으로써 능률이 극대화될 수 있다. 따라서 세분화되고 단순화된 과업을 중심으로 직무를 편성한다.

직무순환

집단을 대상으로 하는 직무 확대를 위한 수평적 및 수직적 측면을 동시에 가지고 있는 직무설계의 한 모델이다. 이것은 개인을 조직의 여러 분야에 노출시킴으로써 개인에게 폭넓은 경험을 제공하려는 것이다. 즉 직무순환(Job rotation)은 직무담당자로 하여금 이 직무에서 저 직무로 옮기도록 하는 것이다. 직무 자체는 실제로 변하지 않고, 단지 직무담당자만 순환하게 된다. 직무순환은 여러 상이한 기능과 능력을 요구함으로써 고도로 전문화된 직무의 단조로움을 해소시킨다. 작업자에게 단지 하나의 직무만이 아니라 여러 직무를 수행할 수 있는 능력이 생기도록 하므로 조직의 입장에서도 득이 된다. 그러나 직무순환은 직무 자체를 개선하는 것이 아니며 또한 과도한 전문화로 인해 야기되는 문제점을 근본적으로 해결하는 방법이 아니다.

직무확대

기업에 따라 작업의 고도 분업체제로 인해 개개인의 직무가 극단적으로 단순한 일의 반복이 되는 경우가 발생하게 되는데 이러한 직무 종사자의 의욕상실이 능력신장의 저하로 이어지는 것이 문제가 된다. 이러한 상황에서 종업원의 일에 대한 의욕을 촉진하기 위해 직무내용의 영역을 넓히는 것이 직무확대(Job enlargement)이다. 즉 직무확대는 관련 과업의 수를 증가시켜 직무를 수평적으로 확대하는 것이다. 직무확대는 직무 사이클을 확대하고 종업원들의 다양한 기능을 활용함으로써 단조로움을 감소시킨다. 그러나 직무확대도 직무순환과 마찬가지로 근본적인 해결책이 되지 못한다.

직무충실화

직무충실화는 허즈버그(F. Herzberg)의 2요인 이론이 기초가 되어 실시되는 직무설계 방법이다. 허즈버그는 직무와 관련된 요인들이 불만족과 관련된 위생요인(hygiene factor)과 적극적으로 동기부여를 유발시키는 동기부여요인(motivation factor) 등 2요인으로 구분된다고 주장하고 있다.

4. 확보관리

(1) 확보관리의 의의

확보관리에는 기업의 전략에 따른 인적자원계획을 기초로 한 내부모집 또는 외부모집의 모집활동, 모집활동을 통하여 응모한 응모자 중에서 기업에서 필요로 하는 최적의 자질을 갖춘 사람을 고르는 선발활동, 그리고 선발된 응모자들을 적재적소에 배치하는 배치활동 및 이미 배치된 인적자원을 필요에 따라 다른 자리로 이동시키는 이동(재배치)활동이 포함된다.

(2) 인적자원 수요 예측

인적자원 수요 예측은 현재 및 장래에 있어서 기업이 필요로 하는 종류의 인원이 얼마인가를 예측하는 과정으로 사업 및 조직계획으로부터 직접 도출된다. 따라서 인력수요는 판매액, 생산량, 생산성, 기술변화 및 기술규제 등에 대한 예측치에 의해 영향을 받는다. 인력수요를 예측하기 위해서는 다양한 기법이 활용될 수 있다. 어떤 기법들은 상당한 수학적 또는 통계적 기법을 필요로 한다. 반면에 어떤 기법은 경영자들의 판단만을 요구하기도 한다. 다음으로 실제 조직에서 널리 사용되고 있는 수요 예측 기법을 소개하면 다음과 같다.

판단적 기법

판단적 기법(Judgmental technique)은 인적자원 수요를 예측하는 데 경영자의 의사결정에 의존한다. 통계적 기법과는 달리, 의사결정권자가 주관적으로 정보를 수집하여 이를 인적자원 수요를 예측하는 데 이용한다.

상향적 접근법

상향적 접근법(Bottom up approach)은 필요한 인적자원은 각 부서의 관리자가 가장 잘 알 수 있다는 논리에 기초한 방법이다. 조직 계층을 따라 최하층부터 순차적으로 상층부로 올라가면서 하층부에서 예측한 인적자원을 종합하여 조직 전체의 인적자원 수요를 예측하는 방법이다.

회귀분석

인적자원 필요량에 영향을 미친다고 밝혀진 예측변수—예를 들어 매출액, 생산량, 예산 등—를 사용하여 통계기법인 회귀분석(Regression analysis)을 통하여 인적자원 수요를 예측할 수 있다. 이때 매출액과 같은 단일의 예측변수를 가지고 인적자원 필요량을 예측할 경우는 단순회귀(simple regression) 방법을 사용하며, 여러 개의 예측변수를 사용하여 예측할 경우에는 다중회귀(multiple regression) 방법이 사용된다.

시계열분석

시계열이란 시간의 흐름에 따라 변동 상황을 표시해 놓은 통계계열로서 이러한 변동은 추세변동, 계절적 변동, 순환변동, 불규칙 변동으로 나눌 수 있다. 이 가운데 인적자원예측에 많이 사용하는 것은 추세변동을 다루는 추세분석(trend analysis)이다. 이러한 추세분석은 과거의 자료를 가지고 미래를 예측하는 기법으로 과거의 추세가 미래에도 계속된다는 것을 전제로 하는 것이기 때문에 이 전제가 무너지면 이 방법은 사용할 수 없다.

델파이법

이 방법은 집단의 의견들을 조정 · 통합하거나 개선시키기 위한 방법으로 원래 미국의 랜드(Rand) 회사가 기술의 미래를 예측하기 위하여 썼던 것에서 붙여진 이름이다. 이 기법은 근본적으로는 중요 문제에 대하여 설문지를 우송하여 대부분의 경우, 전문가에게 일련의 집중적인 질문을 하는 것이다. 인적자원관리 전문가들에게 종합적인 결론에 도달할 때까지 인석사원 수요 예축에 관한 질문지를 보내 전문가들의 경험과 판단에 기초하여 인적자원 수요를 예측하는 방법이다.

(3) 모집의 대체안

초과근무

인적자원 수요가 단기적일 경우 사용되는 방법이다. 이 방법은 현재의 종업원에게 법정 근무시간을 초과하여 근무하도록 하는 것으로 기업뿐만 아니라 종업원에게도 이익을 가져다 준다. 기업의 입장에서는 모집비용, 선발비용, 교육훈련비용, 후생복지비용 등을 절약할 수 있으며, 종업원의 입장에서는 소득증가가 가능하다. 그러나 초과근무시간 동안 생산성 저하가 발생할 가능성은 높다.

하도급

업무의 일부를 외부에 의뢰하는 것으로 최근에는 아웃소싱(outsourcing)이라는 이름으로 많이 수행되고 있다. 아웃소싱은 업무의 일부를 외부 전문업체에게 위탁하는 것이다. 이때 외부 전문업체를 아웃소싱 공급업체라고 부른다.

임시직 고용

수요의 변화에 탄력적으로 대처할 수 있는 방법의 하나로 고용계약을 임시직으로 하는 것이다. 기업의 입장에서 볼 때 정규직 고용에 따르는 위험부담은 줄일 수 있으나, 임시직 종업들이 과연 조직에 애착을 가지고 일해 줄 것인지가 이 방법의 효과를 결정한다.

리스 고용

리스란 기계나 설비를 직접 구매하여 사용하지 않고 리스회사로부터 일정 기간 사용하고 일정의 사용료(리스료)를 지불하는 것을 가리키는 것으로 인력에 대해서 실시하는 것을 리스고용 또는 인력리스라고 한다. 따라서 고용계약은 해당 기업과 인력리스회사 간에 이루어진다.

그리고 이와 동일한 형태로 우리나라에서 1998년 7월에 시행된 파견근로자 보호 등에 관한 법률에 근거해서 실시되고 있는 근로자파견이 있다.

내부모집

내부모집은 사내모집이라고도 하며, 사내승진(promotion from within)의 성격을 띠는 경향이 있다. 내부모집을 함으로써 모집 및 선발비용의 절약과 종업원들의 사기진작, 종업원들의 자기개발 촉진 등 여러 가지 이점이 있다. 그러나 근친교배가 이루어져 창의력이 저하되고, 모집범위가 제한되어 있다는 단점이 있다. 내부모집의 방법에는 관리자목록 및 기능목록 활용, 사내공개모집제도 등이 있다.

외부모집

외부모집은 다양한 원천에서 다양한 방법으로 모집활동이 일어난다. 이에 따라 인적자원관리자는 필요로 하는 인적자원을 가장 효과적으로 확보할 수 있는 원천에서 효과적이며 효율적인 방법을 사용하여 모집활동을 하여야 한다.

① 외부모집원천

- 고등학교 및 직업훈련소: 사무보조직, 최하위직, 영업직, 생산직 근로자들은 대개 고등학교 및 직업훈련소에서 모집한다. 상고 및 공고, 각종 직업훈련소에서는 특정 직업기술에 대한 우수한 훈련 프로그램을 갖추고 있다.

- 전문대학 및 대학교: 일반적으로 관리직, 사무직, 전문직 종사자는 전문대학 졸업자 및 대학 졸업자로 충원한다. 그리고 모집활동의 역점을 두는 원천은 바로 전문대학 및 대학교이다.
- 경쟁기업 및 타회사: 특정 분야에 경력이 있는 경력직 종사자를 모집하는 경우에는 경쟁기업 또는 타회사 종업원이 모집의 원천이 될 수 있다. 이 경우에는 타기업에서 오랜 기간 동안 많은 투자를 하여 애써 양성해 놓은 인재를 손쉽게 빼오는 것과 같은 기업윤리상 용납되지 않는 모집은 지양하여야 하겠다.
- 미취업자 및 실업자: 경제가 고도화되는 과정이나 경기순환 과정에서는 인력의 수급 불균형으로 인해 미취업자 및 실업자가 발생하게 된다. 이러한 미취업자 및 실업자 중에는 기업에서 필요로 하는 자격을 갖추고 일할 의욕도 높은 사람들이 있을 수 있으므로 모집의 원천으로 관심을 가져야 한다.
- 문가 단체: 기업이 필요로 하는 산업공학자와 심리학자 그리고 기능면허소지자 등의 전문인력에 대해서는 해당 전문가 단체(professional associations)가 좋은 모집원천이다.

② 외부모집의 방법

앞에서 살펴본 모집원천으로부터 지원자를 유인하는 방법을 열거하면 다음과 같다.

- 광고: 신문, TV, 잡지, 라디오 등의 대중매체를 이용하여 모집하는 것이 가장 많이 사용되며 일반적인 방법이다. 광고(Advertising)를 통해 모집을 할 경우에 인적자원관리자는 사용할 매체의 결정, 광고의 내용 구성 등을 결정하여야 한다. 각 매체마다 장·단점이 있기 때문에 그것을 고려하여 최적의 매체를 결정하여야 한다. 매체를 결정하는 데는 모집하려는 직위의 유형이 영향을 미친다. 예를 들어 사무직, 관리직 종업원을 모집할 경우에는 신문이 유리할 것이며, 심리학자, 화학공학자 등 전문가를 모집할 경우에는 전문잡지를 이용하는 것이 더 효과적일 것이다.
- 추천: 모집원천 중 학교 및 전문가 단체에 대해서는 추천의뢰를 통한 방법이 효과적이다. 또한 다른 방법에 비해 비용이 적게 들기 때문에 기업에서 많이 사용한다. 그러나 우리나라의 경우 추천문화가 아직 정착되지 못해 추천하는 자가 피추천자를 있는 그대로 자세하게 추천하기보다는 다소 형식적으로 추천하는 경향이 있다.

- 직업소개소: 공공 직업소개소 또는 사설 직업소개소가 있다. 기업이 일정한 근로조건만 제시해 준다면 직업소개소는 여기에 합당한 후보자를 소개하게 되어 양자간 취업에 관한 결정을 할 수 있다. 직업소개소(Employment agencies)를 이용한다면 정실에 흐르지 않고 일시에 많은 수의 종업원을 경제적으로 구할 수 있으므로 선진 각국에서는 기업이나 근로자 쌍방이 다같이 이용하는 빈도가 높다.
- 인턴사원제는 기업이 산학협력의 차원에서 대학 재학 중인 3, 4학년을 대상으로 방학 중 일정한 기간 동안 현업 부서에 배치하여 현장 실습의 기회를 제공한 후, 특별한 하자가 없는 한 정식사원으로 채용하는 제도를 말한다.

  이러한 인턴사원제는 기업의 입장에서는 산학협동, 적재적소의 인재 배치, 우수 인력의 조기 확보, 기업이미지 제고, 기업에 대한 친근감과 신뢰감 조성, 학생들에게 건전한 기업관 주입, 기업홍보 등 여러 장점이 있다. 또한 실습 기간 동안 각 개인의 기업관과 능력, 인성을 파악할 수 있다는 점과 다른 방법으로 채용된 사람들보다 이직률이 낮다는 이점이 있다.
- 현직 종업원의 추천: 현 종업원(Employee referrals)을 대상으로 자신의 친구나 적합한 인물을 추천하도록 하는 방법이다. 이 경우 현직 종업원들은 해당 기업의 분위기, 필요로 하는 기술 등을 잘 알고 있고 이것을 피추천자에게 충분히 설명하였기 때문에 적격자를 손쉽게 모집할 수도 있는 방법이다.
- 자발적인 응모자: 기업이 좋은 평판을 얻고 있는 경우에는 모집활동을 하지 않았는데도 유능한 인재가 자발적으로 기업의 문을 두드리는 경우가 있다. 우리나라에서는 그다지 흔하지 않지만 미국의 경우 많이 사용되는 방법이다. 이때 자발적인 응모자(Unsolicited applicants/walk-in applicants)는 자신의 이력서, 자기소개서 및 각종 서류를 가지고 기업을 직접 방문하거나 우편을 통해 취업상담을 한다.
- 헤드헌터: 최고경영자, 첨단기술 보유자 등 전문, 고급인력을 소개해 주는 개인 또는 업체를 가리킨다. 이러한 업체를 서치펌(search firm)이라고도 부르며 사업을 헤드헌팅(headhunting)이라고 한다.
- 사이버 모집: 최근에는 인터넷 이용이 일반화되어 기업들이 자사 홈페이지에 모집 및 채용에 관한 정보를 올려놓고 사이버상에서 수시로 필요한 인력을 모집하고 있다. 온라인 채용 방식은 이제 일반화된 채용기법으로 자리잡아 사이버상에서 구직자와 기업간의 접점을 찾고 있다. 이런 경우 대개는 응모자를 일정 기간 동안만 모집하는 정기

모집이 아닌 연중모집이 이루어지는 수시모집 방법을 택하고 있다.

5. 인사고과

(1) 인사고과의 의의

기업이나 조직에 있어서 그 구성원의 태도, 능력, 소질, 근무성적 등의 상대적 가치를 조직적으로 그리고 사실에 입각하여 객관적으로 평가하는 절차를 인사고과(人事考課, merit rating, employee rating, performance appraisal)라 한다.

인사고과제도를 과학적, 합리적으로 실시하면 인사관리상 ① 종업원의 불평·불만을 방지할 수 있고, ② 종업원의 직무수행을 개선하며, ③ 감독자의 분석, 평가능력을 증대시키고, ④ 승진, 강등, 배치전환, 임금, 상여금 등에 도움을 주고, ⑤ 교육훈련의 필요성 등을 알게 해 준다.

(2) 인사고과의 목적

인사고과의 목적은 경영에 있어서 종업원의 가치를 객관적으로 정확히 측정하여 합리적인 인적자원관리의 기초를 부여함과 동시에 종업원의 관리능률을 향상시키고 동기유발을 형성시키는 데 있다. 인사고과의 목적을 다섯 가지로 설명하면 다음과 같다.

인력배치 및 이동

인사고과는 인력의 배치 및 이동에 중요한 정보를 제공한다. 종업원의 적성·능력 등을 가능한 한 정확히 평가하여 적재적소에 배치 및 이동에 활용함으로써 종업원을 효과적으로 관리할 수 있다.

인력개발

인사고과는 인력개발의 계획 활동에 중요한 역할을 한다. 인사고과를 통하여 종업원의 현재 및 잠재적 유용성을 평가하여 기업의 요구 및 종업원 각자에게 성장의 기회를 충족시킬 수 있다. 또한 인력개발을 위한 간접적인 방법인 종업원의 배치 및 이동에 대한 의사결정을 할 때 그 기준이 되며, 승진에 대한 의사결정시 결정적인 판단기준이 된다.

인력계획 및 인사기능의 타당성 측정

인사고과는 종업원의 연령, 성별, 직종, 기능도, 근무년수 등에 따라 장 · 단기 인력개발 수립에 요청되는 양적 · 질적 자료를 제공할 뿐만 아니라 인사고과를 통하여 종업원의 근무능률을 평정하여 해당 종업원의 채용시험 · 승진 등이 과연 타당하였는지의 여부에 대해 인사기능의 타당성을 측정하는 도구로서 활용된다.

성과측정 및 보상

인사고과는 종업원의 성과를 측정하여 종업원의 관심사인 승급, 상여금, 임률결정 및 승진에 활용된다. 특히 오늘날의 직무중심 관리체제하에서는 직무와 관련한 직무급과 능률에 따른 능률급이 도입되고 바로 이러한 능률급과 직무급은 공정한 인사고과가 이루어지지 않는다면 성공할 수 없다.

조직개발 및 근로의욕 증진

이전의 전통적인 인사고과의 목적은 과거지향적인 입장에서 과거의 실적에 대한 차별적인 상벌시행의 기초 자료로써 상여금 · 승급 · 해직순위 · 복직순위 등의 주로 통제적 목적에 활용되었다. 그러나 현대적인 인사고과는 미래지향적인 입장에서 개인의 육성과 적재적소의 배치 및 적극적인 능력개발에 그 목적을 두고 있어 교육훈련 및 지도, 성취동기부여, 배치전환, 조직개발 등 비통제적 목적에 주로 활용된다.

(3) 목표관리제도

1954년 피터 드러커(Peter F. Drucker)가 그의 저서 「경영관리의 실제」에서 관리를 의도적인 것으로 보고, 목표의 달성, 즉 성취 결과를 강조하고 모든 경영활동 분야에서 반드시 "목표"가 설정되어야 한다고 주장하면서 등장하였다.

목표관리제도(Management By Objectives)란 조직의 비전과 중장기 경영전략을 달성하기 위하여 상위부서, 소속부서, 부서원에 이르기까지 상사와 부하가 사전에 협의하여 업무목표와 목표달성기준(평가기준)을 설정하고, 상호역할을 분담하여 자율적으로 업무를 수행하며, 연말에 업무추진실적에 대하여 평가하는 제도이다.

MBO의 평가 단계

인사고과 측면에서 볼 때 목표관리는 기본적으로 두 가지 단계로 이루어진다.

첫째 단계는 일정기간 동안(통상 6개월이나 1년) 종업원이 달성해야 할 일련의 성과목표를 설정하는 것이다. 직무성과와 관련된 모든 측면에서 목표가 설정될 수 있다.

두 번째 단계는 평가기간 말에 종업원의 성과를 목표에 비추어 평가하는 것이다. 목표관리에 의한 평가는 상사에 의한 일방적 평가를 지양하고 부하와 상사가 협의하여 설정된 구체적이고 측정가능한 목표에 대하여 평가가 이루어지는 특징이 있다.

MBO의 효과

목표관리제도는 여러 가지 점에서 장점을 가지고 있으며, 목표관리가 성공적으로 실시될 경우 그 효과가 조직 전반에 걸쳐 광범위하게 나타난다. 그 장점은 다음과 같다.

① **보다 나은 관리**(better managing): MBO의 장점은 관리 방법을 개선한다는 데 있다.
② **효과적 통제개발에 기여**(elicits personal commitment): MBO가 계획수립을 보다 효과 있게 하는 데 도움을 준다.
③ **목표와 일관된 연계성**(hierarchy of ovjectives): MBO는 추구하는 목표가 전반체계 안에서 목표들 사이의 연계가 뚜렷하고 일관성이 있을수록 MBO 관계자가 바라는 기대가 무엇인가를 알아 계획을 효과적으로 추진해 나갈 수 있다.
④ **동기부여 제공**(provides motivations): MBO는 직무 수행활동을 통해 만족을 극대화할 수 있는 도구적 역할을 한다.
⑤ **협력 체계의 구축**(constructs cooperative system): MBO는 조직 내 의사소통을 개선하고, 상호이해를 증진시키며, 업무에 대해 적극적인 태도를 조성하고, 관리활동을 보조하며 혁신을 촉진시킨다.

6. 교육훈련

(1) 교육훈련의 의의

교육훈련은 교육과 훈련이란 두 용어가 결합되어 만들어진 합성어이다. 이들 두 용어의 개념적 차이를 구분하면 교육(education)은 종업원의 일반적 지식 · 소양 · 태도를 육성하는 것으로서, 주로 정규교육제도에 의해 장기적이고 포괄적인 측면에서의 정신적인 이론위주의 지식함양과 능력개발을 목적으로 하는 반면, 훈련(training)은 특정 직무를 수행하는 데 필요한 지식과 기능의 습득을 위해 주로 기업에 의해서 기업특유의 단기적이고 구체적인 실무위주의 육체적 기능습득과 연마를 목적으로 한다.

(2) 교육훈련의 중요성

기업조직을 둘러싼 환경의 변화는 조직의 생존 · 유지와 발전을 위해 보다 능동적으로 적응할 것을 요구한다. 더욱이 기업 외부의 급격한 환경변화로서 ME(micro electronics)화로 대표되는 기술혁신의 가속화와 국제경쟁 격화, 다품종소량생산체제에 적응할 수 있는 숙련공과 다능공의 부족 등을 들 수 있고, 기업 내부로는 업무의 다양화와 전문화 심화에 따른 질적 고도화 등이 기업 특유의 기술을 갖춘 인력의 육성 · 개발을 절실히 요구하고 있다. 나아가 최근의 개방화, 국제화, 정보화 물결은 '무한경쟁' 이라는 신조어까지 등장할 정도로 근본적인 변혁을 요구하고 있다. 이러한 변혁을 주도할 주체는 결국 조직 내의 구성원들이며, 이들은 새로운 기업경쟁력의 핵심역량(core competence)으로 떠오르고 있다.

(3) 교육훈련의 목적

교육훈련의 목적은 종업원의 지식 · 기술 · 태도를 향상 발전시켜서 종업원들로 하여금 그들의 직무에 만족을 갖게 하고, 직무수행능력을 더욱 발전시켜 그들로 하여금 한층 더 중요한 직무를 수행할 수 있도록 하는 데 있다.

(4) 교육훈련의 내용

교육훈련은 그 실시하는 주체, 목적과 대상, 교육장소, 내용, 방법 등에 따라 다양하게 분류된다. 교육훈련 주체에 따라 직장내 교육(OJT), 직장외 교육(Off-JT), 자기개발교육(SD)으로 구분되며 대상에 따라서는 신입자교육, 현직자교육(계층교육)으로 구분되며 내용에 따라서는 직능별 교육, 정신계발교육, 능력개발교육으로 구분된다.

Focus 韓 · 美 · 日 1등 기업 GE · 도요타 · 삼성 '인재사관학교'

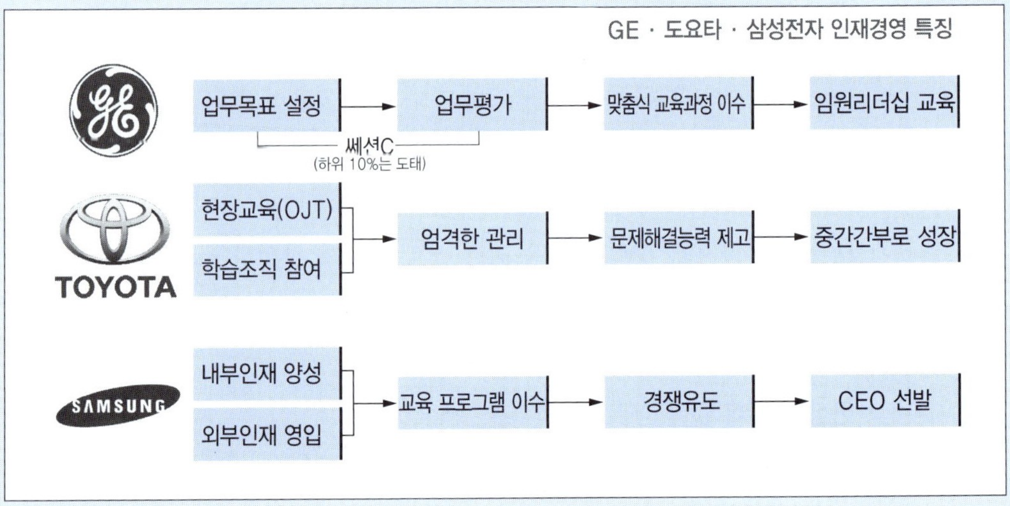

GE와 도요타, 삼성전자는 '인재사관학교' 로 불린다. GE와 삼성전자는 스타급 출신 최고경영자(CEO)를 대거 배출하면서 인재 양성의 요람으로 평가받는다. 종신고용을 보장하고 있는 도요타 현직 임원이 다른 기업으로 이직하는 사례는 드물지만 은퇴한 임원이 다른 기업 자문역을 맡는 사례는 흔하다. 이처럼 3사 임직원들이 최고경쟁력을 갖춘 인재로 평가받는 것은 최고 수준을 자랑하는 인재양성 과정 덕분이다. 특히 GE와 삼성전자 교육과정은 세계 톱 수준으로 평가받고 있고 CEO 평가 1순위가 인재 영입 · 양성일 만큼 인재경영에 '올인' 하고 있다.

CEO가 필요하면 GE에 가라

지난해 7월 미국 보잉은 회장 겸 최고경영자(CEO)에 제임스 맥너니 3M 회장을 임명했다. 맥너니 회장은 GE 아시아 · 태평양 회장을 지낸 GE 최고 경영간부 출신으로 제프리 이멜트 현 GE 회장과 후계자 경합을 벌였던 인물이다. 또 다른 후보였던 로버트 나델리는 미국 최대 주택용품 전문회사인 홈데포 회장으로 옮기면서 이 회사의 기록적인 주가 상승률에 기여했다. 이처럼 GE 출신들이 주요 기업 CEO로 나가자 미국에서는 "기업은 돈이 필요하면 은행에 가지만 최고경영자가 필요하면 GE에 간다."는 말이 나돌았다. 이멜트 회장은 평소 자기 업무 중 30%는 인재를 발굴하고 키우는 것이라고 말할 정도로 관리자의 인재 키우기 소임을 강조한다. 중요한 직책에는 대부분 내부에서 길러진 인재를 발탁하는 것도 GE 특징. 매년 11월이면 모든 직원은 업무성과와 능력을 스스로 평가하는 서류를 내부 인트라넷을 통해 제출한다. 직원들은 이를 바탕으로 멘토(mentor) 구실을 하는 상사와 대화를 나누고 필요시 리더십 개발 프로그램 등으로 경력을 쌓는다. 이는 세션C라고 부르는 엄격하고 투명한 평가 프로세스 중 일부다. GE 본사에서 인사(HR) 프로세스를 관리하는 해리 엘시그나 매니저는 "본인이 스스로 평가한 내용을 바탕으로 경력 개발을 위해 멘토와 원기 왕성한(robust) 대화를 1년 단위로 수시로 한다"고 말했다.

현장형 인재 발굴

도요타자동차 인재는 현장에서 길러진다. 도요타는 인재 양성을 위한 기본적인 방법으로 '현장교육(OJT · On the Job Training)'을 중시하기 때문이다. 도요타에서 중간간부인 과장이 되려면 최소 14~15년은 근무해야 하지만 도요타 과장은 일본 내 다른 기업 부장이나 임원급 정도 능력이 있는 것으로 평가받는다. 생산현장에서는 OJT가 더욱 중시된다. 도요타 공장 내에는 'OJT 추진 상황도'가 붙어 있다. 특히 공장 내 감독자는 OJT 대상 직원에게 끊임없이 질문을 던지면서 생각하게 만든다. 어떤 문제가 발생하면 스스로 해결할 수 있는 방안을 찾도록 한다. 만약 문제 해결을 포기하는 직원이 생기면 가혹할 정도로 제재를 가한다. 그러나 문제 해결에 의지가 있는 직원에 대해서는 모든 지원을 아끼지 않는다. 문제를 스스로 찾아내 해결하는 습관을 길러주는 것이 OJT 교육의 최종 목표다. 도요타는 또한 소모임 활동을 통해 혼자 해결하기 어려운 문제를 집단적으로 해결할 수 있도록 하고 있다. 품질관리에 관련된 QC서클, 직급별 · 출신별로 다양하게 구성되는 사내 단체 활동, 선후배간 대인관계 형성을 위한 PT(Personal Touch) 운동 등 다양한 소모임이 직원들을 '도요타맨' 으로 만드는 데 기여하고 있다.

내부 양성 vs 외부 영입 경쟁

삼성전자 인재경영의 핵심은 끝없는 교육과 내부 경쟁 유도로 요약할 수 있다. 삼성전자는 인력 양성 비용으로만 연간 2000억 원 이상을 쓴다. 직급별로 다양한 교육코스도 마련돼 있다. 삼성전자는 과장 승진 때부터 치열한 경쟁을 거쳐야 한다. 토익 860점 이상과 전산교육을 이수한 대상자에게 가점을 부여한다. 가점을 받은 사람이라도 인사고과에서 하위 등급을 받으면 과장으로 승진할 수 없다. 삼성전자는 내부 인재 양성과 함께 외부 인사 영입에도 적극적이다. 일단 CEO 평가에서 가장 높은 배점이 핵심인재 유치 성과일 만큼 인재 영입에 '올인' 한다. 따라서 삼성전자 CEO들은 1년에 7~8차례씩 외국 출장을 통해 국외 인재를 직접 영입한다. 주목할 만 한 점은 삼성전자가 이처럼 외부 인재 영입에 적극적이지만 단 한 번도 사장급을 외부에서 영입하지 않았다는 점이다.

매일경제, 2006. 3 .24

7. 노사관계의 의의

(1) 노사관계의 의의

노사관계(industrial relations)는 노동자인 종업원과 사용자인 기업주 또는 경영자와의 관계를 주요 내용으로 하므로 실제로는 노동조합과 기업 그리고 이에 영향을 미치는 정부와 관련된 모든 문제를 대상으로 하며 노사협조 내지는 산업평화를 목적으로 한다.

이때 중요한 것은 노동자의 자주적 단체인 노동조합의 법적 지위가 확립되어야 하는 것이지만 자주적 노동조합은 자본주의적 · 민주적 · 사회적 질서의 테두리를 전제로 해야 한다는 것은 물론이다. 그러므로 여기에서 고찰하려는 노사관계는 자본가계급과 노동자계급의 대립에 관한 사회 · 경제적인 문제를 대상으로 하는 것이 아니고 기업경영을 매개로 하여 성립되는 노사간의 관계 즉 경영노사관계를 다루는 것이다.

(2) 노사관계관리의 방향

노사관계는 역사적으로 몇 단계의 발전과정을 거쳐 왔다. 자본주의 초기에 전제적 노사관계, 자본주의적 생산의 발달과 함께 온정적 노사관계, 산업혁명이 진전되어 근대적인 주식회사가 보편적으로 성립하게 되는 단계에서 근대적 노사관계와 1929년의 세계 대공황 이후 민주적 노사관계로 이어졌다. 오늘날 우리가 말하는 노사관계는 주로 민주적 노사관계의 단계를 대상으로 하는 것이다.

(3) 노동조합

노동조합의 의의

노동조합(trade union)은 영국의 웹 부부(Sidney & Beatrice Webb)가 그의 명저인 「노동조합 발달사」에서 정의한 것처럼 "근로조건의 유지 · 개선을 위하여 만들어지는 임금근로자의 항구적 단체" 이다.

이러한 견해를 계승하여 우리나라의 노동조합 및 노동관계조정법 제2조에서는 "노동조합이라 함은 근로자가 주체가 되어 자주적으로 단결하여 근로조건의 유지 · 개선과 기타 근로자의 경제적 · 사회적 지위의 향상을 도모함을 목적으로 조직하는 단체 또는 그 연합단체를 말한다."라고 규정하고 있다

노동조합의 조직형태

① 직업별 노동조합

직업별 노동조합(Craft union)이라 함은 직종 또는 직업을 같이 하는 근로자가 조직하는 노동조합을 말한다. 이를 직종별 조합 또는 직능별 조합이라고도 한다. 역사적으로는 가장 오래된 형태의 조합으로서 생산이 대체로 숙련공의 기능에 의존하던 시기에 숙련 노동자가 노동시장을 배타적으로 독점하기 위한 조직으로 등장하여 오랫동안 지배적인 조합 형태로서 존속하였다.

그러나 기계제생산이 급속히 진전됨에 따라서 기술이 단순화되고 노동에 있어서의 숙련도와 미숙련도의 차이가 좁아지는 한편 새로운 생산시설의 등장으로 인하여 직종구분도 재편성되어 직업별 조합의 주도적 지위가 무너지는 대신에 새로운 조직형태인 산업별 조합이 발달하는 방향으로 기울어지게 되었다.

② 산업별 노동조합

직종의 여하를 가리지 않고 동일 산업에 종사하는 근로자가 조직하는 노동조합을 말하며 현대 노동조합의 대표적인 조직형태이다. 산업별 노동조합(Industrial union)의 출현은 사회적 분업과 기계화의 진전에 따라서 방대한 미숙련공이 배출됨으로써 배타적인 직업별 조직의 형태로서는 근로자의 단결 및 이익을 충분히 뒷받침할 수 없게 되고 또 상대적으로 조합의 교섭력은 집중화된 자본의 힘에 미치지 못하게 된 데에 연유한다.

③ 일반노동조합

직종이나 산업에 구애됨이 없이 모든 근로자에 의하여 조직되는 단일노동조합을 말한다. 역사적으로 이것도 산업별 조합과 같이 공업화의 진전에 따라 대량으로 창출된 미숙련노동자와 직업별 조합에서 밀려난 잡노동종사자 등을 조직하기 위하여 19세기 말경부터 영국에서 발달한 것이다. 우리나라에서는 연합노동조합연맹이 이에 해당한다고 할 수 있다.

④ 기업별 노동조합

기업별 노동조합(Company union)은 동일 기업에서 종사하는 근로자에 의하여 조직되는 노동조합으로서 앞에서 언급한 세 가지의 노조형태가 초기업적인 횡단조직인 데 대하여, 이것은 개별기업을 존립의 기반으로 한다. 따라서 노동시장에 대한 지배력은 전혀 없고 조직으로서의 역량도 극히 약하다고 볼 수 있다.

노동조합의 가입방법

① 클로즈드숍

노동조합의 조합원만이 사용자에게 고용될 수 있는 제도가 클로즈드숍(Closed shop)이며 조합원자격이 고용의 전제조건이 된다. 이 경우 노동조합이 노동공급의 유일한 원천이 되기 때문에 노동공급을 가장 강력하게 통제할 수 있다.

② 유니온숍

유니온숍(Union shop)에 의하면 사용자는 비조합원을 일단 채용할 수는 있지만 채용 후 일정기간 안에 조합에 가입해야 한다. 만약 일정기간내에 조합에 가입하지 않을 경우 그 종업원은 자동적으로 해고된다.

③ 오픈숍

오픈숍(Open shop)에 의하면 사용자는 조합원이든 비조합원이든 차별을 두지 않고 채용할 수 있으며 노동자의 조합 가입여부는 전적으로 노동자 자신의 의사에 달려 있다. 따라서 이는 노조의 안정도에서 볼 때 가장 취약한 제도이다.

(4) 노사관계제도

단체교섭

단체교섭(collective bargaining)은 기업에 노동력을 제공하는 근로자의 단체인 노동조합이 그의 조직을 토대로 단결권, 단체행동권, 즉 쟁의권을 배경으로 하여 노동력을 고용하는 입장에 있는 사용자와 노동력의 거래조건, 즉 임금, 근로시간 및 기타 근로조건을 일괄하여 결정하는 과정을 말한다.

단체교섭의 당사자는 노동조합, 사용자와 단체교섭권자이다. 노동조합 및 노동관계조정법은 교섭권자로서 조합대표자와 노동조합으로부터 위임을 받은 자를 들고 있다. 노동조합은 고도의 지식을 구비한 사용자측 교섭권자와 유리한 교섭을 진행하기 위하여 상급단체에게 교섭권을 위임하는 수가 있다.

단체협약

교섭권한은 단체협약의 체결을 위하여 교섭하는 권한, 즉 사실행위에 관한 권한을 말하는 것으로서 협약을 체결하는 권한인 법률행위의 권한과는 구분되는 것이다. 단체협약의 체결에 관한 교섭행위는 협약체결까지는 노사의 의견을 종합하는 과정이므로 협약사항이 곧 단체교섭사항이 된다고 할 것이다.

단체협약의 내용이 될 단체교섭의 대상은 주로 임금과 기타 근로조건인 것은 말할 것도 없지만 그 이외의 사항이라도 제한을 받는 것은 아니다. 기업의 관리 및 운영에 관한 사항, 기타 근로자의 대우에 관련되는 사항은 물론이고 근로자의 연대적 성격에서 불가피하게 나오는 요구사항에 대해서도 당사자간에 객관적인 타결점이 나올 수 있는 한 단체교섭의 대상이 된다. 여기에 반하여 객관적으로 보아 노사간에서 도저히 타결점을 찾을 수 없는 사항에 관하여는 사용자는 정당하게 단체교섭을 거부할 수 있다.

단체교섭에 의하여 노사간에 의견의 일치를 보았을 때 이것이 단체협약(collective agreement : labor contract)이 된다. 단체협약은 일단 성립되고 나면 그것이 법률에 저촉되지 않는 한 취업규칙이나 개별근로계약에 우선하여 획일적인 적용을 보게 되는 강력한 것이므로 협약서 작성에는 상당한 규제가 가해지고 있다.

노동쟁의와 그 조정

① 노동쟁의

노동쟁의(labor disputes)라 함은 임금, 노동시간, 후생, 해고, 근로조건에 관하여 노사간의 주장의 불일치로 인한 분쟁상태를 말하는데 노사분쟁이라고도 표현한다. 노동쟁의는 원래 관계당사자간의 의견차이에서 발생되는 것이므로 자주적으로 해결하는 것이 소망스러운 일이지만 이들 당사자의 자주적 해결에 일임할 경우는 쟁의행위가 자주 일어나고 오래 계속되는 경향이 있어서 국가적인 견지에서 바람직한 일이 아니므로 국가에서는 노동쟁의의 조정을 위하여 관계법을 제정하는 동시에 특별기관을 설치하고 쟁의의 평화적 해결을 기도하고 있다.

노사간의 분쟁은 이익분쟁과 권리분쟁으로 나눌 수 있다. 이익분쟁이란 노사 당사자간에 새로운 권리관계의 창출을 둘러싼 주장의 불일치를 의미하고 권리분쟁이란 노사 당사자간에 기존의 권리관계의 해석 · 이행여부 등을 둘러싼 주장의 불일치를 의미한다. 예컨대 임금협상, 단체협약의 체결 등은 모두 새로운 권리 · 의무관계를 창출하는 것이므로 이익분쟁에 속한다고 볼 수 있고 단체협약의 불이행, 근로기준법의 비준수, 취업규칙위반, 부당노동행위 등은 모두 기존의 권리관계의 해석 내지 이행여부에 관련된 사항이므로 권리분쟁에 속한다고 볼 수 있다.

② 쟁의행위

쟁의행위는 노동쟁의와는 다르다. 즉 노동관계 당사자가 자기의 주장을 관철하기 위하여 하는 행위와 이에 대항하는 행위로서 정상적인 직무의 운영을 저해하는 것을 쟁의행위라고 한다. 노동조합의 쟁의행위에는 파업(strike), 태업(sabotage), 불매동맹(boycott), 준법투쟁, 공장관할 등이 있고 이에 대항하는 기업측의 행위로는 직장폐쇄(lock-out) 등이 있다.

이와 같은 쟁의행위수단 중에서 노사쌍방이 각각 어떠한 방법에 의거할 것이냐 함은 그때그때의 여건에 따라 다르다고 하겠다. 그러나 파업이나 직장폐쇄 등의 실력행사는 협상시에 상대방에게 압력을 가하는 유효한 수단임은 틀림없지만 이는 양당사자 모두에게 직접적 손해를 줄 뿐 아니라 생산의 중단을 초래하여 국민경제 전체에도 심각한 영향을 미칠 수 있는 수단이다. 뿐만 아니라 노사간의 인간적 신뢰관계에도 장기적으로 회복하기 어려운 악영향을 미칠 수 있기 때문에 결코 바람직한 문제해결수단이라고는 할 수 없다.

③ 쟁의권행사절차

우리나라의 노동조합 및 노동관계조정법은 실제로 쟁의권행사에 관하여 다음과 같은 절차를 규정하고 있다.

- 조정의 전치(前置): 노동관계 당사자는 노동쟁의가 발생한 때에는 어느 일방이 상대방에게 서면으로 통보하여야 한다. 이를 조정의 전치라 한다.
- 조정기간: 노동관계 당사자간에 단체교섭을 통한 자주적 해결이 안 될 경우에는 노동위원회 등의 조정 · 중재 · 긴급조정을 통해 해결이 가능하다. 관계 당사자 일방이 노동위원회에 노동쟁의 조정을 신청한 때에는 조정의 신청이 있은 날로부터 일반사업에 있어서는 10일, 공익사업에 있어서는 15일간(관계 당사자간 합의시 각 10일, 15일 이내에서 연장가능) 중재에 회부된 때에는 그날로부터 15일간 쟁의행위를 할 수 없다. 그리고 국가중요 공익사업 등의 경우, 긴급조정이 결정될 수 있으며, 노동위원회의 긴급조정의 결정이 공표된 때에는 즉시 쟁의행위를 중지하여야 하며, 공표일로부터 30일이 경과하지 아니하면 쟁의행위를 재개할 수 없다. 이와 같이 조정기간을 두는 것은 노사쌍방의 감정의 냉각, 사회여론에 의한 공정한 판단, 그리고 자주적 해결

을 할 수 있는 기회를 주기 위한 것이므로 당사자는 분쟁의 적극적 해결에 최대의 성의를 다하여야 할 것이다.

• 쟁의행위의 결의: 동맹파업과 같은 쟁의행위는 그것이 조합측 주장의 관철을 위하여 불가피한 경우라도 관계당사자뿐만 아니라 제3자와 사회일반에 미치는 영향이 지대하므로 조합원의 총의에 반하는 일부조합원의 자의적 횡포가 되어서는 안된다. 그러한 점에서 쟁의행위는 조합원의 직접 · 비밀 · 무기명투표에 의한 과반수의 찬성으로 결정하지 않으면 안 되게 되어 있다.

④ 노동쟁의의 조정

어느 나라든 파업 등의 실력행사에 이르기 전에 이익분쟁사항을 당사자간에 원만히 해결할 수 있도록 돕는 수단, 절차 등을 강구하고 있는데 이것이 노동쟁의조정제도이다. 우리나라의 노동조합 및 노동관계조정법도 실은 임금협상 등의 집단적 이익분쟁의 당사자간의 원만한 해결을 돕는 법제도이다. 우리나라의 조정의 종류에는 조정 · 중재 및 긴급소정이 있다.

고충처리제도

고충처리제도(grievance procedure)는 단체교섭의 결과로서 나타난 단체협약의 해석과 적용을 둘러싼 종업원의 불평이나 불만족을 해소시키기 위하여 설정된 절차이다. 이러한 고충처리제도는 종업원과 조직간의 부조화를 해결하는 것을 목적으로 하며 이에는 노사간의 토의와 협의과정이 중요하다. 이처럼 고충처리제도가 확립되면 종업원은 상급자의 자의적인 행동으로부터 보호되며 불평 · 불만에 관한 커뮤니케이션이 증진된다.

경영참가제도

오늘날 근로자 또는 노동조합의 경영참가의 문제가 노사문제에 있어 중요한 과제로 부각되고 있다. 경영참가제도는 각국의 사회 · 경제 · 정치적 제약조건의 차이에 따라서 그 내용이나 형태면에서 국가간에 차이가 있을 수밖에 없다. 이처럼 각국에서 상이한 내용과 형태를 갖는 경영참가가 도입되고 있음에도 불구하고 한 가지 공통된 점이 존재하고 있음을 찾아볼 수 있는데 그것은 사용자의 독점적 영역으로 인식되어 왔던 기업경영에 대한 근로자 또는 노동조합의 개입을 가능하도록 하는 기회를 마련해 주고 있다는 점이다. 이는 근로자측의 욕구구조의 변화에 따른 주체의식, 권리의식, 참여의식의 향상과 노동조합의 경영참가에 대한 강력한 지지를 의미한다.

노사협의회

노사협의회는 사용자와 근로자의 기업 내 협의기구로서 노동조합과는 별도의 기관이다. 노사협의에 관한 실제의 기구는 노사협의회, 경영협의회, 노사위원회 등으로 호칭된다. 이는 대체로 단체교섭의 대상이 되는 근로조건 이외의 문제, 즉 작업능률, 생산성 등에 대하여 상의하는 것으로 노사쌍방의 대표자로서 구성되는 합동기구이지만 때로는 기업에 대하여 필요한 문제를 건의하는 정도의 자문적 역할을 하는 경우도 있다. 그리고 근로자측의 대표는 그 기업의 노조에 속한 조합원뿐만 아니라 비조합원도 포함하여 모든 종업원을 대표하게 된다.

여기에서 유의할 점은 조합원의 대표가 당사자가 되는 단체교섭과 종업원대표가 당사자가 되는 노사협의는 그 성격이 같지 않다는 것이다. 말하자면 단체교섭의 대상이 되는 임금을 비롯한 근로조건에 관해서는 노사간의 이해관계가 대립되는 것이 대부분이다. 그러나 노사협의의 대상이 되는 모든 문제는 보통 노사간의 이익이 공통되는 것으로서 예컨대 작업계획 및 방법, 생산성향상, 기술개선, 경영합리화의 방안 등이다. 그것은 기업의 번영뿐만 아니라 종업원의 생활향상의 근원이 된다고도 할 수 있다. 더욱이 단체교섭에 있어서는 쟁의권이 전제되어 있는 데 반하여 노사협의는 평화적 처리가 전제로 되어 있다는 점이 다르다.

우리나라는 1980년에 노동조합법에서 노사협의회에 관한 규정을 삭제하고 별도로 노사협의회법을 제정하였다(1997년에 '근로자참여 및 협력증진에 관한 법률' 로 개칭되었음). 사용자와 노조는 노사공동의 이익증진과 산업평화를 도모하기 위하여 노사협의회를 설치하여야 한다고 규정하고 있다.

Focus 비노조경영

우리가 잘 알고 있는 선진 글로벌 기업들인 삼성, 구글, IBM, 월마트, 마이크로소프트, 델, 애플 등의 공통점은 노조가 없는 비노조경영을 유지하고 있는 기업들이다. 특히 이들 기업들은 Fortune誌가 선정한 'The World' s Most Admired Companies' 에 등재된 초일류기업들이다.

1) 이들 기업들이 비노조경영을 유지 할 수 있었던 이유는 무엇인가?

2) 기업 내 노조를 운영하지 않는 비노조 경영은 인적자원관리 측면에서 바람직하다고 할 수 있는가?

연습문제

주관식

1. 인사관리의 중요성에 대해 설명해 보세요.

2. 글로벌 경영환경과 경기불황에 대처하는 효율적 인사관리 방안을 제시해 보세요.

3. 만약 당신이 기업의 최고경영자라면 어떤 인재를 채용할 것인지 설명해 보세요.

4. MBO에 대해 설명해 보세요.

5. 노사갈등의 원인과 협력적 노사관계의 정립방안에 대해 설명해 보세요.

단답식

1. 인사관리의 3대 기능은 일반적으로 (　　　　　)인간관계, (　　　　　)를 들 수 있다.

2. 인터넷을 통해 온라인상으로 입사원서를 교부하고 이력서를 접수하여 채용하는 제도를 (　　　　　)채용제도라고 한다.

3. (　　　　　)이란 출신학교, 전공, 학점, 출신지역, 가정환경 등 일체의 기초자료 없이 실시 하는 면접 방법을 말한다.

4. 어느 개인을 평가할 때 직속상사 한 사람이 평가하는 것이 아니라 다수의 평가자(부하, 동료, 본인, 관련부서 상사 등)가 여러 측면에서 평가하는 방법을 360도 평가라 한다(O , X).

5. 노사관계는 개별적 관계와 집단적 관계, (　　　　　)와 대립적 관계, 종속관계와 (　　　　　), (　　　　　)와 사회관계라는 양면성을 갖고 있다.

객관식

1. 최근 노동력 구성의 변화 요인에 해당하지 않는 것은?
   ① 인구의 고령화 ② 교육수준의 향상
   ③ 전문직 종사자의 증가 ④ 여성근로자의 감소

2. 인사관리의 기능 중 고용관계의 주요 기능이 아닌 것은?
   ① 인적자원계획 ② 노동조합
   ③ 모집과 채용 ④ 임금과 복지

3. 인사고과의 목적과 관계가 먼 것은?
   ① 임금산출의 근거 ② 승진, 이동의 자료
   ③ 종업원의 복지후생 ④ 교육 및 훈련의 자료

4. 우수인력이 발견되면 언제든지 채용하는 제도는?
   ① 정기채용제도 ② 반기채용제도
   ③ 상시채용제도 ④ 일시채용제도

5. 특별주제를 주고 응시자 개인이 자신의 의견을 개진토록 하는 면접제도는?
   ① 무자료면접 ② 프리젠테이션 면접
   ③ 다차원면접 ④ 집단토론면접

6. 직무수행의 종류와 능력의 정도를 기준으로 직능자격의 기준을 나누고, 자격등급에 상응하는 처우를 하는 임금지급방법은?
   ① 직무급 ② 연공급
   ③ 자격급 ④ 직능급

7. 재택근무제도를 바르게 설명한 것은?
① 직장에 출근해서 근무하는 제도.
② 사원이 이동중에 본사에 연결된 전자통신시설을 이용하여 업무를 행하는 근무형태.
③ telecommuting이라고도 한다.
④ 특정시간대를 정해 놓고 그 시간에는 오직 고유업무에만 전념하는 근무제도.

8. 종업원들에게 소정의 총 근로시간(1일 8시간, 1주 40시간) 범위 내에서 의무근로시간 외에는 출퇴근 시간을 자유롭게 결정하도록 하는 제도는?
① flexitime ② mobile office
③ intensive working hours ④ telecommuting

9. 노사갈등의 원인이라고 할 수 없는 것은?
① 노동력 판매 ② 제품판매
③ 노동과정 ④ 소비생활과정

10. 다음중 부당노동행위에 속하지 않는 것은?
① 불이익 대우 ② 황견계약
③ 단체교섭 수용 ④ 노동조합 경비 원조

단답식 해답

1. 고용관계, 노사관계 2. 온라인(사이버) 3. 무자료 면접(blind interview)
4. O 5. 협력적 관계, 대등관계, 경제관계

객관식 해답

1. ④ 2. ② 3. ③ 4. ③ 5. ② 6. ④ 7. ③ 8. ① 9. ② 10. ③

참고 문헌

- 매일경제, 2006.3.24.
- 신건호 외, 신노사관계론, 법문사, 2004.
- 이승계 외, 지식정보시대의 인적자원관리, 명경사, 2000.
- 임상혁 외, 경영학원론, 비즈프레스, 2007.
- 임상혁 외, 인적자원관리, 비즈프레스, 2008.
- 이코노미스트, 2007.
- 잡코리아(www.jobkorea.co.kr) 2006.
- 전경련(2008), ISSUE PAPER
- 코리아리크루트 2007.
- 헤럴드 경제 2007.11.5
- B. S. Klass & J. A. McClendon(1996). "To Lead, lag or match: Estimating the financial impact of pay level policies", Personnel Psychology.
  d Job Analysis", Academy of Management Journal, 26, pp. 339~348.
- G. P. Latham & K. N. Wexley(1981). *Increasing Productivity Through Performance Appraisal*, Addison-Wesley.
- G. T. Milkovich & J. W. Boudeau(1994). *Human Resource Management,* 7th ed., Irwin, Inc.
  H. G. Heneman, III & R. L. Heneman(1994). *Staffing Organizations*, Madium: Mendota House Inc.
- L. M. Spencer & S. M Spencer(1993). *Competence at work: model for superior performance*, New York: Wiley.
- R. W. Mondy & R. M. Noe(1996). *Human Resource Management*, 6th ed, Prentice-Hall Inc.
- R. L. Mathis R.L. and Jackson(2003). *Human Resource Management*, Thomson.
- S. Hubes (1990). *Personnel and Human Resource Management*, West.
- T. P. Flannery et al.(1996). *People, Performance, & Pay The Hay Group*, The Free Press.

제5장
자금의 흐름과 관리

1. 효과적인 재무관리의 필요성

2. 재무관리란 무엇인가?

3. 자금의 조달결정

4. 자본예산결정

5. 운전자본관리

6. 재무관리의 기타 주요내용

사 례

사례 1

태일정밀의 경우: 1997년 10월 15일 국내 최대의 컴퓨터 부품제조업체인 태일정밀이 관계회사 6개와 더불어 부도유예협약을 적용받게 되었다. 태일정밀은 1983년에 설립된 회사로 "헤드박막 디스크" 등 30여 종의 컴퓨터 핵심부품 분야에서 세계적 수준의 생산기술을 보유한 대표적인 첨단기업이었다. 이 회사의 1996년도 영업실적은 매출액 3,905억 원에 당기순이익 79억 원이었고, 1997년 상반기에는 매출액 2,856억 원에 당기순이익 67억 원을 기록 적어도 외형적으로는 문제가 없었다.

그런데 한국의 벤처기업의 총아로 각광을 받던 이 회사가 부도에 몰려 유예협약을 적용받은 이유는 무엇인가? 최다여신을 제공한 조흥은행측은 이 회사의 과도한 사업확장을 그 원인으로 지적하고 있다. 1996년에만 이 회사는 신설 또는 인수에 의하여 9개의 계열사를 추가하였고, 최근 4년간에 추진된 대규모 사업다각화의 예로는 중국의 합작법인설립(2억 5천만 달러, 2,250억 원), 대구종합금융 지분인수(950억 원), 대전동물원인수(200억 원), 청주방송(100억 원) 및 수원터미널(300억 원) 투자 등을 들 수 있다. 그러나 1996년도 실적을 보면 태일정밀은 79억 원의 흑자를 냈으나 나머지 관계회사들은 119억 원의 적자를 내었다. 관계회사의 실적이 부진한 상황에서 기아자동차사태로 인해 금융시장이 경색되었고, 단기자금을 융자하였던 종금사들이 자금을 회수하면서 태일정밀의 자금사정이 급속도로 악화된 것이다.

동아일보, 1997. 10. 16

사례 2

바로크가구의 경우: 가구업계 매출 2위의 바로크가구가 1997년 10월 18일 한국외환은행 등에 교환 회부된 13억 원 규모의 어음을 결제하지 못하여 최종 부도처리 되었다. 이 회사가 도산한 근본적인 이유는 가구경기침체로 인한 매출부진과 무리한 사업다각화에 따른 것으로 풀이되고 있다. 이 회사는 그간 가구경기 불황에도 불구하고 고가위주의 판매정책과 우수한 브랜드이미지로 매출신장세를 유지하여 왔으나 올들어 판매부진을 면치 못해 극도의 어려움을 겪어 왔다. 1995년도에 18.0%에 달한 매출증가율은 1996년도에는 6.3%로 떨어졌고, 1997년 6월중에는 0.6%로 정체되었다. 반면에 부채총계는 1994년 말의 734억 원에서 1997년 6월말에

는 1,093억 원으로 증가하여 부채비율이 314.2%로 급증하였다.

이와 같은 상황에서 무리한 사업확대는 회사의 자금사정을 더욱 악화시켰다. 바로크가구는 불황타개를 위해 사업다각화의 일환으로 세우포리머와 공동으로 평면광원체(매직램프)사업에 나서는가 하면, 강화읍 남산리에 1만 9천 평 규모의 전원주택단지를 건립키로 하는 등 주택사업에도 뛰어들었다. 또한 수입가구, 원목가구, 특판가구, 주방가구사업 등을 강화하였고, 논현동 전문매장 및 분당 아울렛매장설치도 차입금증가에 한몫했다. 경기불황에 여타 가구업체들이 인원을 정리하고 사업을 축소하는 감량경영에 나선 것과 달리 무리한 사업확장이 오히려 화를 불렀다.

조선일보, 1997. 10. 20

사례 3

POSCO(포항종합제철)의 경우: POSCO는 한국의 재벌기업들이 외형성장과 다각화에 치중하는 와중에도 핵심사업인 제강에 기업역량(企業力量)을 집중하고 있다. 이 회사는 생산량에서 세계1위가 되겠다는 것과 새로운 제강기술개발의 선두주자가 되겠다는 목표, 즉 양과 질에서 세계 제1의 기업이 되겠다는 목표를 가지고 있다. 또한 기업의 경쟁력이 단순힌 규모의 경제보다는 단순화된 공정과 신속한 의사결정에서 나온다고 보고, 조직의 슬림화에 주력하고 있다. 아울러 기업전반에 걸쳐 비용절감과 구조조정을 통한 최적의 수익성달성을 중시하고, 이에 의해 실현된 현금흐름의 범위 내에서 투자지출을 한다는 원칙도 가지고 있다.

이러한 구조조정의 결과 POSCO는 1993년 이래로 종업원의 수를 25,000명에서 20,000명선으로 25% 감축하였고, 통합과 매각 등으로 관계회사의 수가 1995년 말의 23개에서 1996년 말에는 17개로 감소되었다. 그러나 생산성은 오히려 향상되어 철강생산량이 1994년의 2,343만 톤에서 1996년에는 2,431만 톤으로 증가하였다. 한편, 1999년도에는 광양의 5고로가 준공됨으로써 이 회사는 조강기준 연산 2,800만 톤의 생산체제를 갖추게 되었다.

2007년 결산기에는 영업실적이 크게 향상되어 창사 이래 최대기록을 달성하고 있는 바, 매출액 22조 2,067억 원, 당기순이익 3조 6,794억 원을 달성하고 있다. 1주당 순이익도 무려 42,202원에 이르고 있으며, 부채비율이 24.4%에 불과하여 재무구조가 매우 양호한 모습이다.

01. 효과적인 재무관리의 필요성

1997년의 외환위기와 뒤이은 IMF사태를 겪으면서 한국기업의 경우 중소기업은 물론이고 한보, 삼미, 대농, 진로, 기아, 해태, 쌍방울 등 재벌기업에 속하는 주요 대기업까지 부도가 난 바 있다. 더욱이 한국재벌기업의 간판이라 할 수 있는 대우그룹이 해체된 운명을 맞았고, 현대건설까지 자금난으로 사실상 도산하여 소유권이 채권단으로 바뀌는 등 상당수의 대기업이 위기에 직면한 바 있다.

한국기업이 전체적으로 이러한 상황에 처했던 것은 외견상으로는 시장개방에 의한 수입증대, 수출부진과 국내경기의 불황이 그 원인으로 지적되고 있다. 하지만 근본적인 원인은 기술개발을 통한 핵심사업의 강화보다는 금융기관차입에 의한 외형위주의 성장전략을 중시한 결과 기업의 경쟁력이 극도로 약화된 데 있는 것으로 여겨지고 있다.

그러나 경기가 악화되었더라도 모든 기업의 성적표가 동일한 것은 아니다. 다음 사례에서 보듯이 재무관리의 실패로 인하여 도산하는 기업이 있는가 하면, 수익성과 현금흐름을 중시하는 경영으로써 사상 유례없는 영업성적을 거두는 기업도 있다.

이상 세 기업의 간단한 사례는 기업의 흥망성쇠(興亡盛衰)가 경영자의 재무적 결정에 달려 있음을 보여준다. 재무적 결정의 핵심은 자금의 조달과 운용이며, 재무관리는 합리적인 재무적 결정을 위한 이론과 실무를 제시하고 있다.

02. 재무관리란 무엇인가?

1. 재무관리의 의미와 기능

재무관리(financial management)란 기업의 자금조달 및 운용과 관련된 문제를 해결하기 위한 이론과 실제를 다루는 것으로서 기업재무(corporate finance)라고도 한다. 자금조달은 장 · 단기 자금의 원천에 관한 것으로 화폐시장 및 자본시장에 대한 이해가 중요하다. 자금운용은 장기 설비투자 및 단기 자금운용에 관한 내용이며, 배당정책도 이에 포함된다.

재무관리의 주요기능(역할)으로는 신규투자기회의 발견과 집행, 창업과 철수, M&A 등과 관련된 자본예산결정(capital budgeting decision), 장기 및 단기 자금조달, 재무위험관리 등과 관련된 자금조달결정(financing decision), 그리고 현금예금, 매출채권, 재고자산, 매입채무 등 단기자금조달과 운용에 관한 운전자본관리 등이 있다. 기업에서 재무관리를 담당하는 최고책임자(chief financial officer: CFO)는 결국 기업의 수익성은 증대시키고 위험은 최소화하여 기업가치가 창조되도록 최고경영자의 의사결정을 지원함으로써 그 중요성이 증대되고 있다.

2. 재무관리의 목표: 기업가치의 극대화

재무관리의 목표는 기업의 목표라고도 할 수 있다. 일반적으로 언급되고 있는 기업의 목표로는 ① 생존, ② 재무적 부실과 파산의 회피, ③ 경쟁력 확보, ④ 매출 또는 시장점유율(market share)의 극대화, ⑤ 원가절감, ⑥ 이익극대화(profit maximization) ⑦ 안정적인 이익증가 등을 들 수 있다. 이중에서도 이익극대화는 가장 널리 제시되고 있는 목표이다. 그러나 이익극대화는 사업자체의 위험도 또는 기업의 재무구조의 차이에 의한 위험도를 고려하고 있지 못하며, 수선유지비 삭감 및 재고감축, R&D투자의 삭감 등에 의한 단기이익의 극대화 방안은 오히려 기업의 장기성장을 저해하는 등의 문제가 있다.

위에서 제시한 다양한 목표중 매출이나 시장점유율의 확대, 원가절감 등은 기업의 수익성과 관련이 있고, 파산의 회피나 이익안정성유지 등은 위험의 감소와 관련이 있다. 결국 기업의 목표는 수익성증대와 위험감소라는 기업활동의 두 측면을 모두 포함하는 것이 되어야 하는데, 이에 해당하는 기업목표가 바로 기업가치의 극대화(maximization of firm value)이다.

기업가치는 기업이 보유하는 자산을 영업활동에 투입하여 창출하는 현금흐름(수익성)을 위험을 반영한 적절한 할인율로서 할인함으로써 측정된다. 그런데 기업가치는 필요한 자금을 조달하기 위하여 발행한 부채와 주식의 시장가치와 일치한다. 부채의 가치는 창출된 현금흐름이 부채의 원리금상환에 충분한 한도에서는 일정한 수준을 유지할 것이므로, 기업가치를 극대화한다는 것은 곧 주주가치 즉 현재의 주가를 극대화한다는 것과 같은 의미가 있다. 그러므로 재무관리의 목표는 기존 주식의 가치를 극대화한다는 것과 크게 다르지 않으며, 좋은 재무적 결정은 현재의 주가를 상승시키며, 나쁜 재무적 결정은 현재의 주가를 하락시키는 것으로 나타난다.

3. 재무관리와 금융시장

다음 (그림 5.1)은 기업활동과 금융시장 간의 자금흐름을 보여주고 있다. 우선 기업은 금융시장에서 단기부채나 장기부채, 또는 주식을 발행하여 필요한 자금을 조달하고(A), 조달된 자금은 기업활동에 필요한 설비자산 등 비유동자산이나 재고자산 등 유동자산의 투자에 사용된다(B). 기업은 투자된 자산을 활용하여 자금을 창출하며(C), 창출된 자금은 법인세나 지방세 등 정부에 대한 세금납부로 이용된다(D). 또한 이 자금은 자금의 공급자인 투자자에게 배당금지급, 이자지급 및 원금상환, 자사주매입의 형태로 지급된다(E). 모든 자금이 유출되는 것은 아니며 일부의 자금은 재투자를 위하여 회사 내에 유보된다(F).

그림 5.1 자금순환과 금융시장

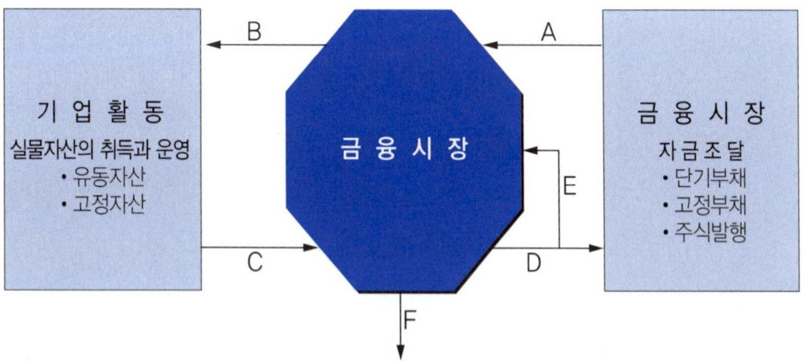

A. 기업은 주식과 채권 등 금융자산을 투자자에게 매각하여 자금 조달
B. 조달된 현금은 주로 기업의 실물자산의 취득과 운용에 활용됨
C. 영업활동(자산의 활용)에 의해 현금이 창출됨
D. 이자 및 배당금 지급, 원금상환, 자사주매입
E. 유보된 현금 흐름의 재투자
F. 세금납부

4. 기업가치의 극대화와 대리문제

대리문제(agency problem)는 대리인인 경영자가 소유자인 주주의 이해에 반하는 행동을 함으로써 양자의 이해관계의 충돌문제로서, 이는 소유와 경영의 분리(separation of ownership from control)로 인하여 발생하며 소유의 분산이 잘되어 대주주가 없을 때 더 심각하다. 대리문제로 인하여 발생하는 비용을 대리비용(agency costs)이라 하는데, 여기에는 호화판 사무실과 자가용비행기 등 경영자만의 특권적 소비를 위한 필요 이상의 지출 및 경영자의 행동을 감시하기 위한 외부감사 비용 등의 직접비용, 그리고 자신의 자리유지만을 목적으로 보수적 경영을 고집함으로써 위험은 있으나 수익성이 양호한 투자기회를 포기하는 데서 나타나는 간접비용 등으로 구성된다. 우리나라의 경우 경영자와 소액주주 간의 대리문제보다는, 대주주(혹은 소유경영자)와 소액주주 간의 대리문제가 더 심각하다.

주주가 경영자를 얼마나 통제할 수 있는가는 경영자를 감시하는 데 들어가는 비용과 통제를 함으로써 얻을 수 있는 이득(주주가치의 상승)에 의존하게 된다. 일반적으로 주주들이 사용할 수 있는 통제장치로는 ① 주주총회(이사회구성), ② 주식옵션(stock option) 및 성과연계주식(performance shares) 제공 등 인센티브제도의 실시, ③ 기업인수(takeover)의 가능성, 즉 경영성과가 악화되어 주가가 하락한 기업에 대하여 공개매수(tender offer) 또는 위임장대결(proxy fight) 등에 의한 경영자퇴진압력, ④ 무능한 경영자를 도태시키는 경영자노동시장(managerial labor market)의 존재, ⑤ 좋은 기업지배구조 마련 등을 들 수 있다.

03. 자금조달결정

1. 자금조달결정의 의의와 고려사항

(1) 의 의

자금조달결정(financing decision)이란 기업의 설비투자와 운영에 필요한 자금을 어떤 방법으로 얼마나 조달할 것인가를 결정하는 것으로 다음 두 가지가 중요하다. 첫째는 부채와 주식, 타인자본과 자기자본의 최적배합을 찾는 것인데, 이는 기업의 위험과 가치에 큰 영향을 미치므로 매우 중요하다. 둘째는 가장 저렴한 조달비용을 부담하는 자금원천을 찾는 것으로 예를 들면 벤처기업육성과 같은 국책사업 등에서는 저리의 정책금융을 지원 받을 수 있다. 여기서는 자금조달의 원천과 비용에 관한 정보가 중요하다.

(2) 자금조달결정시 고려할 사항

내부자금조달과 외부자금조달

내부자금조달(internal financing)은 필요한 자금을 기업자체적으로 조달하는 것을 말한다. 대표적인 내부자금은 창출한 이익중에서 배당금으로 지급하지 않고 남겨놓은 유보이익(retained earnings), 비용중에서 현금이 지출되지 않은 감가상각비 등의 비현금비용에 의하여 조달된다. 또 일부기업은 보유하고 있는 유가증권이나 부동산 등을 처분하여 자금을 조달하는 경우도 있다. 내부자금은 이자 등 금융비용을 지급할 필요가 없는 것이지만, 이익을 유보하지 않을 경우 기업은 이 자금을 다른 용도에 투자할 수 있는 것이므로 기회비용이 발생한다.

대부분의 기업은 정도의 차이는 있으나 외부자금조달(external financing)을 하여 부족한 자금을 충당한다. 외부자금은 크게 금융기관차입이나 회사채발행 등에 의한 타인자본조달과 보통주나 우선주의 발행 등에 의한 자기자본조달로 구분된다.

단기자금조달과 장기자금조달

외부자금조달시 조달기간의 선택이 중요하다. 예를 들어 기계설비를 구입하거나 공장

건설 등에 소요되는 시설자금의 조달은, 투자 이후 현금회수까지 기간이 오래 걸릴 것이므로 주식이나 회사채를 발행하거나 장기차입금으로 조달하는 것이 바람직하다. 반면에 원재료의 구입이나 인건비지출 등 운전자금에 소요되는 자금은 금융기관으로부터 단기융자를 받아 충당해도 좋을 것이다.

이처럼 자금의 사용기간과 자금의 조달기간이 가급적 일치하는 것이 바람직하다는 개념이 대응원칙(matching principle)이다. 일반적으로 금리는 단기적으로 변동이 심하게 나타나는 경향이 있는데, 만약 장기 프로젝트를 단기자금으로 충당하는 경우에는 심각한 재무상의 위험이 나타날 수 있고 최악의 경우에는 기업이 도산하는 사태도 발생할 수 있다.

부채발행과 주식발행

외부자금조달시 기업은 얼마를 부채발행으로 조달하고 얼마를 주식발행으로 조달할 것인가를 결정해야 한다. 이것이 바로 기업의 자본구조(capital structure), 즉 부채와 주식의 배합(mix of debt and equity)을 결정하는 문제이다. 부채와 주식은 다음과 같은 차이가 있다.

① 일반적으로 부채는 기간중 이자를 지급해야 하고 만기에 원금을 상환해야 하나, 주식은 만기가 없고 채권자에 대한 이자지급 후 이익이 있을 경우 배당을 받을 수 있다.

② 회사가 도산하여 청산될 경우 채권자는 우선 상환을 받으며, 주주는 잔여재산이 있는 경우에만 분배를 받을 수 있다.

③ 권리면에서 채권자는 회사가 채무를 정상적으로 이행하지 않을 경우 경영활동에 제약을 가할 수 있으나, 주주는 지분을 얼마나 소유하느냐에 차이가 있으나 의결권을 통해서 경영에 참가할 수 있다.

④ 부채에 대한 이자는 세금으로부터 공제되지만, 주주에게 지급되는 배당금은 세금으로부터 공제될 수 없다. 따라서 부채는 주식에 비하여 이자비용의 손비인정에 따른 세금절감효과로 인하여 조달비용면에서 유리하다.

부채가 조달비용면에서 유리하다고 하더라도 외부자금을 모두 부채발행으로 조달하는 회사는 거의 없다. 왜냐하면 자기자본에 비하여 과다한 수준의 부채를 보유하고 있는 경우, 경영전략의 실패와 불황 등으로 수익성이 악화되고 영업활동으로 창출된 현금흐름이 부족하여 이자나 원금의 상환이 곤란해지면 부도가 나고 회사는 도산하게 되기 때문이다. 회사가 도산할 경우 유형 · 무형의 각종 비용이 발생하고 기업가치가 하락하게 된다.

2. 단기자금의 조달

(1) 의의 및 종류

단기자금은 현재의 경상비용을 충당하기 위한 것으로, 대개 1년 이내 상환해야 하는 단기부채를 발행하여 조달된다. 단기부채의 유형은 다음 세 가지로 나누어진다.

- 거래처신용(trade credit)
- 은행 및 기타 금융기관의 단기대출
- 기업어음(commercial paper: CP)의 발행

거래처신용

거래처신용(trade credit)은 일상적인 상거래에서 가장 널리 이용되고 있는 단기자금조달수단이다. 이것은 은행에서 차입을 하는 것이 아니라 기업이 원자재나 부품을 공급업자로부터 신용(외상)으로 구입함으로써 이루어진다. 거래처신용은 순수한 외상매입(open-book credit)과 어음지급의 두 가지 형식으로 이루어진다. 어음지급은 물품대금의 지급을 약속하는 약속어음을 발행하거나 타인발행 환어음을 인수하는 것을 말한다. 기업의 거래처신용은 대차대조표에 매입채무라는 계정에 나타난다.

금융기관의 단기대출

상업어음할인은 상거래와 관련하여 발행된 약속어음이나 환어음을 기업이 금융기관에서 할인하고, 어음의 만기까지의 할인료(이자)를 제외한 자금을 대출받는 것을 말한다. 상업어음할인은 다른 은행대출보다 절차가 간단하고 조달이 용이하여 기업의 중요

한 단기자금조달방법으로 활용되고 있다. 은행은 어음의 할인시 해당기업의 최근 영업상황이나 전망, 신용도 등을 감안하여 할인한도를 정하고 있으며, 신용도가 우수한 기업은 무담보 무보증 조건으로 할인받을 수 있다.

당좌차월은 기업이 금융기관과 당좌차월(當座借越, overdraft)약정을 맺고, 당좌예금 한도를 초과하여 일정금액 이내에서 수표나 어음을 발행하여 자금을 자동으로 인출할 수 있는 단기금융이다. 이와 같은 당좌차월은 은행 단기차입금중에서도 차입절차가 매우 간편하고 신속하므로, 기업의 일시적인 자금부족을 해결할 수 있는 편리한 제도이다. 금융기관은 기업의 신용도 및 상환능력을 감안하여 그 한도를 정한다.

무역어음할인은 수출업체가 이용할 수 있는 단기금융이다. 즉, 수출업체는 신용장(letter of credit: LC), 지급조건부(D/P) 또는 인수조건부(D/A) 수출계약서 등을 근거로 무역어음을 발행하여 외국환은행의 인수를 받은 다음, 금융기관(은행 및 종금사)에서 자금사용기간중의 할인료를 제외한 금액을 대출받을 수 있다. 어음의 할인기간은 대개 수출대금의 회수기간 이내가 되며 최장 180일을 넘지 않는다. 금융기관은 할인매입한 무역어음을 일반투자자에게 재매각하여 자금을 조달할 수 있다.

기업어음

기업어음(commercial paper: CP)는 기업이 단기자금을 조달할 목적으로 자체신용만으로 발행한 어음을 말하며, 종합금융회사 등의 중개기관이 이를 할인매입하고 다시 일반투자자에게 매출한다. CP를 소유한 투자자는 만기(대부분 270일 이내)에 액면가액으로 상환받게 되므로 할인된 발행가액과 액면가액의 차이는 이자에 해당한다. 예를 들어 삼성전자(주)가 90일후에 만기가 되는 액면가액 1,000억 원의 CP를 970억 원에 매출하였다면 30억 원이 90일간의 이자수입에 해당한다.

기업어음을 발행하고자 하는 업체는 신용평가기관으로부터 신용평가를 받아야 하며, 신용등급은 A1, A2, A3, B, C, D 등의 기호로 정해지고 있다. 기업어음은 은행차입과는 달리 직접금융수단으로, 일반적으로 신용도와 평판이 양호한 우량대기업이 많이 활용하고 있다.

2. 장기자금의 조달

(1) 의의와 종류

공장건설이나 다른 기업의 인수, 또는 연구개발(research and development: R&D)투자 등 장기프로젝트에 필요한 자금을 조달할 경우 기업은 내부자금과 외부자금, 부채발행과 주식발행 등 장기자금원천을 모두 활용하게 된다. 이중 외부자금조달의 주요 원천으로는 장기차입금, 리스, 회사채, 주식 등으로 구분된다. 또한 최근 자금조달수단이 다양화됨에 따라 전환사채, 신주인수권부사채 등 주식관련사채의 발행 등이 빈번하게 일어나고 있다. 아울러 국내기업이 국제금융시장에서 차입을 한다거나 일반사채나 전환사채를 발행하거나, 주식예탁증서(depository receipts: DR)를 발행하고 해외증권시장에 상장시켜 자금을 조달하는 등 자금조달의 국제화가 촉진되고 있다.

장기차입금

장기차입금(long-term loans)이란 상환기간이 1년 이상 장기로 금융기관에서 대출받는 것으로 주로 시설자금의 조달에 이용된다. 자금을 차입하고자 하는 기업은 금융기관에 대출신청서를 제출하고, 금융기관은 사업성과 차입자의 신용도를 평가한 다음 대출승인을 한다. 금융기관은 차입기업과 대출약정을 체결하고 담보를 취득하거나 지급보증을 획득한 후 대출조건(금액, 기간, 이자율 등)을 정하여 대출을 실행하게 된다.

리 스

리스(lease)란 회사가 필요로 하는 기계설비 등 자산을 직접 구입하지 않고, 이 자산을 보유하고 있는 시설대여회사로부터 일정기간 임대하여 사용하고 그 대가로 리스료(lease payment)를 지급하는 계약이다. 리스의 종류에는 운용리스(operating lease), 금융리스(financial or capital lease), 판매후재리스(sale & lease back) 등이 있다.

운용리스는 서비스리스라고 하며 1~5년의 비교적 단기간에 자산을 임대하여 사용하는 것으로 시설대여회사가 자산의 보수유지의 책임까지 부담한다. 운용리스계약의 효시는 IBM이며, 지금은 컴퓨터나 복사기 같은 기술진보에 의한 진부화가 빠른 자산이 그 대상이 된다.

금융리스는 자본리스라고도 하며 시설대여회사가 보수유지를 하지 않고, 계약을 중도에 해약할 수 없으며, 리스료에 보험료 재산세 등 자산관련 모든 비용이 포함되며, 계약기간이 장기라는 점 등의 특징이 있다. 판매후재리스 계약은 임차회사가 보유하던 자산을 리스회사에 매각한 후 다시 리스계약을 통하여 사용권을 획득하는 형태로 이루어지며, 임차회사는 마치 자산에 대한 근저당을 설정하고 일시에 차입한 후 매달 리스료 지급을 통하여 이를 갚아 나가는 것과 같은 효과가 있다.

이와 같이 이루어지는 리스의 장점으로는 우선 시설의 구입, 설치 등에 소요되는 자금을 전액 융자받는 효과가 있다. 또한 운용리스의 경우에는 차입에 의한 자산구입과는 달리 리스료 지급만 손익계산서에 표시될 뿐 대차대조표에는 기록되지 않아 건전한 재무구조를 유지하는 데 도움이 된다.

회사채발행에 의한 자금조달

회사채는 주식회사가 시설자금이나 운영자금을 조달하기 위하여 발행하는 채권으로서 주식과 함께 대표적인 직접금융수단이 된다. 발행회사는 회사채를 구입하는 채권자에게 만기시까지 이자지급과 원금상환을 약속하게 되며, 이를 지키지 못하면 채무불이행사태가 발생하며 부도가 나게 된다.

회사채는 먼저 보증 및 담보의 유무에 따라 ① 보증사채 ② 무보증사채 ③ 담보부사채의 세 가지가 있다. 보증사채는 은행, 신용보증회사, 증권회사 등 금융기관이 보증료를 받고 사채의 원금상환과 이자지급을 보증하는 채권이다. 무보증사채는 보증사채와는 반대로 원금상환이나 이자지급에 대한 제3자의 보증이 없이 발행회사의 신용에 의하여 발행되는 채권이다. 그러므로 무보증사채를 발행하기 위해서는 발행회사는 한국신용평가(주)나 한국기업평가(주)와 같은 2개 이상의 전문신용평가기관으로부터 신용평가를 받아 신용평가등급(credit rating)이 투자적격채권임을 의미하는 BBB 이상이 되어야 한다. 한편 담보부사채는 회사의 재산을 원리금 지급에 대한 담보로 제공하고 발행한 사채를 말하는데, 발행절차가 까다로워 최근에는 발행실적이 적다.

한편, 채권은 이자의 지급형태에 따라 이표채, 할인채, 복리채로 구분하기도 한다. 이표채는 채권의 증서에 이자표가 붙어 있어 채권자는 이자지급일에 이것을 떼어내어 이자지급을 받고 만기시는 원금과 이자를 상환받는다. 우리나라의 회사채는 대부분이 이표채로 발행되고 3개월마다 이자가 지급된다. 할인채는 액면가액에서 만기일까지의 일정한 이자율에 해당하는 이자를 미리 할인한 가액으로 발행되는 채권으로 만기시에는 액면가액만으로 상환받는다. 대표적인 할인채는 통화안정증권, 산업금융채권, 기술개발금융채권 등이며 채권시장에서 이표채 다음으로 발행비중이 높다. 복리채는 이자가 이자지급기간중에 복리로 재투자되어 만기시에는 원금과 이자를 동시에 지급하는 채권으로, 1종과 2종 국민주택채권, 철도채권 등이 있다.

사채중에는 전환사채, 신주인수권부사채 등 주식관련사채가 있다. 전환사채(convertible bonds: CB)는 사채권자의 의사에 따라 발행 이후 일정기간 내(전환청구기간)에 일정조건(전환조건)으로 발행회사의 주식으로 전환할 수 있는 권리가 부여된 사채를 말한다. 전환사채는 대개 액면이자율이 일반사채보다 아주 낮아 자금조달비용이 절감되는 효과가 있고, 일단 부채로 발행되나 주식으로 전환될 경우 부채가 감소하고 자본금이 증가하여 재무구조가 개선되는 효과가 크다. 투자자의 입장에서는 발행회사의 주가가 상승시 전환조건에서 미리 정한 일정한 가격으로 주식으로 전환할 수 있으므로 상당한 시세차익을 기대할 수 있다. 따라서 성장성이 높은 회사의 전환사채는 매력적인 투자대상이 될 수 있다.

신주인수권부사채(bond with warrants: BW)는 사채를 발행한 회사의 신주인수권을 사채권자에게 부여한 사채를 말하며, 사채권자는 원금상환과 이자지급을 받게 되는 한편, 일정기간 내에 주어진 가격으로 일정수량의 신주를 인수할 권리를 갖는다.

신주인수권(warrants)은 소규모의 급속히 성장하는 기업이 회사채나 우선주를 발행할 때 첨가하는 감미제(sweeteners) 역할을 한다. 신주인수권은 사채권과는 별도로 분리되어 거래될 수도 있으며, 신주인수권 때문에 성장가능성이 높은 회사의 BW는 일반사채의 경우보다 낮은 액면이자율로 발행될 수 있다.

기업공개와 유상증자

주식시장을 통한 자금조달은 크게 유상증자, 기업공개, 벤처기업의 장외시장 등록 등으로 설명될 수 있다.

유상증자는 이미 상장된 기업이 영업활동을 하는 중에 시설투자나 차입금상환, 또는 영업활동 등에 자금이 필요하여 추가주식발행으로 자금을 조달하는 것이다. 추가로 발행되는 주식의 수는 회사가 발행할 수 있는 주식수(수권자본금)의 범위 내에서 이사회의 결의에 따라 이루어진다. 유상증자를 통하여 기업은 장기자금조달, 재무구조개선, 자본금의 증가에 의한 공신력제고, 유통주식수 증가에 의한 거래원활화 등의 효과를 거둘 수 있다. 그러나 대주주가 증자에 참여를 못하여 지분율이 하락 할 우려가 있는 기업은 대주주의 경영권보호를 위하여 증자보다는 차입을 선호할 수 있다.

기업공개는 신주모집이나 구주매출, 또는 두 방법의 병행방식으로 이루어진다. 신주모집은 회사가 새로 주식을 발행하여 기업을 공개하는 방식으로 [발행주식수×발행가액]만큼 회사에 자금이 조달된다. 반면에 구주매출은 기존의 대주주가 보유하고 있던 주식의 일부를 매각하는 방식이며 이때 대주주는 [매출주식수×발행가액]의 자금을 회수할 수 있다. 기업공개를 통한 주식의 상장은 모든 기업에게 허용하는 것이 아니라 투자자보호를 위하여 자격요건을 엄격히 정하고 있으며, 일반적으로 자본금이나 매출규모가 크고, 재무내용이 양호하며, 지분분산요건을 갖춘 기업이 공개될 수 있다.

우리나라의 주식 장외시장은 유망한 중소기업과 벤처기업에게 직접금융의 기회를 제공하는 동시에 투자자에게 벤처기업투자 등의 기회를 주기 위하여 1987년 4월에 개설된 바 있다. 이후 주식장외시장의 발전방안에 따라서 주식의 분산, 수요기반의 확충, 경쟁매매제도의 도입 등을 보완한 코스닥(KOSDAQ: Korea Securities Dealers Quotation System)시장을 1996년 3월에 개편하였다.

KOSDAQ시장에의 상장요건은 유가증권시장 상장의 경우보다 완화된 것을 알 수 있는데, 이는 유망 중소기업이나 벤처기업의 자금조달을 지원하기 위한 것이다. 특히 벤처기업은 최저요건만 충족시키면 상장이 가능하도록 되어 있다.

해외증권시장의 활용

한국기업의 해외증권발행에 의한 자금조달은 1985년 정부의 해외증권발행 허용 및 관련 제도의 정비와 함께 시작되었다. 이에 따라 1985년 12월 삼성전자(주)가 국내기업으로는 최초로 2천만 달러의 해외전환사채를 유로시장에서 발행하여 룩셈브르크 증권거래소에 상장시킨 바 있으며, 그 이후 우량대기업에 의한 해외 전환사채의 발행이 뒤따랐다. 1989년 11월에는 삼미종합특수강(주)이 국내 최초로 해외 신주인수권부사채 5천만 달러를 발행하였고, 1990년 12월에는 삼성물산(주)이 주식예탁증서(DR)를 유로시장에서 발행하여 4천만 달러의 자금을 조달하였다. 한편, 1996년 11월에는 (주)대우가 대우중공업 주식으로 교환가능한 해외 교환사채(exchangeable bond: EB)를 발행하였으며, 1997년 7월에는 LG전자(주)가 LG반도체 주식으로 교환할 수 있는 해외 교환사채를 발행한 바 있다.

주식예탁증서(depository receipts: DR)는 국내기업이 외국투자자의 편의를 위해 해외에서 발행하는 주식대체증권을 말한다. DR은 발행되는 시장에 따라 미국예탁증서(American Depository Receipts: ADR), 유럽예탁증서(European Depository Receipts: EDR) 등으로 구분된다. ADR은 미국의 증권거래위원회(SEC)의 규제 아래 뉴욕증권거래소 등에서 유통되고 있으며, 외국기업들의 DR발행은 주로 ADR로 이루어지고 있다. DR을 발행할 경우 발행회사 입장에서는 회사 및 회사제품에 대한 지명도가 상승하고, 자금조달시장이 다양화되며, 경영권침해의 우려가 적은 자금조달수단을 확보하는 등의 이점이 있다.

04. 자본예산결정

1. 자본예산결정의 의미와 중요성

자본예산결정(capital budgeting decision)이란 기업의 장기 설비투자에 관한 계획수립 및 관리와 관련된 결정을 말한다. 여기서는 개발대상 신제품의 선정과 개발, 생산능력의 증대, 신규점포의 위치와 규모결정 등 기업가치를 증대시켜줄 만한 중요한 투자기회의 식별이 중요하다. 또 자본예산결정은 그 기업의 경영전략과 긴밀한 관련을 맺고 있는 경우가 많다. 예를 들면 특정 업종으로의 진출 또는 철수에 관한 결정이라든가, 사업다각화를 창업을 통해서 할 것인가 아니면 M&A(합병과 인수)를 이용할 것인가 등에 관한 결정이 이에 해당한다.

오늘날 자본예산결정이 중요한 것은 설비투자 또는 자본지출(capital expenditure)의 결과가 미래의 성장 발전의 관건이 되는 경쟁우위(競爭優位)를 확보할 수 있느냐를 결정짓기 때문이다. 투자의 대규모화 및 전문화, 투자의 장기화, 이에 따는 자금수급계획의 필요성 등도 면밀한 자본예산결정을 요구하는 요인이다. 자본예산결정에 있어 가장 중요한 것은 투자안의 경제성을 평가하는 일인데, 이를 위해서는 특정사업으로부터 예상되는 현금흐름의 규모, 발생시기, 위험 등을 추정하고 평가해야 한다.

2. 투자안의 경제성평가

투자안의 경제성여부는 그 투자안이 수익성이 있는가, 다시 말하면 투자안의 실행후 발생하는 모든 순현금흐름이 투자안의 비용을 초과하는가를 검토하여 결정한다. 순현금유입이란 투자안의 실행으로 인한 매출증대 또는 영업비용의 절감, 운전자본투자의 회수, 설비매각 등에 의한 순현금흐름의 증가를 말하며, 투자안의 비용이란 대개 설비투자나 운전자본투자에 소요되는 비용을 말한다. 미래에 발생하는 순현금흐름은 투자안의 위험도를 반영한 할인율 즉 자본비용으로 할인한 현재가치로 평가한다. 투자안의 순현금흐름의 현재가치에서 투자안의 비용을 차감한 것을 순현재가치(net present value: NPV)라고 하며 NPV〉0 인 경우 투자안의 수익성이 있다고 판단한다. 이 경우 투자안의 투자수익률이 자본비용을 초과하게 되어 경제적 부가가치 역시 양의 값을 갖게 되어 투자안의 실행으로 기업가치가 증가한다.

그렇다면 어떤 성격의 투자안이 (+)NPV를 가져오는가? (+)의 NPV의 최대의 원천은 독점력에서 나오는 초과이익에 있으며, 성공적인 투자란 진입장벽을 구축함에 도움이 되는 경쟁우위(competitive advantage)를 창출, 보존, 제고시키는 투자를 의미한다.

이러한 투자안은 일반적으로 대량생산으로 단위당 비용을 절감하는 규모의 경제(economies of scale)의 실현, 인텔의 펜티엄프로세서와 같이 우수한 제품성능 등에 의한 제품차별화(product differentiation), 원재료의 저가 확보나 저렴한 인건비 등에 의한 원가우위(cost advantages)의 확보, 유통경로의 확보(access to distribution channels)나 유리한 정부정책(favorable government policy)의 수혜 등의 특징이 있다.

05. 운전자본관리

1. 운전자본관리의 의미와 중요성

운전자본관리(working capital management)는 기업의 단기자산 및 부채의 관리에 관한 결정으로 단기자금의 조달과 운용에 관련된다. 주요 과제는 영업활동으로 인한 단기

현금흐름의 관리인데, 이는 단기적으로 영업활동에서 발생하는 현금유입의 시기와 규모를 예측하기 어려운 경우가 있고, 또 현금유입과 현금유출이 대응되지 않는 경우가 흔하기 때문이다. 단기 현금흐름의 관리는 순운전자본(net working capital)과 관련된다.

2. 현금 및 시장성 있는 유가증권의 관리

현금은 기업의 직접적인 지불수단이다. 결제에 필요한 현금이 부족할 경우 최악의 경우에는 부도가 날 수도 있다. 그러나 필요 이상의 현금을 보유하는 것은 수익기회를 포기하는 것이므로 바람직하지 않다. 그러므로 현금관리의 목적은 기업의 유동성을 유지하여 지급능력을 확보하는 동시에 여유현금을 잘 활용하여 수익성을 높이는 데 있다. 현금관리에서 주요한 것은 ① 현금의 유입은 촉진시키며 현금의 유출은 가급적 통제하고, ② 적절한 수준의 현금보유량을 유지하고, ③ 여유현금은 시장성 있는 유가증권에 투자하는 것으로 요약된다.

시장성 있는 유가증권(marketable securities)이란 단기간의 여유자금을 투자하는 데 적합한 유가증권을 말한다. 이 유가증권은 만기가 길어야 수개월로서 짧고, 지급불능위험(default risk)이 없으며, 언제든지 가격변동을 초래하지 않고 현금화할 수 있는 특징을 갖는다. 이러한 특징을 지니는 것으로는 통화안정증권 등 정부가 발행한 국채, 시중은행이 발행하는 양도성예금증서(certificates of deposit: CD), 우량대기업이 발행한 기업어음(CP) 등이 있다.

3. 매출채권의 관리

매출채권이란 물품이나 용역을 외상으로 또는 어음을 받고 판매한 후 현금으로 회수되지 아니한 채권을 말한다. 기업의 매출채권 보유현황은 대차대조표의 외상매출금계정과 받을어음계정으로 알 수 있다. 매출채권의 관리에서 중요한 것은 ① 신용매출을 통하여 기업의 매출을 신장시키는 동시에, ② 현금으로의 회수를 촉진하여 유동성부족이 생기지 않도록 하고, ③ 불량채권의 발생을 최소화하는 것이다.

어떤 거래처에 대하여 어느 규모와 기간으로 신용을 제공할 것인가를 정하는 것은 기업의 신용정책이다. 이와 관련해서는 고객의 성격, 재무상태, 담보능력 및 경제여건 등의 검토에 의한 거래처 신용평가가 매우 중요하다. 재무상황이 악화된 거래처에 거액의 신용매출이 제공되어 있는 경우, 거래처의 도산으로 인하여 연쇄적으로 도산할 수도 있다.

4. 재고자산관리

재고자산(inventory)이란 생산에 투입될 원재료나 부품, 가공중에 있는 재공품, 생산이 완료되어 판매대기중인 제품 또는 상품 등을 말한다. 재고자산의 보유는 재고투자라는 말에서 알 수 있듯이 자본이 묶여 있음을 의미한다. 또한 재고보유에는 보관비, 운송하역비, 보험료, 세금 등 재고관련비용이 수반된다. 한편, 영업활동수준에 비하여 지나치게 적은 재고자산을 보유할 경우에는 매출손실 등 기회비용이 발생한다. 그러므로 원활한 기업경영을 위해서는 적정수준의 재고를 유지하는 것이 중요하다.

기업의 목표는 기회비용을 포함하여 재고관련비용을 최소화할 수 있는 재고수준을 유지하는 것이다. 이를 위하여 개발된 것이 경제적 주문량(economic order quantity: EOQ)모형인데, 여기서는 주문비용과 재고관련비용을 최소화하는 1회의 주문량과 주문횟수가 결정된다. 대부분의 기업은 오늘날 공급업자를 생산과정에 통합시켜 원자재나 부품의 공급량과 시기를 조절할 수 있는 적시납품방식(just in time: JIT)을 도입하여 재고수준을 최소화하고 있다. 가장 발달된 형태의 JIT시스템은 회사, 고객 및 공급업자를 컴퓨터네트워크로 연결함으로써, 필요한 만큼의 재고가 적시에 자동적으로 납품되도록 하고 있다.

06. 재무관리의 기타 주요내용

1. 재무위험관리

기업의 경영성과는 경영자가 통제할 수 없는 외부환경요인에 의해서도 좌우될 수 있다. 예를 들어 원화에 대한 달러의 환율이 1,000원/$에서 1,200원/$으로 인상될 경우 미국에 수출을 하는 회사는 이익을 볼 수 있으나, $표시 외화부채를 지고 있는 기업이나 미국으로부터 부품을 수입하고 있는 회사는 손실을 보게 된다.

그러므로 환율이나 이자율의 변동, 원유 등 원자재가격의 변동에서 발생하는 재무위험(financial risk)을 어떻게 관리할 것인가는 중요한 재무관리 과제이다. 재무위험의 관리를 위해서 기업이 활용할 수 있는 금융상품(financial instruments)으로 선도계약(forward contracts), 선물계약(futures contracts), 옵션계약(option contracts), 스왑계약(swap contracts) 등이 있다. 이들 금융상품은 그 가격이 계약의 기본이 되는 기초자산의 가격변동에 연동되어 결정된다는 점에서 파생금융상품(derivatives)이라고도 한다. 파생금융상품을 활용한 기업의 재무전략은 국제재무(international financial management), 금융공학(financial engineering) 등에서 다루어진다.

2. M&A와 기업가치평가

기업의 성장과 다각화는 전통적인 내부성장으로도 할 수 있고 외부성장으로도 할 수 있다. 시설투자를 하고 원자재와 노동력을 고용하여 신제품을 생산하는 것은 내부성장방법이고, 생산 및 마케팅관련시설을 이미 갖춘 다른 기업을 인수하는 것은 외부성장방법이다. 외부성장방법으로 각광을 받고 있는 것이 합병과 인수(merger and acquisition: M&A)이다.

합병(merger)이란 두 회사의 결합을 말하는데, 법적으로는 합병회사는 존속하지만 피합병회사는 소멸하는 흡수합병과, 기존의 두 회사가 소멸하고 새로운 회사가 탄생하는 신설합병(consolidation)이 있다. 경제적인 측면에서는 동일업종에 있는 두 회사가 결합하는 수평적 합병, 동일한 제품의 생산 및 판매경로상에 있는 여러 회사가 결합하는 수직적 합병, 그리고 제품이나 기술, 시장에서 아무 관련이 없는 기업의 결합인 복합적 합병 등으로 구분된다. 인수(acquisition)란 인수회사가 피인수회사의 주식이나 자산의 전부 또는 일부를 매입한 다음, 피인수회사를 존속시키면서 피인수회사의 경영지배권을 행사하는 거래를 말한다. 인수는 협상에 의한 우호적인 방법에 의하거나, 공개매수제의(公開買受提議, tender offer bid: TOB)나 백지위임장대결(白紙委任狀對決, proxy contest) 등의 방법을 이용한 적대적 인수(hostile takeovers)에 의한다. 이러한 합병과 인수는 시너지효과(synergy effects)의 확보, M&A대상기업(목표기업)의 저평가, 경영자

개인의 이익추구에 동기를 두고 이루어진다고 설명된다.

한편, 합병과 인수 못지 않게 주목을 받고 있는 것이 기업구조의 조정, 즉 구조재편성(構造再編成, restructuring)이다. 구조재편성은 사업부문의 처분(divestiture), 자발적 청산(自發的 淸算, self-liquidations), 기업분할(企業分割, spin-offs), 사기업화(私企業化, going private)를 목적으로 하는 LBO(leveraged buyout)과 MBO(management buyout) 등 여러 가지 방법으로 이루어진다. 이러한 구조재편성은 "fit and focus" 전략 및 소유구조의 집중을 통하여 기업의 수익력과 경쟁력을 강화할 목적으로 이루어지고 있다. 미국의 경우에는 이미 1980년대에 구조재편성을 활발히 추진한 결과 1990년대에 기업의 경쟁력이 획기적으로 강화된 것으로 평가되고 있고, 한국의 경우에는 1997년의 대기업 부도사태 이후 비로소 구조재편성이 본격화되고 있다.

기업의 합병과 인수에서 중요한 것은 M&A 대상기업, 즉 목표기업(target firms)을 선정하고 그 가치를 평가하는 것이다. 목표기업의 가치를 과대평가할 경우에는 인수에 지나치게 높은 프리미엄을 지급할 우려가 있다. 목표기업의 가치를 평가하는 방법에는 미래현금흐름의 할인, 증권시장의 주가이용, 개별자산 및 부채가치의 평가 등 여러 가지가 있다. 여기서는 주가수익비율(PER)을 이용하여 비상장기업의 주식가치를 평가하는 방법을 설명하기로 한다. 이 방법은 실무에서 많이 이용하는 것으로, 목표기업의 주식가치는 [비교기업의 PER×목표기업의 세후순이익]으로 결정된다. 비교기업이란 상장기업으로서 목표기업과 같은 업종에 속하고 기업규모 등이 유사한 기업들을 말한다. 예를 들어, 전자회사인 (주)하이텍은 사업다각화의 일환으로 자동차 부품제조기업인 D자동차(주)를 인수하려고 하고 있다. D자동차는 비상장기업이고 1999년도의 세후순이익이 5,500백만 원이다. 여기서 D자동차의 유사회사로서 상장된 A, B, C 회사의 PER을 조사한 결과 PERA=21, PERB=18, PERC=17이었다. 세 회사의 PER의 평균은 18.7이다. 그러므로 목표기업인 D자동차 주식의 가치는 18.7×5,500백만 원=102,850백만 원으로 평가될 수 있다.

3. 벤처기업의 자금조달

벤처기업(venture business)은 일반적으로 기술창업인이 신기술을 개발하여 새로운 시장을 개척해 나가기 위하여 설립한 연구개발형 또는 기술집약형 기업으로, 왕성한 기업가정신을 바탕으로 위험부담이 크지만 성공할 경우 높은 수익이 예상되는 모험적 사업에 도전하는 기업을 말한다. 이와 같은 벤처기업은 연구개발, 창업 및 생산개시, 위험동반성장, 안정성장의 단계를 거쳐 발전한다. 연구개발기나 창업초기에 있는 기업은 미래가 불확실하여 신용도가 낮고 담보도 부족하기 때문에 금융기관으로부터 차입은 곤란하다. 그러므로 이 시기에는 필요한 자금을 주로 자기자금으로 조달하거나, 친구나 친척 등 개인투자자들로부터 조달하게 된다. 이러한 개인투자자를 엔젤(天使, angel)이라 하며, 미국의 경우 엔젤로부터 조달한 엔젤캐피탈(angel capital)에 대해서는 세제상의 우대를 해 주고 있다.

벤처기업의 자금조달이 원활해지는 시기는 사업이 안정단계에 들어간 이후가 된다. 이 시기의 초기에는 높아진 신용도와 현금흐름을 바탕으로 금융기관 차입도 가능하고, 후기에는 기업공개를 통해 증권시장에 상장하여 주식발행으로 자금을 조달할 수 있다. 결국 벤처기업의 경우 외부자금이 가장 필요한 시기는 생산개시 및 위험동반성장기가 된다. 이 단계에서는 기업의 자금수요는 급증하나 금융기관의 여신은 제한될 것이므로 자금부족이 심화된다. 이러한 자금부족을 해소할 수 있는 기능을 가진 것이 벤처캐피탈이다. 벤처캐피탈(venture capital)이란 벤처기업의 창업과 성장에 필요한 자금을 지원하는 금융기관, 투자조합, 또는 개인투자가그룹을 의미한다. 벤처캐피탈의 자금지원은 주로 투자대상기업의 주식을 취득하는 것으로 이루어지며, 투자자금은 투자대상기업의 기업공개시 보유주식의 매각으로 회수한다. 따라서 벤처캐피탈의 투자수익률은 벤처기업의 성장 및 성공여부에 달려있게 된다.

4. 경영분석

경영분석(business analysis)이란 경영자, 투자자, 금융기관 등 기업내부 및 외부의 이해관계자가 경제적 의사결정에 필요한 정보를 얻을 목적으로 기업과 관련된 자료를 분석하는 것을 말하며, 분석의 핵심은 기업의 현재 경영실태를 파악하고 미래를 예측하는 데 있다. 분석에 있어서는 대상기업의 재무제표 등 회계자료는 물론 기업환경과 기업내부요인에 관한 각종 자료가 이용된다.

경영분석에서 전통적으로 가장 중심이 되는 분석기법이 비율분석(ratio analysis)이다. 비율분석은 손익계산서, 대차대조표, 현금흐름표 등 재무제표의 두 항목을 대비시켜 구

표 5.1 중요 재무비율과 그 계산방법

구 분	의 미	중요재무비율과 계산방법
유동성비율	단기지급능력측정	유동비율=유동자산/유동부채
레버리지비율	장기지급능력측정	부채비율=부채총계/자본총계
수익성비율	경영성과를 측정	총자산순이익률=순이익/자산총계
활동성비율	자산의 활용도 측정	총자산회전율 = 매출액/자산총계
성장성비율	외형 및 이익성장 측정	매출액증가율, 총자산증가율
생산성비율	생산성 및 경쟁능력측정	부가가치율=부가가치/매출액
시장가치비율	주식의 투자가치판단	주가수익비율(PER)=주가/주당순이익

한 재무비율(financial ratio)을 이용하여 기업의 경영성과와 재무상태 등을 파악하는 방법이다. 널리 사용되는 중요 재무비율 한 가지와 그 의미, 계산방법 등을 제시하면 〈표 5.1〉과 같다.

요약 정리

❖ 재무관리는 기업의 자금조달 및 운용과 관련된 문제를 다루는 것으로서, 주요기능(역할)으로는 자본예산결정, 자금조달결정, 그리고 단기자금조달과 운용에 관한 운전자본관리 등이 있다.

❖ 현대기업에서 재무관리의 목표는 기업가치의 극대화에 두어지고 있으며, 이는 기업의 수익성증대와 위험감소라는 두 측면을 모두 포함하는 개념으로 "이익극대화" 등의 전통적인 목표보다 우수한 것으로 평가되고 있다.

❖ 소유와 경영의 분리로 인하여 대리문제가 발생하는데, 이 문제는 소유의 분산이 잘 되어 대주주가 없을 때 더 심각하다. 대리문제를 해결하는 방안으로서 주주총회(이사회구성), 주식매수선택권부여, 성과연계주식제공, 적대적 기업인수, 경영자노동시장, 좋은 기업지배구조 마련 등에 제시되고 있다.

❖ 자금조달결정이란 기업의 설비투자와 운영에 필요한 자금을 어떤 방법으로 얼마나 조달할 것인가를 결정하는 것으로, 내부자금조달과 외부자금조달, 단기자금조달과 장기자금조달, 자기자본과 타인자본(부채)의 배합 등을 선택해야 한다.

❖ 단기자금은 현재의 경상비용을 충당하기 위한 것으로, 대개 1년 이내 상환해야 하는 단기부채를 발행하여 조달하는 것을 말하며, 거래처신용(trade credit), 은행 및 기타 금융기관의 단기대출, 기업어음의 발행 등이 이용된다.

❖ 장기자금은 공장건설이나 다른 기업의 인수, 또는 연구개발투자 등 장기프로젝트에 필요한 자금으로서, 기업은 내부자금으로 조달하거나 장기차입금, 리스, 회사채, 주식 등 외부자금을 조달하게 된다.

❖ 자본예산결정이란 기업의 장기 설비투자에 관한 계획수립 및 관리와 관련된 결정을 말한다. 여기서는 개발대상 신제품의 선정과 개발, 생산능력의 증대, 신규점포의 위치와 규모결정 등 기업가치를 증대시켜줄 만한 중요한 투자기회의 식별이 중요하다.

❖ 운전자본관리는 기업의 단기자산 및 부채의 관리에 관한 결정으로 단기자금의 조달과 운용에 관련되는데, 주요 과제로는 현금자산과 유가증권의 관리, 매출채권의 관리, 재고자산의 관리 등을 들 수 있다.

❖ 재무관리의 기타 주요 내용으로는 재무위험관리, M&A와 기업가치평가, 벤처 및 중소기업의 자금조달, 경영분석 등을 들 수 있다.

연습문제

주관식

1. 재무관리의 의미와 기능을 설명하라.

2. 현대기업은 재무관리의 목표를 기업가치의 극대화에 두고 있다. 그 내용과 이유를 설명하라.

3. 기업의 자금조달결정시 고려할 사항은 무엇인가?

4. 자본예산결정이란 무엇이며 왜 중요한가?

5. 운전자본관리의 내용과 중요성을 설명하라.

6. 대리문제(agency problem)는 대리인인 경영자가 소유자인 주주의 이해에 반하는 행동을 함으로써 양자의 이해관계가 충돌하는 데서 발생하는 문제로서, 이는 (　　　　)로 인하여 발생하며 소유의 분산이 잘되어 대주주가 없을 경우 더욱 심각하다. (　　　　)에 알맞은 말은?

7. 이 지표는 미국의 경영컨설팅회사인 Stern Stewart사에서 개발한 것으로, 기업이 일정기간 벌어들인 세후영업이익에서 자본비용을 차감한 것으로 계산되며, 기업가치평가, 프로젝트의 수익성평가, 사업부문 업적평가 등에 활용되고 있다. 이 지표의 명칭은 무엇인가?

8. 기업의 경우 자금조달시 운전자금은 금융기관 등의 단기차입금으로, 시설자금은 주식이나 회사채 등 장기자금으로 조달하는 것이 안전하다는 원칙이 있다. 이 원칙을 무엇이라 하는가?

9. 최근 달러에 대한 원화의 환율은 달러당 1,100원대에서 달러당 1,200원대로 상승하고 있

다. 이러한 환율변동에 따른 위험을 회피할 수 있는 파생금융상품 한 가지를 제시하라.

10. 벤처기업은 창업초기에 가족, 친구나 친척 등으로부터 자금을 조달하는 경우가 많으며, 미국이나 한국의 경우 이러한 ( )에 대해서는 세제상의 우대를 해주고 있다. ( )에 맞는 말은?

객관식

1. 다음 중 기업 재무관리의 목표를 종합적으로 나타내는 개념은 무엇인가?
   ① 매출의 극대화 ② 재무적 부실과 파산의 회피 ③ 이익극대화
   ④ 기업가치의 극대화 ⑤ 고용창출

2. 다음 중 기업의 단기자금조달의 수단이 아닌 것은?
   ① 기업어음(CP)발행 ② 거래처신용 ③ 당좌차월
   ④ 전환사채(CB)발행 ⑤ 무역어음할인

3. 신종기업어음(CP) 혹은 무보증회사채를 발행하기 위해서는 정부가 지정한 신용평가기관으로부터 신용등급평가를 받아야 한다. 다음 중 우리나라의 신용평가기관이 아닌 것은?
   ① 한국신용평가(주) ② 한국기업평가(주) ③ (주)한국채권연구소
   ④ 서울신용정보(주) ⑤ 한국신용정보(주)

4. 다음 중 기업의 장기자금조달 수단이 아닌 것은?
   ① 장기차입금 ② 융리스 ③ 전환사채
   ④ 상업어음할인 ⑤ 유상증자

5. 다음 중 주식관련 사채에 해당하는 것은?
   ① 담보부사채 ② 보증사채 ③ 전환사채
   ④ 무보증사채 ⑤ 무담보부사채

6. 다음 중 운전자본관리에 해당하지 않는 것은?
① 현금관리 ② 매출채권관리 ③ 재고자산관리
④ 유형자산관리 ⑤ 유가증권관리

7. 현재 한국경제는 엔고-달러약세 현상으로 인하여 경기회복에 도움이 될 것으로 기대하고 있다고 가정하자. 이 경우 다음 중 국내의 어느 기업이 엔고-달러약세 현상에서 가장 큰 이득을 보겠는가?
① 엔화표시 자산 10억 엔을 보유하며 일본에 연간 10억 엔을 수출하는 회사
② 일본으로부터 연간 10억 엔을 수입하는 회사
③ 엔화표시 부채 10억 엔을 부담하며 일본에 연간 10억 엔을 수출하는 회사
④ 일본에 연간 10억 엔을 수출하는 회사
⑤ 엔화표시 자산 10억 엔을 보유하며 일본으로부터 연간 10억 엔을 수입하는 회사

8. 다음 중 기업구조의 조정방법으로 널리 이용되는 것에 속하지 않는 것은?
① 사업부문의 처분 ② 자발적 청산 ③ 기업분할
④ 사기업화 ⑤ 공개매수제의

단답식 해답

1~ 5. 생략.
6. 소유와 경영의 분리 7. 경제적 부가가치(EVA) 8. 대응원칙(matching principle)
9. 선물환(외환선도계약), 미국달러선물, 미국달러옵션 등 10. 엔젤캐피탈

객관식 해답

1. ④ 2. ④ 3. ③ 4. ④ 5. ③ 6. ④ 7. ① 8. ⑤

제6장
의사결정

D기업 사례 통화옵션 파생상품 계약 의사결정

D기업은 전자부품을 수출하는 업체이다. 2005년부터 2008년 상반기까지의 경영성과는 다음과 같다.

D기업의 경영성과 요약

연도 \ 계정	2005년	2006년	2007년	2008년 상반기
매출액(억 원)	2,715	2,735	2,559	1,226
영업이익(억 원)	121	121	82	95
당기순이익(억 원)	186	126	157	30

2008년 상반기 6개월 동안의 영업이익이 95억 원으로 2007년 연간 영업이익 82억 원보다 크지만 당기순이익은 2007년 상반기에 비하여 70%가 감소하였다. 이렇게 당기순이익이 크게 감소하게 된 이유는 통화옵션 파생상품 계약의 의사결정에서 비롯된 것이다.

D기업은 파생상품인 통화옵션으로 2008년 1월 400만 달러를 매도환율 950원, 하단환율 890원, 상단환율 970원으로 KIKO(Knock In Knock Out) 계약을 하였고, 100만 달러를 매도환율 1,000원, 하단환율 900원으로 계약을 체결하였다. 매도환율과 하단환율 사이에 환율이 있을 때는 매도환율로 수출대금을 팔 수 있어서 이익이 되지만, 매도환율 이상일 경우에는 매도환율로 팔아야 하므로 손실이 발생하게 된다. 2007년 1월부터 월말 환율은 940원, 938원, 940원, 929원, 926원, 923원, 939원, 920원, 907원, 929원, 938원으로 나타났으므로 2007년과 같은 환율이 지속되거나 하락한다면 상당한 이익을 볼 수 있을 것이다. 그러나 2008년 1월부터 6월까지 월말 환율은 943원, 937원, 991원, 999원, 1,031원, 1,043원으로 상승하였다.

D기업은 통화옵션 파생상품 계약시 결제방법은 매월 정산하는 것으로 하였다. 2008년 1월부터 6월까지 상반기에 거래이익 2억 2천만 원, 거래손실 4억 6천만 원, 옵션평가손실 148억 3천만 원으로 보고하고 있다. 결국 2008년 상반기에 150억 7천만 원의 통화옵션 거래 및 평가손실로 영업 외 비용이 발생한 것이다. 환율의 불확실성에 적절히 대

응하지 못한 한 번의 의사결정으로 기업은 2008년 상반기에만 150억 원의 손실을 가져왔으며, 매우 어려운 상황이 되어가고 있다. 더욱이 2008년 하반기 7월부터 월말 환율은 1,008원, 1,081원, 1187원이고 10월 27일 현재는 1,429원으로 높아져서 손실이 눈덩이처럼 커지고 있다. 2008년 연초의 주식가격은 주당 8,200원이었으나 10월 27일 현재의 주식가격은 3,430원으로 58%가 하락한 것이다. 주가 하락에 작용하는 다른 요인도 있지만 통화옵션 파생상품 계약의 의사결정이 주주와 기업에 매우 큰 피해를 준 것이다.

01. 의사결정의 중요성

1. 의사결정의 의의

D기업의 사례에서 검토한 바와 같이 의사결정은 중요하다. 어려운 의사결정을 하지 않을 수는 없는가? 이러한 질문에 대하여 철학자들은 인간이 "어떻게"라는 문제에 대해서 필연적인 자유를 가졌다고 한다. 인간은 항상 선택하고 또한 선택하지 않을 수 없다는 것이다. 지금 나는 글을 쓸 수도 있고 밖에 나가서 산책을 할 수도 있으며, 친구에게 전화를 걸 수도 있고 라디오를 켤 수도 있다. 어쨌든 현재 내 앞에는 선택의 문제가 놓여 있고 나는 글을 쓰기로 선택을 하였다. 계속 글을 쓸 것인가 아니면 그만 둘 것인가에 대해서도 매순간 선택할 것이다. 한 인간에게는 죽을 것인가 살 것인가의 문제에서부터 지금 이 순간에 몸을 조금 움직일 것인가 아닌가의 문제에 이르기까지 선택을 해야 한다. 국가는 헌법을 고칠 것인가 말 것인가의 문제부터 개인에게 세금을 부과하는 문제까지, 기업은 합병이나 처분의 문제부터 손님을 웃음으로 맞이할 것인가 아닌가의 문제에 이르기까지 매우 많은 선택의 문제가 앞에 놓여 있다. 결국 인간이 산다는 것, 기업이 운영된다는 것, 국가가 유지된다는 것은 선택과 실행의 과정이라고 말할 수 있다.

기업경영에서 선택의 문제는 중요하다. 경영자가 선택을 잘못한 경우 기업이 도산할 수도 있으며, 올바르게 선택하면 기업은 발전하게 한다. 기업경영에는 많은 선택이 필요하다. 어떠한 사업을 신규로 시작하고 어떠한 사업을 정리할 것인지 전략적 선택이 필요하다. 세계와 사회에서 기업은 어떠한 역할을 해야 하며, 환경의 변화와 경쟁의 상황에서 어떠한 방향을 추구해야 하는가를 선택해야 한다. 일상적인 문제로 생산, 판매, 인사, 조직, 자금을 효율적으로 운영하는 방법을 찾아야 한다. 또한 최선의 운영방법을 찾을 수 있도록 회계보고서를 포함한 경영정보가 적절하게 지원되어야 한다.

2. 의사결정의 정의 및 요소

우리는 일상생활에서도 항상 선택을 하여야 하는데 이러한 선택을 의사결정이라고 한다. 선택을 하는 방법은 직감적 또는 반복적으로 쉽게 할 수도 있으나 복잡하고 중요한 문제의 경우에는 자료를 모으고 분석하며 경험자로부터 조언을 듣고 많은 생각을 하여 선택하게 된다. 기업에서 선택의 대상이 되는 문제는 대체로 복잡하고 중요한 문제이다. 경영학에서 선택의 문제를 체계적으로 다루기 위하여 개발된 방법론이 의사결정론이다.

선택의 문제가 곧 의사결정 문제이다. 의사결정(Decision Making)이란 두 가지 이상의 대안 중에서 하나를 선택하는 것으로 정의된다. 대안이란 선택의 대상이 되는 것이다. 예를 들어 공장을 확장할 것인가 아닌가의 문제에서 확장하는 방안이 하나의 대안이며, 확장하지 않는 것이 또 하나의 대안이다. 공장 확장 여부에 대한 의사결정 문제는 두 가지 대안 중에서 하나의 대안을 선택하는 것이다.

대안을 선택하려면 어느 대안이 더 좋은지 측정할 수 있는 선택기준이 있어야 하고, 어떤 대안을 선택했을 때 예상되는 결과가 성과로 측정될 수 있어야 한다. 따라서 어떤 문제가 의사결정 문제가 되기 위해서는 두 가지 이상의 대안들, 대안을 선택할 수 있는 기준, 각 대안의 성과가 있어야 한다. 그러나 성과는 외부환경의 변화에 따라 달라질 수 있다. 예를 들어 D사의 경우 환율변화에 따라 손익이 달라진다. 이러한 외부환경의 변화를 상황이라고 한다. 의사결정론에서는 대안, 선택기준, 성과 및 상황을 의사결정의 4대 요소라고 한다.

의사결정의 요소를 충분히 검토하면 많은 의사결정 문제가 체계적으로 해결될 수 있다는 것이다. 따라서 해결해야 할 문제가 있다면 대안은 무엇이며, 선택기준은 무엇이고, 어떠한 상황이 전개될 것이며, 각 대안에 대한 성과는 상황에 따라 어느 정도인지 분석하여 최선의 대안을 선택하는 것이 바람직하다.

의사결정의 요소가 없으면 의사결정 문제가 되지 않는다. 이러한 문제는 고민할 필요가 없거나 의사결정의 요소를 개발한 후에 고민을 해야 한다. 예를 들어 기업이 법인세를 납부해야만 한다면 대안이 하나만 있으므로 법인세 납부여부를 검토할 필요가 없다. 그러나 법인세를 계산하는 방법이 여러 가지 있다면 가장 좋은 것이 무엇인지 선택해야 한다. 대안은 여러 가지 있으나 어느 대안이 더 좋은지 선택기준이 없는 경우 의사결정을 적절히 할 수 없다. 이러한 경우 선택기준이 무엇인지 분명하게 해야 한다. 예를 들어 D기업의 경우 통화옵션 파생상품을 계약하는 대안과 하지 않는 대안을 선택하려고 할 때 기대손익만 고려할 것인지 아니면 감내할 수 있는 위험 범위까지 고려할 것인지 명확하게 해야 한다. 각 대안을 선택기준으로 어느 정도 우월한지 측정하지 못한다면 최적의 대안을 선택하는 것은 어렵다. 이러한 경우에는 선택기준을 측정 가능한 척도로 바꾸어서 대안들의 성과를 측정해야 한다.

선택기준에 가장 적합한 대안을 선택하는 것이 최적의 의사결정이라고 하고 합리적 선택이라고 한다. 합리성이라는 것은 이치에 맞는다는 것을 의미하므로 이익을 크게 하고자 할 때에는 이익이 큰 대안을 선택하는 것이 이치에 맞는 것이다. 그러나 합리성의 기준이 되는 이지를 정확하게 파악하기가 어려울 때가 많이 있다.

올바른 선택을 하기 위해서는 문제가 발생하는 상황이 정확하게 인식되어야 한다. 문제를 정확히 인식하는 것은 문제를 반 이상 해결한 것이라고 한다. 문제를 정확하게 인식하기 위하여 이 문제가 무엇이며, 언제, 어디서, 누가, 어떻게, 왜 발생했으며 또한 해결해야 하는지에 대하여 우선 생각할 필요가 있다. 문제가 정확하게 인식된 후 대안들 중에서 바람직한 대안을 선택해야 한다.

3. 의사결정의 오류와 모형 활용의 필요성

잘못된 의사결정은 나쁜 결과를 가져오므로 의사결정 문제를 체계적으로 검토하고 선택해야 한다. 잘못된 의사결정을 하는 경우는 대체로 다음과 같이 논의된다. 첫째, 문제를 정확히 파악하지 못하는 경우이다. 경영성과가 양호하면 환경이 변화해도 이를 위험이나 기회로 받아들이지 않고 무시하는 경향이 있으며, 시간적 여유가 없는데도 의사결정을 보류하여 중요한 시기를 놓치고, 시간이 급박하거나 상황이 좋지 않은 경우 당황하여 문제를 정확히 파악하지 못한 상태에서 의사결정을 하는 경우이다. 또한 문제로는 인식하고 있으나 자세히 검토하지 않아서 문제의 본질을 파악하지 못하는 경우가 상당히 많이 발생한다. 둘째, 체계적인 의사결정 방법을 사용하지 못하는 경우이다. 감정이나 최초의 인상에 의한 영향이 크고, 경험에 지나치게 의존하여 가능성을 진단하거나 판단을 하며, 잘못된 자료를 가지고 분석하고, 대안이나 선택기준을 세밀하게 생각하지 않는 경우에 잘못된 의사결정을 하는 경향이 있다. 체계적인 의사결정을 하기 위해서 필요한 정보의 확보 및 분석, 대안의 개발, 선택기준에 대한 세심한 고려가 있어야 한다.

기업경영에서 의사결정이 어려운 첫째 이유는 문제가 복잡하다는 것이다. 하나의 결정이 다른 문제와 밀접하게 연관되어 있고 선택기준도 다양하다는 것이다. 예를 들어 공장신설 여부에 대한 의사결정은 자금조달의 문제, 공장입지 확보문제, 생산시설 문제, 기술인력 확보문제, 판매문제, 환경문제 등과 밀접하게 관련되어 있으며, 선택기준도 원가부담 정도, 기업이미지 제고, 제품의 안정적 확보 등 여러 가지이다. 의사결정이 어려운 둘째 이유는 상황의 불확실성이 높다는 것이다. 공장을 신설하고 난 이후 시장이 호경기가 될지 불경기가 될지 불확실하고, 원료가격과 조달이 불확실하며, 공장에 대한 환경기준이 강화될지 어떨지도 불확실하다.

복잡성과 불확실성이 큰 문제에서 체계적인 의사결정을 하기 위해서는 의사결정 모형을 활용하는 것이 필요하다. 따라서 의사결정 문제를 체계적으로 해결하기 위해서는 첫째 문제를 정확히 파악하며, 둘째 의사결정의 4요소를 면밀히 검토하고, 셋째 필요한 경우 과학적 의사결정 모형을 활용할 필요가 있다.

02. 의사결정 과정

의사결정을 하는 것은 중요한 업무이다. 업무가 어떠한 과정을 통하여 수행되는지를 아는 것은 업무를 성공적으로 완수하는 데 많은 도움이 된다. 각 과정에서 필요한 업무를 확인하고 준비하여 성공률을 높일 수 있다. 따라서 의사결정의 과정을 이해하는 것은 올바른 의사결정을 하는 데 필요하다. 개인이나 기업에서 당면한 의사결정 문제를 체계적으로 해결하는 과정은 일반적으로 (그림 6.1)과 같다. 보통 경영학 입문서에서 대안평가 및 선택 과정을 선택기준 결정단계, 대안평가 단계, 최적안 선택단계, 실행단계 등 4

그림 6.1 의사결정 과정

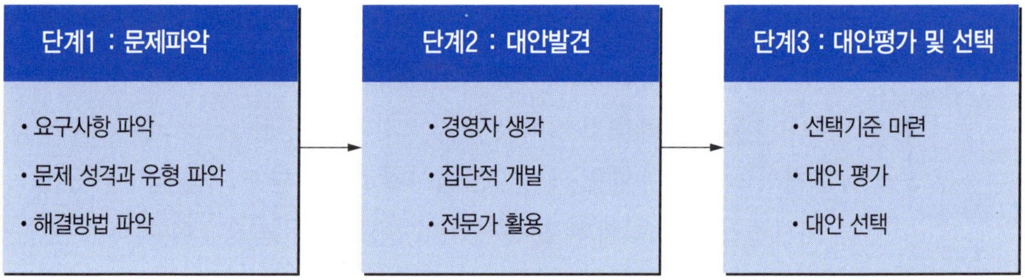

개의 단계로 나누기도 한다. 그러나 실행단계는 의사결정이 완료되고 난 이후에 이루어지는 일이기 때문에 제외하였으며, 대안평가를 하려면 반드시 선택기준이 있어야 하고, 평가가 이루어지면 가장 좋은 평가결과를 나타내는 대안을 자연스럽게 선택하므로 이를 모두 합하여 대안평가 및 선택의 단계로 통합하였다. 따라서 의사결정 과정은 (그림 6.1)과 같이 3단계로 제시된다.

1. 문제파악

해결하여야 할 문제가 무엇인가를 정확하게 파악하는 것은 올바른 의사결정에 대단히 중요하다. 문제를 잘못 파악하면 다음 과정의 노력은 비효율적이 되거나 소용이 없으며, 바람직한 의사결정이 되기도 어렵다.

흔히 의사결정자가 범하는 실수는 상황의 변화를 모두 문제로 인식하는 것이다. 예를 들어 17인치 모니터의 매출이 줄어들고 있다면 경영자는 당장 매출을 증대하기 위한 방안을 찾으려고 할 것이다. 그러나 시장상황과 제품의 경쟁력 측면에서 17인치 모니터의 판매를 줄이고 20인치 모니터 판매가 바람직하다면, 경영자에게 17인치 모니터 매출을 증대하기 위한 방안을 찾는 것이 의사결정의 대상 문제가 되어서는 바람직하지 않다. 좋은 판매촉진 방안을 찾는다고 해도 기업에는 전체적으로 도움이 되지 않기 때문이다.

의사결정자가 문제를 혼동하는 경우도 있다. 벤처기업을 설립하여 매출이 어느 정도 증가할 때 경영자는 공장을 설립하기 위한 규모, 입지, 시설 등의 대안들을 심각하게 검토하게 된다. 그러나 이 문제는 매출의 증가에 따른 공장설립 여부의 문제가 아니다. 문제의 본질은 원하는 품질과 비용으로 제품을 조달하는 방법을 찾는 것이다. 아웃소싱에 의한 제품조달, 기존 공장의 인수, 공장설립 등의 대안 중 어느 것이 바람직한지 제품조달과 재무운영 등 다양한 측면에서 우선적으로 세심하게 검토되어야 하는 것이다. 반드시 해결해야 할 문제인가를 확인하고, 해결해야 할 요구사항을 정확히 파악하는 것은 의사결정에 있어서 제일먼저 해야 할 중요한 업무이다.

문제의 성격과 유형을 파악하면 의사결정에 대한 노력을 상당히 줄일 수 있으며, 올바른 의사결정을 하는 데 큰 도움이 된다. 예를 들어 학생들이 어디로 여행을 갈 것인가의 문제는 모두의 경험과 즐거움의 합이 최대가 되는 것이 중요하므로 학생들이 민주적으로 결정하는 합의적 문제이다. 그러나 경영학 수업에서 과제를 부과할 것인지 아닌지에 관한 문제는 학생들 다수가 결정할 수 있는 문제가 아니라 교육적 목표를 달성하기 위한 교수의 직무 수행의 문제이다. 학생들 다수가 결정한다면 거의 과제를 내지 않도록 결정할 것이고 교육목표 달성이 어렵게 될 것이다.

새로운 문제가 아니고 다른 기업에도 유사한 문제가 있는 경우 정보를 확보하여 보다 용이하게 해결할 수 있고, 반복적으로 발생하는 문제의 경우는 절차나 규칙을 개발하여 활용할 수 있다. 기업의 업무를 전체적으로 혁신하기 위하여 새로운 경영기법을 도입할 것인지 결정하는 문제는 특정의 경영자에게는 처음 접하는 특별한 문제이지만 다른 경영자들은 이미 해결한 문제일 수 있다. 이 경우 문제를 해결한 경영자의 정보와 경험을 확보하거나 도움을 요청하면 큰 도움이 된다.

의사결정자는 당면한 문제를 언제까지, 누가 해결할 것인지를 결정해야 한다. 의사결정의 시기를 정하는 것이 필요하다. 반드시 자신이 문제를 해결해야 한다는 생각은 바람직하지 않다. 자신이 해결하더라도 누구에게 어떠한 도움을 받을 것인지, 어떠한 자료들을 찾아볼 것인지 생각해야 한다. 관련업계 종사자, 동료, 직원, 전문가, 경험자 등 적합한 사람을 활용해야 하고, 적절한 자료를 탐색하여 활용해야 한다.

의사결정의 문제에서 해결해야 할 요구사항을 정확하게 파악하고, 문제의 성격과 유형을 파악하며, 해결방법을 파악하면 문제의 대부분이 이미 해결된 것과 같다고 할 수 있다. 문제의 파악이 대단히 중요하지만 많은 의사결정자가 이미 잘 알고 있는 것으로 간주하여 소홀히 하는 것은 올바른 의사결정을 위하여 바람직하지 않다.

2. 대안개발

문제를 파악한 후에는 해결하기 위한 방안을 마련해야 한다. '어떻게 할 것인가'는 '할 것인가 하지 않을 것인가' 다음에 해결해야 할 문제이다. 따라서 하지 않을 것인가의 대안을 빠뜨리지 않도록 유의할 필요가 있다. 보통 어떤 문제에 대하여 대안이 없다는 말을 많이 하는데 실제로는 문제를 자세히 파악하지 않았거나 대안을 개발하려는 노력이 적은 경우가 많다. 또한 다양한 기준에 의하여 자세한 검토를 하지 않고 최초의 대안을 제외한 다른 대안들은 열등 대안으로 쉽게 제외시켜서 좋은 대안을 선택할 수 있는 기회를 잃는 경우도 있다.

대안을 개발하는 것은 아이디어를 창출하는 것이다. 개인이 대안을 개발할 경우 문제의 핵심 요구사항을 해결할 수 있는 방안이 무엇인지 자신의 지식과 경험에 비추어 생각할 수 있다. 생각의 범위를 한정하고 대안을 찾는 것보다는 자유로운 생각으로 대안을 찾는 것이 바람직하다. 그러나 대부분 기업의 문제는 이미 많은 사람들이 당면했던 것이고 해결방안에 대한 정보들도 있다. 그러므로 유사한 문제를 해결한 경험이 있는 사람이나 전문가에게 조언을 듣는 것이 바람직하다. 관련되는 정보를 탐색하는 것도 필요하나. 요약하면 개인적으로 대안을 개발하기 위해서는 정보를 탐색하고, 경험자나 전문가에게 도움을 받고, 자신이 자유롭게 생각을 하는 것이다.

집단적으로 대안을 개발하는 방법은 브레인스토밍, 델파이기법 등 여러 가지가 제시되어 왔다. 다른 사람의 아이디어가 단서가 되어 다른 아이디어가 되는 방식으로 상승효과를 볼 수 있다. 그러므로 좋은 대안이 아니더라도 자유롭게 대안을 제시하도록 집단을 운영할 필요가 있다. 반면, 다른 사람의 의견에 의하여 영향을 받게 될 수도 있어 대안개발을 어렵게 하기도 한다.

브레인스토밍(Brain Storming)은 참여자가 자유롭게 의견을 제시하여 대안을 개발하는 방법이다. 두뇌에 폭풍을 일으키듯이 기존의 생각을 쓸어버리고 새로운 생각을 도출하기 위하여 만들어진 기법이다. 예를 들어 공장의 지붕을 어떤 모양으로 할까를 결정해야 한다면 10여 명이 모여서 자유롭게 제안을 하도록 하는 것이다. 각종 모양에 대하여 의견이 제시되면 심미성, 경제성, 내구성, 기능 등의 차원에서 평가하면 될 것이다. 혼자서 지붕모양에 대하여 생각하는 것보다는 좋은 대안들이 마련될 수 있다. 브레인스토밍을 성공적으로 운영하려면 개방적 분위기를 조성하여 구성원이 적극적으로 참여할 수 있도록 해야 한다. 다른 사람의 아이디어가 하찮다고 봉쇄하는 분위기나 특정한 사람이 권위를 가지고 크게 주도하는 분위기는 바람직하지 않다.

얼굴을 맞대고 모여서 의견을 교환하는 경우 주도적인 사람의 영향 즉, 다른 사람의 판단에 동조 등 심각한 문제가 발생하는 것으로 알려져 있다. 예를 들어 애쉬(Asch) '1956'의 실험은 집단동조 현상을 잘 보여준다. 2미터 내외의 길이가 약간 다른 3개의 막대 중에서 자로 측정해서 2미터의 막대를 선택하도록 하는 실험을 하였다. 과제 자체는 아주 명확하고 쉬운 것으로 실험참가자가 혼자 과제를 하는 경우 오류율은 1%에 지나지 않았다. 여기서 가짜의 막대를 고르도록 실험협조자를 두고 그 수를 달리하여 진짜 실험참가자가 답을 하기 전에 다른 막대를 고르도록 답을 하는 것이다. 실험협조자가 1명일 경우 오류율은 3%, 두 명의 경우 13%, 3명인 경우 33%로 증가하게 되고, 6명인 경우 오류율이 94%에 이른다고 한다. 즉, 사람들은 맞는 답이 무엇인지 명확한 상황에서 집단의 의견을 따르기 위하여 틀린 답을 말하게 된다는 것이다. 이러한 현상이 나타나는 것을 보면 정답이 존재하지 않는 복잡한 문제에 대해서는 집단동조 현상이 더욱 클 것이다.[1)]

델파이기법(Delphi Technique)은 집단동조의 문제 등을 해결하기 위하여 집단토론을 거치지 않고 전문가들로 집단을 구성한다. 설문서 등을 전문가에게 보내서 의견을 취합하고, 이를 다시 보낸 후 설문에 응답하게 함으로써 합의된 의사결정 대안들을 도출하는 방법이다. 이 방법은 서로 직접 의견교환이 이루어지지 않으므로 상호 영향력을 배제할 수 있지만, 아이디어의 상승작용을 도모하기 어려울 수 있다.

3. 대안평가 및 선택

문제를 해결할 수 있는 몇 개의 대안이 개발되면, 어느 대안이 더 좋은 대안인지 평가해야 한다. 대안을 평가하기 위해서 평가기준인 선택기준이 있어야 한다. 선택기준을 직접 활용하여 평가할 수도 있지만 선택기준을 세분화하여 평가요소를 준비하고 평가할 수도 있다. 예를 들어 신입사원을 채용하려고 할 때 선택기준이 신입사원이 회사에 입사해서 기여할 가능성인 잠재적 기여도라고 할 때 잠재적 기여도를 직접 측정하기는 어렵다. 따라서 잠재적 기여도를 측정하기 위하여 건강, 성실성, 문제해결능력 등으로 평가요소를 준비하고, 이를 측정한 후 가중평균 등으로 통합하여 선택기준인 잠재적 기여도를 평가해야 한다.

상황이 확정적이어서 성과가 명확한 경우에는 선택기준을 얼마나 충족하는지 각 대안을 평가하면 된다. 그러나 상황에 따라 성과가 다르게 되는 경우에는 대안을 상황별로 평가해야 한다. 향후 몇 년간 시장상황이 좋아서 기업을 확장할 경우는 문제해결능력이 우수한 지원자가 기업에 큰 기여를 하겠지만, 시장상황이 좋지 않아서 기업을 지금과 같이 유지할 경우에는 성실한 지원자가 기업에 더 많은 기여를 한다고 할 때, 각 지원자에 대한 각 상황별 평가는 달라질 수밖에 없다.

일반적으로 대안을 평가할 때 기업의 가용자원 내에서 실현가능한지, 조직의 내외적 이미지에 손상을 가져오는지 등을 검토하여 일차로 부적합한 대안을 제외시킴으로써 몇 개의 대안을 집중적으로 평가하는 것이 필요하다. 대안에 대한 충분한 검토와 평가를 거쳤다면 최적대안을 선택하는 것은 쉽다. 그러나 검토하는 대안이 모두 좋지 않은 경우 또는 평가결과가 비슷한 대안이 많은 경우는 선택을 어렵게 한다. 이러한 경우 의사결정을 지금 해야 하는지 아니면 일정 기간 후에 해야 되는지 시점에 대한 의사결정을 하는 것도 유용하다.

03. 의사결정 유형

의사결정의 유형을 구분하는 목적은 문제의 특성을 감안하여 적합한 해결방법을 채택하기 위해서다. 유형을 구분하는 기준은 다양하며, 어느 기준에 의하여 구분된 유형이 보다 유용한지는 의사결정을 직면한 상황마다 다르다고 할 수 있다. 적어도 당면한 의사결정 문제가 어떠한 유형의 문제인지를 확인하고 적합한 준비와 검토, 그리고 의사결정을 하는 것이 필요하다. 당면의 의사결정 문제를 다른 유형으로 인식하여 잘못된 결과를 초래하지 말아야 할 것이다.

이미 많은 학자들이 의사결정 유형을 구분하였지만, 의사결정의 성격을 기준으로 구분하여 제시한 결과를 발견하기 어렵다. 기업이나 사회에서 의사결정 문제의 성격을 고려하지 못하고 민주적 방식 또는 독단적 방식에 의하여 의사결정을 잘못하는 경우를 많이 관찰할 수 있다. 따라서 필자는 의사결정 성격을 기준으로 직무적 의사결정과 합의적 의사결정의 유형을 구분하여 제시하였다.

표 6.1 의사결정의 유형

구분기준	제안자	의사결정	유형 주요내용
의사결정 대상	앤소프	전략적	외적환경에 대응하는 의사결정
		관리적	자원의 조직화 및 운영 의사결정
		업무적	자원의 변환과정 효율제고 의사결정
의사결정 성격	남보우	직무적	직무를 완수하기 위한 의사결정
		합의적	참여자 합의에 의한 의사결정
의사결정 주체	버나드	개인적	개인이 결정
		집단적	회의 또는 위원회 등 집단이 결정
구조화 정도	사이몬	정형적	문제 및 해결방법 구조화됨
		비정형적	문제 및 해결방법 구조화가 어려움
미래 상황의 확실성 정도	구텐베르그	확실성	미래상황 확실함
		위험성	미래상황 전개될 확률 예측가능함
		불확실성	미래상황 전개될 확률 예측불가능

1. 의사결정 대상에 의한 유형

앤소프(H.I. Ansoff)는 의사결정의 유형을 전략적 의사결정, 관리적 의사결정, 업무적 의사결정으로 구분하였다. 의사결정의 대상에 따라 유형을 구분함으로써 이를 확인하고 각 유형의 특성에 알맞은 방법으로 의사결정을 한다면 도움이 될 것이다.

전략적 의사결정(Strategic Decision)은 기업이 외부의 환경변화에 대응하기 위한 의사결정으로 제품전략 및 사업다각화 전략, 마케팅전략 및 경쟁전략, 기업혁신전략, 자금운영전략, 기술개발전략, 인수합병전략 등이다. 이러한 전략적 의사결정은 주로 최고경영자가 수행하게 되지만 전략적 의사결정을 위한 정보의 확보 및 분석 등은 중간경영층이 지원한다. 전략적 의사결정을 적절히 하기 위해서는 환경변화의 본질과 경향, 기업이 가지고 있는 역량과 자원을 정확히 파악하여야 한다. 그리고 환경변화에 따른 기회와 위협, 기업의 강점과 약점을 비교하여 전략을 선택하는 것이 바람직하다. 전략적 경영의 문제는 구조화가 어렵기 때문에 다른 기업과의 비교, 다른 경영자의 경험 및 전문가의 조언 등을 활용할 필요가 있다.

관리적 의사결정(Administrative Decision)은 최고경영층에 의하여 결정된 전략을 실행하기 위하여 기업 내부의 인적자원, 물적자원 및 시간자원인 일정을 조직화하고 운영하는 방법을 결정하는 것이다. 기업의 목표와 전략을 실행하기 위하여 필요한 자원을 확보하는 계획의 수립, 자원을 조직화하는 계획의 수립, 조직화된 자원을 운영하는 계획을 수립하고 계획대로 실행되도록 관리하는 것이 관리적 의사결정이다. 예를 들어 인력채용계획, 공장설립계획, 제품생산계획, 판매계획, 자금계획, 조직운영 규칙의 결정, 평가 및 통제 방법의 결정 등이 관리적 의사결정이며 주로 중간경영층이 담당한다. 관리적 의사결정을 적절히 하기 위해서는 목표와 전략의 정확한 이해, 보유하고 있거나 소요되는 자원에 대한 파악, 효율적 관리방안의 도출 등이 핵심사항이다.

업무적 의사결정(Operational Decision)은 일상적이고 반복적으로 이루어지는 의사결정이다. 예를 들어 원료주문, 제품 생산 및 배송, 업적 감독 및 통제 등이 이에 속한다. 업무적 의사결정에는 근로자가 주어진 시간에 더 많은 양을 생산하도록 하는 등 자원의 변환과정에서 효율성을 제고하는 것이 주요 관심사이다. 업무적 의사결정을 적절히 하도록 유도하기 위해서는 업무절차 및 처리기준의 표준을 개발하고 이를 적용하여 운영하는 것이 필요하다.

2. 의사결정 성격에 의한 유형

의사결정의 문제가 어떠한 성격인가를 검토하는 것은 올바른 의사결정을 하는데 필요하다. 직무적 의사결정 문제는 기업의 목표 달성을 위한 직무적 성격을 가진 문제이고, 합의적 의사결정 문제는 조직보다는 구성원의 목표달성을 위한 합의적 성격을 가진 문제이다.

과거에 기업은 이윤의 극대화라는 유일한 목적을 가졌다고 보았으며, 이를 위하여 기업의 모든 의사결정은 일관되게 이루어져야 한다고 보았다. 그러나 최근에는 기업의 목적을 생명체와 같이 조직 자체가 지속(Sustain-ability)하는 것으로 보기도 한다. 따라서 사회책임경영, 윤리경영, 환경경영, 우리사주제도 등 기업 이윤 측면보다도 지속성을 중시하여 조화를 추구하는 경영이 도입되고 있다. 지속성을 중시할 때 의사결정은 유일한 목적을 향한 의사결정과 다른 협의적 양상도 갖게 될 것이다.

기업이 노동조합과의 협의에서 결정해야 할 사원의 복지문제 등에 대한 결정은 의사결정자가 경영자만 될 수도 없을 뿐만 아니라 기업이윤 추구의 목표에서만 결정될 수 있는 것도 아니다. 이러한 문제는 경영자와 노동자가 합의하여 결정해야 한다. 그러나 기업의 이윤을 목표로 효율적인 인력배치에 대하여 의사결정을 하는 것은 합의하여 결정할 사항이 아니다. 목표를 달성하는 데 바람직한 인력배치 방안을 결정하는 것이 의사결정자의 직무이다. 작업자가 대부분 싫어하더라도 이윤을 높일 수 있다면 이를 결정하고 실행하여야 할 것이다. 한 부서의 야유회를 어디로 갈 것인지를 결정하는 것은 부서장이 혼자서 결정할 것이 아니라 구성원이 가장 만족하도록 합의하여 결정하는 것이 바람직하지만, 기업의 목표 달성을 위하여 해당 부서의 역할이 주어졌다면 효율적인 방법을 정하여 추진해야 하는 것은 부서장의 직무이다.

이러한 예는 기업 이외에도 많이 있다. 대통령은 국민의 행복을 결정하는 사항은 민의를 반영하여 합의적으로 결정해야 하지만, 국가의 존속 발전을 위한 사항은 국민이 어느 정도 싫어해도 직무적으로 결정하여 추진해야 하는 것이다. 대학에서 동아리 활동은 구성원들이 합의하여 결정해야 하겠지만, 강의에서 교육을 위한 과제 및 평가는 학생이 어느 정도 싫어해도 직무로서 교수가 결정하여 실행하여야 할 것이다. 만약 학생들과 합의하여 과제도 없고, 휴강도 많이 하고, 평가도 하지 않는다면 대학이 교육기관으로서 역할을 다할 수는 없는 것이다. 학생 개인의 문제에서도 공부를 하기 싫다고 자신과 타협하여 결정할 수 있는 것이 아니고 학생의 직무로서 마땅히 공부를 해서 능력을 갖추어야 하는 것이다.

3. 의사결정 주체에 의한 유형

버나드(C.I. Barnard)는 의사결정의 주체에 따라 개인이 의사결정을 하는 경우와 위원회나 연구팀 등 집단이 의사결정을 하는 경우로 구분하였다. 개인이 의사결정을 하는 경우 비교적 쉽고 빠르게 결정하지만 개인의 경험이나 감정에 의존하는 경우가 있어 미흡한 의사결정이 이루어질 수 있다. 집단이 의사결정을 하는 경우 시간과 노력이 많이 들어가지만 다양한 아이디어를 충분히 검토할 수 있어 비교적 충실성이 높다. 최근에는 최고경영자의 의사결정 권한을 위임하여 위원회나 연구팀에서 검토하고 결정하는 경우가 많아지고 있다.

표 6.2 개인과 집단의 의사결정 특징

유 형	의사결정	주체특징
개인적 의사결정	개 인	• 쉽게 결정하지만 경험이나 감정에 따라 결정 • 책임을 가지고 최선안을 선택하는 경향이 있음
집단적 의사결정	회의 참가자, 위원회, 연구팀 태스크포스 등	• 시간과 노력이 많이 필요하지만 충실성이 높음 • 결정된 사항을 조직이 받아들일 가능성이 높음 • 책임이 모호하고, 타협안 도출 가능성이 있음 • 구성원의 역학관계가 작용할 가능성이 높음

4. 구조화 정도에 유형

사이몬(H.A.Simon)은 의사결정 문제가 어느 정도 구조화 되는가에 따라 정형적(programmed) 의사결정과 비정형적(non-programmed) 의사결정으로 구분하였다. 정형적 문제는 해결절차, 자료분석, 수학적 관계식 등이 마련되어 구조화할 수 있는 문제이고, 비정형적 문제는 구조화가 되지 않는 문제이다.

정형적 의사결정 문제는 일상적이고 반복적인 문제로 주로 하위경영자들에 의하여 즉각적 또는 단기적으로 의사결정이 이루어진다. 따라서 조직은 이들을 처리하기 위하여 명확한 기준이나 절차를 가지고 있어야 한다. 정형적 의사결정을 위한 전통적인 방법으로는 관습적으로 의사결정을 하는 방법, 표준적인 업무절차를 정하고 따르는 방법, 명확한 목표와 정보소통 경로를 지정하고 따르는 방법 등이 있다. 과거에는 복잡한 의사결정 문제를 정형화하기 어려웠으나 최근에는 경영과학기법 등이 개발되어 복잡하고 불확실하며 전략적인 문제도 정형화되는 경우가 많다. 정형적 의사결정 문제를 해결하기 위한 방법으로 수리계획법, 확률계획법, 스프레드시트의 조건분석(What-If Analysis) 등이 활용되고 있다.

비정형적 의사결정 문제는 일시적이고 불완전한 구조를 갖는 조직의 목표설정, 전략결정, 장기적인 예측 등이다. 이는 주로 최고경영층에 의하여 이루어진다. 비정형적 의사결정 문제는 직관적 판단, 경험 등에 의하여 전통적으로 해결되어 왔으나 최근에는 의사결정지원시스템 등의 탐색적 문제해결방법 등이 활용되기도 한다.

5. 미래 상황의 확실성 정도에 의한 유형

구텐베르그(E. Gutenberg)는 미래 상황이 얼마나 확실한가에 따라 확실성하의 의사결정, 위험하의 의사결정, 불확실성하의 의사결정으로 분류하였다.

확실성하의 의사결정은 선택한 대안의 결과가 어떻게 나타날 것인지 확실히 알고 있는 경우를 말한다. 비록 기업의 많은 상황들이 불확실하지만 의사결정 대안을 선택하는데 영향을 주지 않는 불확실성은 감안하지 않아도 되며, 그 영향이 크지 않다면 무시할 수 있다. 따라서 많은 불확실성하의 의사결정 문제를 확실성하의 의사결정문제로 간주하고 해결방안을 모색할 수 있다. 확실한 상황에서의 의사결정은 각 대안별 성과를 명확하게 측정할 수 있으므로 최적의 대안을 선택하면 된다. 다만, 대안을 정확하게 고려하고 성과를 측정하는 것과 대안이 많을 때 효과적으로 최적의 대안을 찾는 것이 과제가 된다.

위험하의 의사결정은 선택한 대안의 결과가 어떻게 나타날 것인지 확실히 알고 있지는 못하지만 상황별로 성과가 나타날 확률을 예측할 수 있는 상황에서의 의사결정을 말한다. 예를 들어 향후 3년간 시장이 호황 확률 30%, 보통 확률 50%, 불황 확률 20%인 경우 공장을 확장했을 때와 확장하지 않을 때 상황별 매출액과 순이익을 추정할 수 있다면 이러한 문제는 위험하의 의사결정 문제가 된다. 위험하의 의사결정에서 흔히 기대이익의 최대화가 대안을 선택하는 기준이 되기도 한다.

불확실성하의 의사결정은 선택한 대안의 결과를 상황별로 측정은 가능하지만, 각 상황이 발생할 확률을 모르는 경우의 의사결정을 말한다. 이러한 경우의 의사결정은 의사결정자의 상황, 태도, 경험 등 주관적 판단에 의하여 다양하게 이루어진다. 최악의 경우가 될 경우 손실을 최소화하기 위한 대안을 선택할 수도 있고, 최선의 경우 이익을 최대화하도록 대안을 선택할 수도 있으며, 후회를 최소화하도록 대안을 선택할 수도 있다.

04. 의사결정 모형

모형이란 실체는 아니면서 실체에 관한 필요한 정보를 제공해 주는 것을 말한다. 지도는 위치에 관한 정보를 제공해 주기 때문에 모형으로 볼 수 있으며, 모형비행기를 실험하여 비행기에 관한 특성을 알 수 있으므로 모형비행기는 모형이다. 그러나 의사결정에서 모형이라고 하면 현상에 관한 정보를 도출할 수 있는 개념의 관계와 분석절차로서의 개념모형 또는 변수간의 관계로 이루어진 수리모형을 의미한다. 복잡한 문제를 해결하기 위해서는 문제를 직접 생각하는 것보다 모형을 만들고 분석하여 결정하는 것이 성공의 가능성을 높게 한다.

일반적으로 의사결정 모형은 수리계획모형과 확률계획모형으로 분류한다. 그러나 필자는 기업의 의사결정에 활용되는 다양한 방법과 도구를 의사결정 지원모형으로 분류하여 논의하고자 한다.

1. 의사결정 지원모형 (Decision Supporting Model)

보통 일상적이고 반복적이며 비교적 용이한 의사결정을 할 경우에는 관습, 직관, 경험, 업무 절차, 기준 등을 활용한다. 과거의 유사한 문제에 대한 의사결정 경험을 참조하는 것은 시간과 노력을 줄이세 한다. 또한 표준적 절차나 기준에 따라 의사결정을 하는 것도 바람직하다. 예를 들어 공장의 운영을 개선하고자 할 때, 리엔지니어링 등 각종 경영개선 기법을 적용하여 개선방안을 마련하는 것이 바람직하다.

문제가 복잡하고 전문적인 경우 델파이방법을 적용하는 것도 유용하다. 공장의 지붕을 교체하는 방안 중 최적의 안을 마련하려고 전문가들이 모여서 회의를 하였으나 참석자간의 갈등과 특정인의 영향력으로 올바른 결정을 할 수 없는 경우, 서로가 누구인지 모르는 상태로 전문가 의견을 수합한 후 환류(Feed-back)하고 다시 수합하는 델파이방법의 적용은 유용할 것이다.

의사결정을 지원하는 데 자료에 대한 통계분석은 매우 빈번하게 이루어지며, 투자 결정을 위해서 경제성분석 등이 활용된다. 최근에는 의사결정을 위하여 스프레드쉬트(Spread Sheet)에 조건분석(What-If Analysis)모형을 만들고 각 조건에 대한 결과를 분석하여 의사결정을 지원하는 경우가 많다. 예를 들어 환율의 변화 및 원유가격의 변화에 따라 각 투자대안이 어떠한 성과가 나타날 것인지 분석모형을 스프레드쉬트에 만들고 분석하여 의사결정을 지원하는 것을 볼 수 있다.

표 6.3 의사결정 모형의 종류

의사결정 지원모형	수리계획모형	확률계획모형
관습 · 직관 · 경험 · 표준 활용	선형계획 모형	예측모형
델파이방법	비선형계획 모형	게임모형
통계분석 모형	정수계획 모형	대기행렬분석 모형
경제성분석 모형	수송계획 모형	의사결정나무분석 모형
조건분석모형(What-If)	네트워크 모형	모의실험 모형

2. 수리계획모형

수리계획모형(Mathematial Programming Model)은 모형에 사용되는 입력 데이터들이 확정적인 값으로 주어지는 경우에 적용된다. 즉, 확정적인 계수나 상수들과 수학변수의 관계식들의 집합으로 수리계획모형이 이루어진다. 수리계획모형에는 선형계획 모형, 비선형계획모형, 정수계획모형, 수송계획모형, 네트워크모형이 있다.

예를 들어 어느 기업은 컴퓨터와 프린터 두 가지 제품을 생산한다고 하자. 컴퓨터와 프린터는 대당 이익이 각각 10만 원, 30만 원이며, 컴퓨터 1대를 생산하려면 조립공정 1시간, 검사공정 2시간이 소요되고, 프린터 1대를 생산하려면 조립공정 2시간, 검사공정 1시간이 소요된다. 하루에 투입할 수 있는 조립공정과 검사공정의 가용시간은 각각 200시간이다. 최대의 이익을 얻기 위하여 각 제품의 일일 생산량을 결정하는 것이 의사결정 문제이다. 이 문제에서 컴퓨터의 생산량을 x, 프린터의 생산량을 y, 이익을 z라고 하면 다음과 같은 선형계획모형을 만들 수 있다.

$$\max z = 10x + 30y$$

$$\text{제약조건 : } x + 2y \le 200$$

$$2x + y \le 200$$

$$x \ge 0,\ y \ge 0$$

위의 수학식들이 선형계획모형이고 제약조건을 만족시키는 x, y 값 중에서 목적함수 값인 z를 가장 크게 하는 것을 찾으면 최적해가 된다. 이러한 분석을 통하여 이 기업의

그림 6.2 네트워크의 예

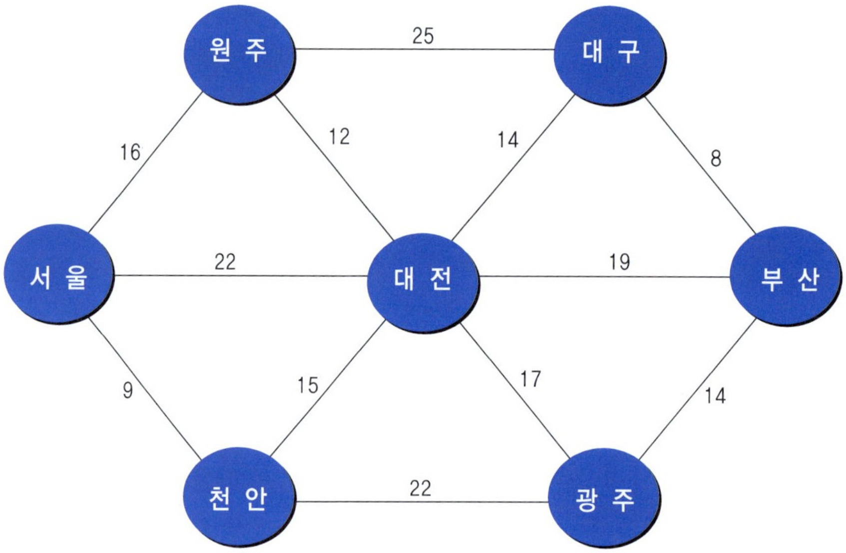

생산계획 의사결정을 해결할 수 있다. 실제의 문제에서는 제품의 수도 많고 제약식의 수도 많아서 효율적인 방법으로 최적해를 구해야 한다. 위의 문제에서는 생산량에 따라 이익이 비례하는 것으로 하였으나, 많이 팔 경우 가격을 할인해 주어야 할 수도 있어서 비례하지 않는 경우를 모형으로 만들 수도 있다. 목적함수나 제약조건의 식이 1차식으로 표현되지 않을 경우 비선형계획모형으로 만들어야 하며, 변수의 값이 정수로 한정될 경우 정수계획모형으로 만들어야 한다.

수송계획모형은 공급지와 수요지가 여러 곳에 있을 경우 수송비를 최소로 하는 수송방법을 찾는 문제를 모형으로 만든 것이며, 네트워크모형은(그림 6.2)와 같이 네트워크를 작성하고 어느 지점으로부터 목적 지점까지의 최단경로를 찾는 문제 등을 분석하는 것이다. 예를 들어 서울에서 출발하여 부산까지 어느 경로로 가는 것이 가장 돈이 적게 들 것인가를 찾는 문제가 있을 수 있다.

3. 확률계획모형

확률계획모형(Probabilistic Programming Model)은 모형에 사용되는 입력 데이터들이 확정적인 값이 아닌 것, 즉 어떤 확률분포에 따르는 확률변수로 주어질 경우에 적용된다. 즉, 수식으로 표현될 수 있지만 특정의 계수나 상수가 확률변수로 포함된 모형이다. 이러한 확률계획모형에는 예측모형, 게임모형, 대기행렬분석모형, 의사결정나무분석 모형, 모의실험모형 등이 있다.

확률계획모형이 필요한 경우는 다음과 같다. 기업은 다음 연도의 매출규모를 결정해야만 판매계획, 생산계획, 원료조달계획, 인력채용 및 훈련계획 등을 수립할 수 있다. 다음 해의 매출규모를 결정하기 위하여 다양한 방법이 활용될 수 있지만 과거의 실적자료나 주요 경제지표 등을 포함하여 예측모형을 수립하고 활용할 수 있다. 과거의 매출액을 그래프로 작성하고 그래프의 추세를 감안하여 다음해의 매출액 규모를 결정하는 방법도 예측모형을 활용하는 것으로 볼 수 있다.

내가 의사결정을 하는 것에 따라 상대방이 다른 전략을 선택하는 경우 게임의 상황이 된다. 경쟁관계에 있는 두 휴대폰 기업이 다음해의 광고 전략을 놓고 고심을 하는 경우 게임모형을 작성하고 분석하면 유용할 수 있다. 서비스를 받기 위하여 기다리는 상황에서는 대기행렬모형을 수립하고 분석하면 유용할 수 있다. 예를 들어 도착하는 고객을 위하여 매표소 창구를 몇 개를 열어야 하는가를 결정하는 것은 비용과 고객의 편의성을 고려하여 결정해야 할 것이다.

의사결정을 해야 할 사항이 다수이며 각 사항이 관련되어 있고 순서가 있는 경우 의사결정나무(Decision Tree)를 작성하고 분석하는 것이 유용하다. 예를 들어 제품을 시판할 것인지 아닌지를 결정하고자 할 때 바로 결정하는 것이 아니라 비용을 들여서 사전에 시장조사를 하고 그 결과를 보고 시판여부를 결정하는 것이 좋을 수 있다. 이러한 경우 1단계로 시장조사 여부를 결정하고, 2단계로 시판여부를 결정하는 방법을 택할 수 있으며 이를 나무의 형태로 그려서 분석할 수 있다. 모의실험(Simulaion)은 정확하게 수학적 분석이 어려울 경우 실제 상황을 모방하여 여러 번 실험을 하고 실험결과를 분석하여 의사결정을 하는 것이다. 모의실험을 할 수 있도록 컴퓨터 프로그램으로 모형을 작성하고 활용하는 것이다. 예를 들어 고층빌딩의 승강기를 2층마다 서게 할 것인지를 검토하고자 할 때 실제로 관찰해도 되겠지만 상당한 시간과 사람들에게 불편을 줄 수 있으므로 승강기 움직임과 사람들의 도착 및 이동을 모형으로 만들고 반복하여 실험을 한 후 결과를 분석하여 결정할 수 있다.

사 례(대법원 판례) 경영자의 의사결정에 대한 책임

사 건: 2006다33333

원심판결: 서울고등법원 2006. 5. 11 선고 2005나49425 판결

판결선고: 2007. 10. 11

주 문

상고를 모두 기각한다.

상고비용은 피고들이 모두 부담한다.

이 유

회사의 이사가 법령에 위반됨이 없이 관계회사에게 자금을 대여하거나 관계회사의 유상증자에 참여하여 그 발행 신주를 인수함에 있어서, 관계회사의 회사 영업에 대한 기여도, 관계회사의 회생에 필요한 적정 지원자금의 액수 및 관계회사의 지원이 회사에 미치는 재정적 부담의 정도, 관계회사를 지원할 경우와 지원하지 아니할 경우 관계회사의 회생가능성 내지 도산가능성과 그로 인하여 회사에 미칠 것으로 예상되는 이익 및 불이익의 정도 등에 관하여 합리적으로 이용 가능한 범위 내에서 필요한 정보를 충분히 수집·조사하고 검토하는 절차를 거친 다음, 이를 근거로 회사의 최대 이익에 부합한다고 합리적으로 신뢰하고 신의성실에 따라 경영상의 판단을 내렸고, 그 내용이 현저히 불합리하지 않은 것으로서 통상의 이사를 기준으로 할 때 합리적으로 선택할 수 있는 범위 안에 있는 것이라면, 비록 사후에 회사가 손해를 입게 되는 결과가 발생하였다 하더라도 그 이사의 행위는 허용되는 경영판단의 재량범위 내에 있는 것이어서 회사에 대하여 손해배상책임을 부담한다고 할 수 없다.

그러나 회사의 이사가 이러한 과정을 거쳐 이사회 결의를 통하여 자금지원을 의결한 것이 아니라 단순히 회사의 경영상의 부담에도 불구하고 관계회사의 부도 등을 방지하는 것이 회사의 신인도를 유지하고 회사의 영업에 이익이 될 것이라는 일반적·추상적인 기대하에 일방적으로 관계회사에 자금을 지원하게 하여 회사에 손해를 입게

한 경우 등에는 관계회사에 대한 자금지원에 필요한 정보를 충분히 수집 · 조사하고 검토하는 절차를 거친 다음 이를 근거로 회사의 최대이익에 부합한다고 합리적으로 신뢰하고 신의성실에 따라 경영상의 판단을 내린 것이라고 볼 수 없으므로, 그와 같은 이사의 행위는 허용되는 경영판단의 재량범위 내에 있는 것이라고 할 수 없다. (판결이유 일부발췌)

사건설명

주식회사 대우의 이사회는 1994년 관계회사인 DWA에 자금을 지원하였고, 회사가 손해를 입게 되었으므로 대우의 파산관재인은 당시 이사들에게 손해배상 소송을 제기하였고 원심은 원고 승소판결을 했으나 피고가 상고한 것임.

요약 정리

❖ 기업 경영에서 의사결정은 중요하며, 피할 수 없다. 문제를 정확히 파악하지 못하는 경우와 체계적인 의사결정 방법을 사용하지 못하는 경우 잘못된 의사결정을 할 가능성이 높다. 의사결정론이란 의사결정의 문제를 체계적으로 다루기 위한 방법론이다.

❖ 의사결정(Decision Making)이란 두 가지 이상의 대안 중에서 하나를 선택하는 것으로 정의되며, 의사결정의 네 가지 요소는 대안, 선택기준, 성과 및 상황이다.

❖ 의사결정의 과정은 1단계 문제파악, 2단계 대안발견, 3단계 대안평가 및 선택으로 나눌 수 있으며, 각 단계에서 필요한 업무를 확인하고 준비할 필요가 있다.

❖ 해결하여야 할 문제가 무엇인가를 정확하게 파악하는 것은 문제를 반 이상 해결한 것이다. 문제의 성격과 유형을 파악하면 의사결정에 대한 노력을 상당히 줄일 수 있으며, 올바른 의사결정을 하는 데 큰 도움이 된다.

❖ 의사결정의 유형을 구분하는 목적은 문제의 특성을 감안하여 적합한 해결방법을 적용하기 위해서다. 의사결정 유형에는 의사결정 대상에 따라 전략적, 관리적, 업무적 의사결정으로 구분하고, 의사결정 성격에 따라 직무적, 합의적 의사결정으로, 의사결정 주체에 따라 개인적, 집단적 의사결정으로, 구조화 정도에 따라 정형적, 비정형적 의사결정으로, 미래상황의 확실성 정도에 따라 확실성, 위험성, 불확실성 하의 의사결정으로 구분된다.

❖ 모형이란 실체는 아니면서 실체에 관한 필요한 정보를 제공해 주는 것을 말한다. 복잡한 문제를 해결하기 위해서는 문제를 직접 생각하는 것보다 모형을 만들고 분석하여 결정하는 것이 성공의 가능성을 높게 한다. 의사결정 모형에는 의사결정 지원모형, 수리계획모형 및 확률계획모형이 있다.

연습문제

토론식

1. 인간은 항상 선택하고 또한 선택하지 않을 수 없다는 것에 동의하는지 논의해 보자

2. 문제를 정확히 파악하지 못하면 잘못된 의사결정으로 이어질 가능성이 매우 높다. 문제파악에 있어서 인간의 한계를 논의해 보고, 보완 방안을 마련해 보자

3. 기업, 사회, 개인에 있어서 직무적 의사결정과 합의적 의사결정이 적합한 사례를 발표해 보자

4. 조건분석모형(What-If Analysis)이 유용한 예를 논의해 보자

5. 의사결정 지원모형이 적용되는 사례를 조사해 보자

6. D기업의 사례에서 의사결정 4요소는 무엇이었는지 논의해 보고, 소홀히 한 사항은 무엇인지 논의해 보자

7. 관계회사가 자금이 부족하여 도산 위험에 처했을 때 어떤 사항을 검토하고 의사결정을 해야 결과에 대한 법적인 책임을 지지 않을 수 있는지 대법원 판례를 참조하여 논의해 보자

단답식/약술식

1. 의사결정이란 무엇인가 정의하라

2. 의사결정의 네 가지 요소를 열거하라

3. 의사결정 과정의 3단계는 무엇인가?

4. 여러 사람이 자유롭게 의견을 제시하여 대안을 개발하는 방법은 무엇인가?

5. 의사결정 대상을 기준으로 의사결정 유형을 구분할 때 3가지 유형은 무엇인가?

6. 미래 상황의 확실성 정도에 의하여 의사결정 유형을 구분할 때 3가지 유형은 무엇인가?

7. 정형적 의사결정 유형과 비정형적 의사결정 유형은 무엇을 기준으로 구분한 것인가?

객관식

1. 의사결정의 과정 중 대안을 발견하는 방법이 아닌 것은?
   ① 경영자의 생각 ② 위원회 등 집단의 회의
   ③ 전문가나 경험자 조언 ④ 문제의 성격과 유형 파악

2. 다음 중 의사결정의 4요소가 아닌 것은?
   ① 선택 가능한 대안 ② 발생 가능한 상황
   ③ 상황이 일어날 확률 ④ 대안별 성과

3. 집단적 의사결정의 특징이 아닌 것은?
   ① 책임이 모호하고 타협안을 도출할 가능성이 있음
   ② 쉽게 결정하지만 경험이나 감정에 따라 결정될 수 있음
   ③ 결정된 사항을 조직이 받아들일 가능성이 높음
   ④ 시간과 노력이 많이 필요하지만 충실성이 높음

4. 의사결정의 수학적 모형을 활용하기 어려운 것은?
   ① 경영목표의 수립 ② 제품 생산계획
   ③ 제품 수송방법의 결정 ④ 자금조달 계획

5. 다음 중 미래 상황의 발생확률을 알고 있을 때 의사결정은?
   ① 확실성 하의 의사결정 ② 불확실성 하의 의사결정
   ③ 의사결정 나무분석 ④ 위험하의 의사결정

6. 다음 중 수리계획모형이 아닌 것은?
   ① 조건분석모형 ② 선형계획모형
   ③ 수송계획모형 ④ 네트워크모형

7. 다음 중 확률계획모형이 아닌 것은?
   ① 예측모형 ② 선형계획모형
   ③ 게임모형 ④ 모의실험모형

단답식 및 약술형 해답

1. 두 가지 이상의 대안 중 하나를 선택하는 것
2. 대안, 선택기준, 성과, 상황
3. 1단계 문제파악, 2단계 대안개발, 3단계 대안평가 및 선택
4. 브레인스토밍
5. 전략적 의사결정, 관리적 의사결정, 업무적 의사결정
6. 확실성 하의 의사결정, 위험 하의 의사결정, 불확실성 하의 의사결정
7. 의사결정 문제의 구조화 정도

객관식 해답

1. ④ 2. ③ 3. ② 4. ① 5. ④ 6. ① 7. ②

제7장
소비자와 시장의 관리

1. 소비자에 대한 이해의 중요성

2. 소비자 행동의 통합 모델

3. 소비자 행동에 영향을 미치는 요인들

4. 구매결정과정

사 례

"관객의 눈높이로 돈 되는 작품 골랐죠" 문화 산업 투자 전문회사 '코리아 픽처스' 김동주 대표(37)의 선구안이 문화계의 관심사다. 영화 '친구', 뮤지컬 '렌트', '시카고'…. 최근 1년 사이 잇달아 '대박' 을 터뜨린 문화상품들을 골라잡은 그의 안목과 동물적 후각은 우리 시대 대중문화의 풍향과 어떤 관련이 있는 것일까? 그는 지난주 100억 원짜리 뮤지컬 '오페라의 유령' 한국 공연에 투자자로 나서면서 또 한번 주목의 대상으로 떠올랐다. 하루종일 '몇 억' ' 몇십 억' 의 금전단위를 입에 붙이며 통화하는 게 그의 일인데, 뜻밖에도 그는 청바지에 운동화를 신고, 대학생들처럼 배낭을 메고 다닌다. 전용 승용차가 있지만 버스나 지하철도 자주 타고 다닌다고 했다. 좀 특별한 게 있다면 배낭 안에 있는 2개의 휴대폰(업무용과 개인용), 철야근무를 대비한 양말 1켤레, 3권의 수첩. '친구' 의 메가 히트 이후 그에게 가장 많이 쏠리는 질문은 딱 하나다. "도대체 어떻게 그렇게 잘 찍느냐." 영화분야에서만 해도 1년에 100여 건의 투자요청을 받고 시나리오를 검토해 4편 정도를 골라내는 데 최소한 안타 이상을 기록했으니 선구안을 부러워할 만하다. 당사자 첫 대답은 의외로 싱겁다. "그냥 감으로, 직관으로 하는 거죠. 한마디로 운이 좋았나봐요." 그러나 대답은 좀 더 이어진다. "제일 중요한 건 관계자의 시각을 벗어나 가장 흔한 보통 사람 시각을 가지는 일이더라구요. 내가 매니아나 전문가가 되어버리면 절대로 대중들 반응을 냉정하게 판단 못합니다." 그래서 김대표는 "영화 · 연극 관련 서적은 절대로 안 보고, 극장 영화도 일부러 한달 2회 이내만 본다."고 했다. 그가 대본을 받았을 때 판단하는 기준은 '독창성' 과 '보편성' 이다. 즉 얼마나 독창적인 테마를 얼마나 보편적인 화술로 전하고 있는가이다. '정말로 흥행할 영화는 15단어 이내로 요약되는 영화' 라고 믿는 할리우드 제작자들처럼, 김동주 역시 '짧게 할수 있는 말을 길게 하는 것' 을 제일 싫어한다. "뮤지컬 '시카고' 요? '암흑가 여성의 자기 실현 몸부림' 등 거창한 테마 때문이 아니라 '섹시한 반라 여성들의 뮤지컬' 이죠." 그의 이력은 다양하다. 대학(경희대) 다닐 때도 '뮤직라인' 이라는 '의식없는' 서클을 만들어 대중음악에 심취했고, 사회에 나와선 20세기 폭스 영화직배사에서 마케팅을 담당했고, 광고회사에도 있다가 피카디리 극장기획실, 일신창투사를 거쳐 오늘까지 왔다. 그는 "이런 '잡탕' 경력이어서 좀 더 넓은 시야를 가질수 있었는지 모른다."고 말했다.

자료: 조선일보, 2001. 5. 16

기업이 가야 할 길은 명료하다. 그것은 소비자들이 아직 충족하고 있지 못한 필요와 욕구를 파악하여 그것을 채워주는 일이다. 이미 시장에 과잉공급되고 있는 제품을 유사하게 더 생산해 봤자 그것은 소비자를 위한 가치 증진에 도움이 되지 못할뿐 아니라, 생산자 자신을 위해서도 도움이 되지 못한다. 이와 같이 마케팅(marketing)을 잘 하기 위해서는 우선 시장(market)을 잘 이해하여야 하고 이를 위해선 고객(customers)을 잘 알아야 한다. 이와 같이 기업이 제품과 서비스를 팔아야 할 시장에 대한 분석에 있어서 가장 중요한 것은 제품을 사줄 소비자와 이들을 대상으로 유사한 제품과 서비스를 제공하는 경쟁사에 대한 것이다. 소비자와 경쟁사는 기업의 마케팅 성과에 직접적인 연관이 있으므로 이에 대한 이해는 무엇보다도 중요시 된다.

본 장에서는 소비자에 대해 살펴보겠다. 마케팅의 요체는 고객이 무엇을 원하는지 정확하게 파악하고, 기업의 역량을 이에 조화롭게 대응시키는 것이다. 그러나 고객 이해의 중요성을 많은 기업들은 잘 알지만 이를 실천하기란 생각보다 쉽지 않다. 종군 사진 기자로 유명한 로버트 카파(Robert Capa)는 "만일 당신의 사진이 만족스럽지 않다면 그건 당신이 충분히 가까운 거리에서 찍지 않았기 때문이다." 라는 유명한 말을 남겼다. 고객을 잘 모르겠다면 최대한 그들에게 물리적 거리뿐 아니라 심리적 거리에 있어서도 가까이 가서 그들을 살펴봐야 한다.

01. 소비자에 대한 이해의 중요성

• 생(生)이란 통계가 아니라 항시 예측 불가능한 것이고, 우리 모두 움직이는 과녁임을 느낀다.

Jerome Groopman (하버드대 의대 교수 겸 베스트 셀러 작가)

• 여섯 달 동안 사진기 속에 필름을 넣어두었다가도 1시간만에 현상해 주는 곳에 필름을 맡기는 것이 사람의 본능이다.
리핑 웨어햄(리더스 다이제스트, 1998년 1월호)

• 안으로 망녕된 마음이 없으면, 밖으로 망녕된 행동이 없다.
(內無妄思, 外無妄動 - 朱子)

• 세상에서 가장 어려운 일은… 사람이 사람의 마음을 얻는 일이란다. 각각의 얼굴만큼 다양한 각양각색의 마음을… 순간에도 수만 가지의 생각이 떠오르는데… 그 바람 같은 마음이 머물게 한다는 건… 정말 어려운거란다.
생텍쥐페리, '어린왕자' 에서

소비자의 마음을 예측하기란 어렵다. 어떨 때는 '가격' 을, 또 어떨 때는 '디자인' 을 중시하는 등 종잡을 수가 없다. 그러나 시장에서 살아남으려면 소비자가 틀리건 맞건간에 관계없이 그들의 선택을 받아야만 된다. 즉 시장에서 기업은 좋든 싫든 이러한 변화무쌍한 소비자의 '마음' 과 '행동' 을 이해하여야 된다.

• 벤츠(Benz) 자동차를 구입한 고객을 생각해보자. 벤츠를 구입한 이유를 묻는 수많은 소비자조사에서 그는 "품질이 너무 좋아서" 라고 답할 것이다. 하지만 그건 그의 본심이 아니다. "나는 사람들 앞에서 뽐내고 싶어!" 벤츠가 만약 이런 소비자들의 속마음을 읽지 못한다면, 마케팅에 실패할 수밖에 없다.
필립 코틀러(조선일보,"필립 코틀러 교수와의 인터뷰," 2007년 8월 11일)

위의 인용문구에서 알 수 있듯이 소비자의 '본심' 에 귀를 기울이며 끊임없는 혁신으로 무장한 기업들만이 생존 대열에 합류할 수 있다.

소비자를 이해하여 이에 적합한 자사의 제품과 서비스를 제공하는 것은, 마치 배를 타고서 저 멀리 물 위에 떠 있는 '과녁' (소비자의 마음)을 맞추는 것과 같다. 양쪽 모두 물 위에서 흔들리기에 과녁을 맞추기란 쉽지 않다. 물론 때로는 잔잔한 수면 위에서 하는 경우도 있지만, 비바람과 파도가 거센 흔들림이 많은 물에서 해야만 하는 경우도 있다. 물의 흔들림은 이쪽 배와 저쪽 과녁이 서로 다른 경우가 많다. 어쨌거나 물의 흔들림이 이질적이거나 심할수록, 그리고 과녁과 멀리 떨어져 있을수록 과녁을 제대로 맞추기란 쉽지 않다. 어떤 경우이든간에 과녁을 제대로 맞추려면 내 배의 흔들림뿐 아니라 저쪽 과녁의 흔들림도 잘 알아야 한다. 물론 여기에 경쟁사들이 들어오거나 외부상황의 변화는 물의 출렁거림을 더욱 복잡하게도 한다.

02. 소비자 행동의 통합 모델

기업이 만든 제품 또는 제공하는 서비스를 시장에서 팔려면, 자사의 제품 또는 서비스를 구매하는 소비자를 만족시켜야 한다. 그런데 소비자들을 만족시키려면 먼저 그들의 욕구가 무엇이고, 그런 욕구가 왜 생겨나고 (또는 생겨나지 않고), 언제 생기며, 어떻게 하면 그들의 욕구를 가장 잘 만족시킬 수 있는가에 대해 이해하여야 한다. 즉 소비자를 철저히 이해해야 한다. 소비자행동의 연구는 이러한 의미에서 마케팅에서 그 중요성을 찾아볼 수 있다.

- 비고객(noncustomer)이 항상 고객들보다 수가 많은 법이다. 거대 소매점 체인인 월마트는 미국 소비재 시장의 14%를 점유한다. 그것은 결국 시장의 86%는 고객이 아니라는 것을 의미한다. 그 86%를 연구해야 한다.
  피터 드러커

소비자 행동은 일반적으로 '개인, 조직 등의 의사결정 단위체가 그들의 욕구 충족을 위하여 내부적 요인과 환경적 요인의 제약하에서 정보를 처리하는 심리 과정과 의사결정 과정을 거쳐 제품이나 서비스를 획득, 사용, 처분하고 이에 따르는 경험을 통해 나타나 보이는 일련의 정신적, 육체적 행동 과정' 이라 정의할 수 있다.

소비자 행동을 연구하는 학자들은 소비자들이 상품을 구매하는 과정을 몇 개의 개별적인 행위의 집합 또는 나열이 아닌, '하나의 연속되고 엇물리는 과정' 으로 이해하고 있다. 특히, 구매 전 행동 - 구매 행동 - 구매 후 행동 등으로 구매 및 소비 행동을 나누어 살펴보는 경우가 많다. 이러한 관점은 마케팅관리자로 하여금 소비자의 '구매결정' (one shot)보다는, '구매과정' (process)에 초점을 맞추게 하는 이점이 있다. 그런데 소비자는 이러한 일련의 구매과정을 거치는 동안에 많은 내적, 외적 요인들에 의해 영향을 받는다. 이렇게 소비자의 구매행위에 영향을 미치는 요소들과 그들의 구매과정을 하나로 통합하면, 종합적인 소비자 행동모델을 만들 수 있다. 본 장에서는 우선 소비자 행동에 영향을 미치는 여러 요인들을 살펴보고, 그런 다음 일련의 시간적 흐름에 따른 구매과정을 살펴보겠다.

사 례

❖ 주 이틀의 여유 '어슬렁' 족 마케팅: 유통점에 화초를 가꾸고 물고기를 기르는 데 필요한 물품들이 많이 나왔다. 또 가족과 함께 집안을 꾸미는 DIY제품(스스로 상품을 만들 수 있는 제품) 코너가 인기를 끌고 있고 녹차 전문매장도 등장했다. 백화점, 대형할인점 등이 '주5일 근무제' 로 여유를 찾은 고객을 겨냥해 매장의 구조를 바꾼 결과다. 주말에 가족 단위의 쇼핑객이 늘어나자 백화점마다 문화 휴식공간도 넓히고 있다.

❖ 더 늘어난 수족관, 정원용품 매장: 최근 문을 연 신세계 이마트 양주점(경기도)과 양산점(경남)은 정원용품 전문매장을 별도로 만들었다. 이곳은 관엽류, 조화류, 화분, 정원용 가위 등을 한데 모아놓고 판다. 화원에서나 팔던 정원용품이 이젠 할인점 속으로 들어왔다.

❖ 더 넓어진 휴식 공간: 현대백화점은 점포 옥상 등에 고객의 휴식 공간을 만들고 있다. 압구정 본점은 6층에 있는 하늘공원 안에 북카페 형태로 '라이브러리' 코너를 만들었다. 베스트셀러와 잡지 등 2000권의 도서를 비치해 고객들이 차를 마시면서 책을 읽을 수 있도록 했다. 그 자리에서 도서, 문화상품을 살 수도 있다. 신세계백화점 강남점은 어린이를 위한 '키즈 카페' 를 열어 어린이를 데리고 오는 가족 단위 쇼핑객들이 쉴 수 있도록 했다.

자료: 중앙일보, 2004. 8. 7

03. 소비자 행동에 영향을 미치는 요인들

소비자 행동에 영향을 미치는 요인들로는 어떤 것들이 있는지, 그리고 이들에 의해 소비자의 구매행동이 어떻게 바뀌는지에 대해 정확히 이해한다면, 이에 적합한 마케팅 전략을 취할 수 있을 것이다.

1. 문 화

문화(Culture)란 어느 특정 사회가 지니고 있는 가치관, 태도, 또는 살아가는 방식을 통틀어 일컫는다. 이는 현사회에 의해 야기됐거나, 또는 그 사회 대대손손 내려와 우리의 의사결정에 영향주거나 결정짓는 것이다. 문화는 사람의 행동을 가장 근본적으로 결정하므로 경영자는 문화가 소비자의 구매행위에 어떤 영향을 끼치나 잘 이해해야 한다. 이렇게 살아가면서 배워서 몸에 밴 문화적 요소들이 상품을 선택할 때 알게 모르게 영향을 끼치는 것이다. 한편 각 나라마다 문화적 차이가 있으므로 특히 기업이 다른 나라에 진출하려고 할 때는 그 나라의 문화적 특성을 철저히 연구해야 한다. 또한 문화는 끊임없이 변화하므로 기업은 그러한 문화의 변화를 미리 예측하고 유연성 있게 대처할 필요가 있다.

일본은 우리에 비해 백합을 비롯한 꽃에 대한 수요가 큰 편이다. 꽃 시장의 규모가 크고 활성화된 이유는 물론 우리보다 소득수준이 높은 것도 이유가 되겠지만, 우리와 상이한 그들 문화와도 연관된다. 그 하나의 예로, 우리나라에선 집안에 경사가 생기면, 가족들이 모여서 소주와 삼겹살을 먹지만, 일본은 꽃 또는 화분을 사서 식탁 위에 놓고 식사를 같이 한다.

2. 사회계층

사회계층(Social Class)이란 비슷한 수준의 사회적 지위와 경제력을 가진 사람들의 집합으로, 같은 계층 내에서는 사람들의 태도/가치관/사고방식/행동에서 많은 공통점이 발견된다. 특히 이러한 성향은 옷, 가구, 레스토랑, 자동차, 여행상품 등의 구매에서 잘 나타난다. 기업은 자사의 제품이 어느 사회계층을 겨냥하느냐에 따라 제품의 디자인, 유통경로, 가격, 광고메시지 등을 달리해야 한다. 또한 계층마다 애용하는 매체(media)와 프로그램도 다르므로 표적시장이 어느 계층이냐에 따라 매체와 프로그램의 선택도 달라져야 한다.

3. 준거집단

준거집단(準據集團, Reference Group)이란 개인의 태도나 행동에 직접/간접으로 영향을 끼치는 모든 집단을 말한다. 예를 들어 가족, 친척, 동창회, 직장동료 집단, 같은 아파트 단지 사람들, 교회 등이 여기에 해당한다. 이러한 집단은 사회계층보다 관계가 더 밀접하고 또 영향도 크다. 개인이 자발적/비자발적으로 자기의 준거집단의 태도와 행동을 따르다 보면, 자연히 제품이나 상표의 선택에서 그 집단의 영향을 받게 된다. 이러한 현상은 특히 자동차, 가구, 전축, 의복 등 비교적 값이 비싸거나 남의 눈에 띄는 상품의 선택에서 많이 나타난다.

한편 제품수명주기(product life cycle)의 초기에 소비자들이 새로 나온 제품에 대해서 잘 모를 때 그들의 신제품 구매여부는 준거집단 내의 의견선도자(opinion leader)의 영향을 특히 강하게 받는다. 따라서 기업은 목표로 하는 고객들의 준거집단의 특성을 파악할 필요가 있다. 특히 빠른 확산을 원한다면 의견선도자를 신속하고 집중적으로 설득할 필요가 있다.

4. 가 족

가족(Family)은 준거집단 중에서 개인의 구매행위에 가장 큰 영향을 끼친다. 이러한 가족은 크게 '결혼 전'의 가족과 '결혼 후'의 가족으로 대별해 볼 수 있다. 가족은 중요한 의사결정 단위가 되는데, 따라서 집단적 의사결정에 있어서 각 구성원의 구매역할(Buying Role)의 구분에 따른 이해는 가족을 대상으로 하는 마케팅전략의 운영에 있어서 중요시 된다. 특히 최근의 가족 추세, 즉 핵가족, 1인 자녀의 추세로 예전보다 배우자, 아이의 영향이 커졌다는 사실도 유념할 필요가 있다.

5. 개인적 요인들

구매의사결정과정은 사회 환경, 마케팅 자극, 소비자의 개인적 특성 등 여러 요인의 영향을 받을 수 있다. 그런데 많은 사람들이 유사한 사회 환경 속에서 그리고 동일한 마케팅 자극을 받지만 그럼에도 서로 다른 구매행태를 보인다는 사실을 생각해 볼 때, 구매의사결정에 가장 밀접하고 최종적인 영향을 미치는 요인은 아마도 소비자의 개인적 특성이라고 할 수 있겠다. 기존의 구매의사결정과정 모델들에서 살펴본 바에 의하면, 여기에 영향을 미치는 소비자의 개인적 특성에는 소비자가 가지고 있는 자원, 동기와 관여, 지식, 태도, 인성, 가치관, 라이프 스타일 등이 포함된다. 이러한 요소들 중 라이프 스타일, 직업, 개성 등에 대해 설명하면 다음과 같다.

(1) 생활양식

라이프 스타일(Life Style)은 사회 구성원들이 가지고 있는 독특한 생활양식이며, 집합적인 소비자의 문화, 개성, 소비행태 등과 관련된 행동특성으로 소비자를 포괄적으로 이해하는 데 많이 이용되어 왔다. 이러한 라이프 스타일의 개념은 사회학과 심리학에서 연구 발전되어 오다가 1960년대 초반 미국마케팅학회에서 레이저(Lazer) '1963' 에 의해 소개되면서 마케팅과 소비자행동 분야에서도 응용되기 시작하였다. 뒤이어 플러머(Plummer) '1974' 는 소비자행동과 마케팅 분야에서 라이프스타일을 적용하여 체계적인 연구를 하였다. 그는 기존의 마케팅 시장세분화와 비교하여 라이프스타일을 이용한 시장세분화가 보다 우수하다는 것을 제시하였다.

라이프 스타일이란 행동을 나타내는 하나의 거대한 복합적 상징으로 생활영역상의 특이한 패턴이 가치와 부합하여 목적이나 사건의 과정에 체계적으로 작용하는 것이며, 총체적이고 광범위한 의미로 사회전체 혹은 일부 계층의 고유하고 특징적인 삶의 형태를 의미한다. 이후 여러 학자들이 마케팅 측면에서 라이프스타일을 다양하게 정의를 내렸는데 그 기본은 라이프 스타일은 관심, 의견, 태도 등과 같은 생활유형을 반영한 특정집단이 다른 집단과 구별되게 지닌 특징적 생활양식으로 정의될 수 있다.

개별 소비자관점에서 이를 다시 설명해 본다면, 어느 특정 개인의 생활양식이란 그가 '이 세상을 살아가는 방식' 을 말하며, 이것은 보통 그가 어떤 활동을 하고(activities), 어떤 분야에 관심을 갖고 있고(interests), 세상사에 어떤 의견을 갖고 있느냐(opinion)로 알 수 있다. 따라서 생활양식은 어느 한 개인을 종합적으로 표현하는 것이므로 고객의 생활양식에 관한 정보는 기업으로 하여금 고객을 좀더 구체적으로 파악할 수 있게 해 준다. 만일 기업이 어떤 생활양식을 가진 고객들이 자사의 제품을 찾는가를 안다면 기업은 제품을 포함한 마케팅믹스를 그러한 생활양식에 맞게 맞출 수 있을 것이다. 라이프 스타일에 관한 연구는 시장의 특성을 기술함에 있어 가장 보편적으로 사용하고 있는 인구통계적 특성이 이를 충분히 설명하기 부족하다는 인식을 하게 됨에 따라 대두되었으며, 오늘날 방법론적으로 많은 발전 과정을 거치면서 소비자행동의 이해나 마케팅 전략수립을 통한 시장세분화의 기준으로 빈번히 사용되고 있다.

(2) 직 업

일반적으로 개인의 직업에 따라 필요와 욕구가 다르다. 이러한 점은 같은 직업군 내에서는 서로 비슷한 가치관과 생활양식을 갖는다는 점에서 우리는 알 수 있다. 금융기관에서는 특정직업을 대상으로 하는 금융신상품의 개발을 한다(예: 의사 - 메디컬 종합통장, 교직원 - 대한생명의 교직원 연금 등).

(3) 개 성

사람마다 개개인의 개성이 있고 이러한 개성은 그의 구매행위에 영향을 미친다. 여기서 개성이란 어느 한 개인으로 하여금 환경에 대하여 비교적 일괄적이고도 영속적인 반응을 하게 하는 그 사람의 뚜렷한 심리적 특성을 말한다(예: 사교적, 자신감 넘침, 공격적 등). 즉 개성은 한 개인이 환경에 어떻게 반응하는지를 보여 주는 심리분석적 특성이다. 이러한 개성은 개인간의 차이를 나타내 주며, 지속적이며, 중요한 사건이나 성숙에 따라 변화된다는 몇 가지 속성을 지닌다. 이러한 개성은 실증하기가 어렵지만, 구매와 소비행태에 관련이 있는 것으로 평가되는데, 특히 제품, 브랜드 선호 등과 관계가 있는 것으로 알려지고 있다.

6. 개인의 심리적 요인들

소비자의 구매행위는 동기유발, 지각, 학습, 태도의 심리적 요소에 의해서도 영향을 받는다. 우선 동기유발(motivation)이란, 어떤 목표를 달성하기 위하여 개인의 에너지가 동원된 상태를 말한다. 이러한 상태는 긴장 때문에 발생하며, 긴장은 해소되지 않은 욕구가 있기 때문에 생기는 것이다. 일반적으로 동기는 과거의 행동보다 미래활동을 예측하는 데 유용하게 사용된다. 즉 소비자의 동기를 파악하면 그들이 미래에 어떤 소비 또는 구매행동을 취할 것인가를 예측하기가 쉬워진다.

두 번째로 지각이란, 내적/외적 환경으로부터 오는 자극을 받아들이고 그 자극의 의미를 도출하는 과정이다. 소비자들의 행동은 그들이 자신과 환경을 어떻게 지각하느냐에 따라 달라진다. 따라서 만일 두 사람이 어떤 제품의 가치와 그것의 가격을 서로 다르게 지각하고 있다면 아마도 그들은 그 제품에 대해서 서로 다른 행동을 취할 것이다. 사람들이 똑같은 자극을 서로 다르게 지각하는 것은 다음과 같은 세 가지 지각과정, 즉 선택적 주의(selectivc attention), 선택적 왜곡(selective distortion), 선택적 보유(selective retention) 때문이다.

세 번째로 학습(learning)이란 경험으로 인한 개인의 행동의 변화를 말한다. 사람은 행동을 할 때 무언가를 배운다. 우리의 행위는 타고나면서부터 얻은 본능도 있지만 대부분의 모든 행위는 우리가 배운 것이다. 어떤 자극과 그 자극에 대한 반응 간에 직접적인 관계가 성립할 때 학습이 이루어졌다고 할 수 있다는 자극-반응 모델은 이러한 학습을 이해하는 데 도움이 된다.

마지막으로 태도(attitude)란 어떤 사람이 사물이나 다른 사람에게 품고 있는 지속적인 긍정적 혹은 부정적 감정을 일컫는다. 지금까지 감정에 관련된 여러 연구를 살펴보면, 감정에 대한 정의와 측정 방법에 대하여 감정, 정서 등의 용어를 사용하지만 연구자에 따라 조금씩 다른 개념으로 사용되고 있다. 감정(emotion)은 기분에 비해 강한 심리상태로서 선행 사건이 분명히 지각되며, 대상이 뚜렷하고, 독특한 얼굴 표정과 생물학적 과정을 수반하며, 행동(준비성)에 변화를 가져온다. 이에 반해 기분(feeling)은 좀 더 일반적이고, 순간적으로 스쳐 지나가는 감정 상태로서 후속 행동에 직접적인 영향을 미치기보다 간접적 영향을 미치는 것으로 나타났다. 정서(affect)는 기분과 감정 모두를 포함하는 광범위한 용어로서 일반적으로 기분과 감정을 수반하여 의식적으로는 주관적인 느

낌 상태에 의해 특징지어지는 정신 현상의 부류라고 정의 내린다. 보통 한번 형성된 태도는 바꾸기 어렵다. 따라서 마케팅 관리자는 구매를 하기 전에 소비자들이 갖고 있는 생각이나 신념 또는 감정을 파악하고 이를 잘 이해하는 것이 매우 중요하다. 소비자의 태도가 구매에 중요한 영향을 미치기에, 기업은 마케팅믹스 등의 수단을 동원하여 자사의 이미지나 자사의 제품에 대한 선호도를 높이기 위한 노력을 끊임없이 기울이고 있다.

7. 생활 환경, 또는 제품사용 환경

흔히들 어떤 특정 시장에서 성공하려면, 그 시장 상황을 잘 반영한 마케팅이 필요하다고 한다. 여기서 시장 상황이란 다른 시장과는 구별되는 그 시장의 특수 상황을 언급하는 포괄적인 용어로, 여기에는 고객의 사용여건, 기호와 태도, 그리고 경제여건뿐 아니라 문화도 포함된다.

04. 구매결정과정

지금까지 우리는 소비자의 구매행동에 영향을 끼치는 여러 요소들을 살펴보았다. 이를 통해 우리는 '소비자들의 선택' 이 많은 문화적, 사회적, 개인적, 심리적 요인들의 복잡한 상호작용의 결과인 것을 알 수 있었다. 그런데 마케팅 관리자는 이런 영향요인들뿐만 아니라 실제로 특정 구매에 대해 소비자가 어떠한 과정을 거쳐 구매결정을 내리는가도 이해해야 한다. 소비자가 수행하는 구매 및 소비 행동은 일련의 과정을 거치게 되는데, 이러한 과정을 구매의사결정과정이라 한다. 구매의사결정과정은 연구자와 연구 목적에 따라 3단계, 4단계, 5단계 등으로 구분되는데, 여기서는 문제인식, 정보탐색, 대안 평가, 선택, 구매 후 결과 등의 다섯 단계로 나누어 살펴보겠다.

사 례

현대자동차의 쏘나타II와 대우자동차의 시에로 제동등 밝기가 논란이 되고 있다. 제동등이 너무 밝아 뒤차의 안전운전을 방해한다는 지적이 끊이지 않고 있기 때문이다. 특히 쏘나타II의 경우 제동등의 위치가 높고 큰데다 다른 차들을 압도하는 높은 광도 때문에 야간에는 특히 뒤따르는 차들의 기피대상이 되고 있다는 것이 운전자들의 지적이 많다. 그러나 자동차회사들의 입장은 다르다. 현행 〈자동차안전기준에 관한 규칙〉은 제동등 광도를 40~4백20칸델리 범위에서 정하도록 규정하고 있고, 자사의 자동차제동등 밝기는 모두 이 범위 내라는 것이다. 우리의 제동등 규정도 미국 캐나다 유럽 등 대부분의 선진국과 동일하다고 주장하고 있다. 그러나 교통전문가들은 우리나라처럼 교통체증이 심각해 장시간 근접거리 운행이 불가피한 경우 제동등이 너무 밝으면 뒤따르는 운전자들이 쉽게 피로를 느껴 사고위험이 증가한다고 말하고 있다. 따라서 도시교통전문가는 "우리의 교통상황을 감안할 때 선진국규정을 그대로 적용하는 것은 무리가 있다."며 "현행 제동등 밝기 규정을 재검토해 야간제동등의 광도를 낮출 필요가 있다."고 말했다

자료: 조선일보, "차량 제동燈은 밝을수록 좋다?" 1994.10.15

동양매직과 LG전자가 생산 · 판매하고 있는 식기세척기는 대표적인 '한국형 가전'으로 꼽힌다. 납작한 접시 세척 위주의 수입품과 달리 한국형 식기세척기는 냄비, 뚝배기, 오목한 밥그릇이나 사발 등 모든 식기를 편리하게 세척할 수 있도록 그릇장착 선반을 'ㄱ'자로 개조했다. 또 한국 특유의 끈적끈적한 쌀밥그릇 세척에 적합하도록 세척의 강도와 방향을 개선, 출시한 지 불과 수년 만에 외산제품을 몰아내고 국내시장을 장악했다. 한편 LG전자의 토스트 전자레인지는 국내 소매용 식빵 크기에 대한 시장조사를 통해 우리나라 실정에 맞는 토스트기 크기를 설정했다.

부산일보, "한국형 가전제품 잘 나가네~," 2003.2.19

1. 문제인식 단계

구매과정은 소비자가 문제를 인식하는 데서부터 비롯된다. 문제 인식은 일종의 지각 현상으로서, 바람직한 (또는 원하는) 상태와 현재 상태 사이의 차이를 지각하게 될 때 발생한다. 이러한 차이를 지각하게 되는 원인은, 현재 사용중인 제품에 대해 불만을 느끼거나, 새로운 욕구가 발생하거나 기존 욕구가 변화하거나, 재정 상태가 변화하거나, 특정 상품의 취득에 수반되는 새로운 상품의 필요성이 지각되는 경우 등으로, 내부 동기와 외부 자극에 의해 문제 인식이 유발되게 된다. 이상적 상태와 현재 상태와의 차이가 의사결정과정을 일으키고 활성화시킬 수 있을 만큼 클 경우 문제 인식이 이루어진다. 소비자는 현재의 심리 상태를 이상적 현상에 접근시키기 위해 어떤 필요감을 느끼게 되며, 그에 따라 목적 의식이 일어나게 된다.

- "왜 지구 상에 수많은 종류의 음료수가 있는 데도 계속해서 '새로운 음료수' 들이 생기는 걸까요?" 탁자 앞에 놓인 탄산 음료를 가리키며 그는 말을 이어갔다. "처음 사람들은 갈증을 해결하기 위해 콜라를 마셨고, 그 다음엔 에너지를 얻기 위해 게토레이를 마셨어요. 그러다 이제 또 건강을 위해 비타민 드링크를 마시죠. '사랑 받는' 마케팅은 이처럼 아직까지 충족되지 않은 소비자들의 불만을 끊임없이 찾아내 해소해 주는 겁니다."

  자료: 조선일보 필립 코틀러 교수와의 인터뷰, 2007. 8. 11

이러한 문제인식단계에서의 마케팅의 역할은 다음과 같다.

첫째, 마케팅은 조사를 통해 현재 소비자가 가지고 있는 문제(Identifying Unmet Needs)를 알아낸다. 그리고 이를 통해 파악하게 된 소비자 불만족을 토대로 그들이 원하는 신제품을 개발한다. 둘째로 마케팅은 소비자로 하여금 문제가 있다는 것을 깨닫게 한다. 그리고 이러한 문제는 자사제품만이 해결가능함을 알린다. 셋째, 마케팅은 소비자가 원하는 상태 자체를 변경시켜 새롭게 문제를 만들어낸다. 휴대폰의 진화는 이러한 노력과 연관된다.

2. 정보탐색 단계

소비자가 문제를 인식하면 다음 단계는 각종 정보(욕구를 충족시켜줄 제품)의 수집이다. 흔히 소비자는 어떤 제품이 시중에 있는지 모르니까 그의 정보탐색은 주로 그의 욕구를 충족시킬 수 있는 제품이나 서비스를 찾는 데 집중이 된다. 즉 정보탐색은, 문제 인식 단계에서 인식된 문제를 해결하기 위한 방법을 탐색해 보는 과정이다. 이 때의 탐색은 제품, 가격, 점포 등을 대상으로 이루어지게 되며, 이러한 탐색 활동은 능동적일 수도 있고 수동적일 수도 있으며 내부적으로 이루어질 수도 있고 외부적으로 이루어질 수도 있다. 이때 수집되는 정보의 양과 종류는 제품과 소비자에 따라 다르다. 넬슨(Nelson 1970)은 상품을 크게 두 가지로 나누었는데 한 부류는 탐색상품이고 또 하나는 경험상품이다. 탐색상품은 구매의사결정을 하기 전에 충분한 정보가 요구되는 상품을 말한다. 예를 들어 PC, 휴대폰, TV 등을 구매하기 전에 소비자들은 가격을 비롯한 여타의 객관적이며 자세한 정보를 검토한 다음에 구매를 결정한다. 한편 경험상품은 상품의 효용이 정보로 전달되기 어려운 상품으로 소비자들이 광고정보만 가지고 의사결정을 할 수 없는 상품이다. 예를 들어 새로운 음식은 소비자들이 직접 먹어보아야 정확히 그 맛을 알 수 있기 때문에 귀로 또는 눈으로 받는 정보만 가지고는 의사결정하기 어렵다. 여행상품, 연극공연, 의사의 진료 등도 이에 해당한다.

한편 소비자의 정보탐색활동은 보통 내적탐색과 외적탐색으로 분류된다. 내적탐색은 기억 속에 저장되어 있는 정보 중 의사결정에 도움이 되는 정보를 끄집어내는 과정을 말한다. 내적탐색의 결과가 만족스러우면 소비자는 구매과정의 다음 단계로 나아가고 그렇지 않으면 외적탐색을 하게 된다. 외적탐색은 기억 이외의 원천, 즉 광고, 사용경험이 있는 사람, 판매원, 판매점포, 인터넷 등으로부터 정보를 탐색하는 것이다. 소비자가 어떻게 처음에 우리 상표에 대해 알게 되었고, 그 후에 우리 상표의 어떤 점을 알게 되었으며, 여러 정보원의 상대적인 중요성은 어떤지 등에 관한 정보를 회사가 갖고 있으면 표적시장에 대한 효과적인 커뮤니케이션 전략을 짜는 데 큰 도움이 된다. 어떠한 과정을 거치든간에, 최소한 고려상표군(consideration set)에는 포함되어야 그 상표는 구매에서 선택될 가능성이 존재한다. 고려상표군의 개념은 실제적으로 구매를 고려하여 형성되는 대안들의 집합으로, 기억으로부터 인출되지 않은 대안들을 포함하게 된다. 이러한 추가적인 대안들은 의도적인 탐색이나 환경적 자극에 의해 환기상표군(evoked set)과 결합되어진다.

3. 대안의 평가 단계

정보수집 결과 소비자는 몇 개의 상표로 구성된 고려상표군을 형성하고, 이들 각 상표를 평가하게 된다. 대안 평가는 정보탐색을 통해 정보를 획득한 뒤 이 정보들을 평가하는 단계이다. 소비자는 능동적으로 정보를 추구하고, 어느 쪽의 선택이 실제로 가능한가를 학습하여, 수용할 만한 몇 가지로 선택 범위를 좁히기 시작한다. 대안 평가시, 시장에 나와 있는 모든 대안을 그 대상으로 삼지는 않는다. 이 때 평가의 기준으로는, 소비자가 상품 구매 및 소비를 결정하는 과정에서 가장 중요하다고 생각되는 기준이나 제품 속성이 사용되는데, 이 기준들은 소비자의 정보 및 경험, 동기, 개성 및 생활 양식, 문화적 규범 및 가치관 등에 따라 달라질 수 있다.

우선 여러 대안을 평가할 때 소비자는 먼저 몇 개의 평가기준을 설정한다. 예를 들면, 여행숙박업소, 타이어의 경우 다음과 같은 제품속성(product attribute)이 소비자에게 흥미가 있을 것이다.

- 호텔: 위치(접근편리성, 주변관광시설 등), 분위기, 서비스, 청결, 가격, 고객수준 등
- 타이어: 안전도, 수명, 품질, 가격, 브랜드 등

그 다음으로 소비자는 평가기준이 되는 각 제품속성의 중요성을 정한다. 거의 모든 소비자가 가격을 평가기준으로 쓰지만 사람에 따라서 가격의 중요성은 다르다. 상표들간의 가격차이가 많지 않거나 구매자가 소득이 많은 사람이면 가격의 중요성은 상대적으로 떨어진다. 끝으로 소비자는 각 상표를 그것이 갖고 있는 속성들과 각 속성의 중요성에 따라 평가하는데 이 때 소비자가 상표를 평가하는 방법은 여러가지가 있다〔보상모형: 기대치모델(expectancy value model), 비보상 모형: 결합전략(conjunctive strategy), 분할 휴리스틱(disjunctive heuristic), Lexicographic 등〕.

4. 구매결정 단계

대안 평가의 결과, 소비자는 여러 브랜드에 대한 그의 '선호도를 결정' 하게 된다. 그리하여 통상 그가 가장 선호하는 브랜드를 구매할 의향을 갖게 된다. 선택 단계는, 탐색과 평가 과정을 거친 다음, 소비자의 욕구에 가장 합치하는 특정 대안에 대해 이루어지는 구매 결정이다. 그런데 이 때 소비자는 평상시 구매하던 브랜드나 점포에서 구매하는 충성 행동을 보이거나, 그와는 다른 상표 및 점포에서 구매하는 행동을 보이기도 한다. 또한, 이전의 문제 인식, 탐색, 대안 평가 과정을 거치지 않은 충동 구매가 나타나기도 한다. 이와 같이 구매결정은 구매 당시의 상황에 많은 영향을 받는다.

태도와 구매행동 간의 연결고리가 왜 느슨한가에 대해서는 다음의 설명들이 가능하다. 첫째, 예기치 못한 상황요인의 발생이다. 예를 들어 원하는 제품의 재고부족, 경쟁제품의 할인, 개인적 여건(예: 수중에 돈이 떨어짐) 등이 이에 해당한다. 둘째, 확장된 피쉬바인 모델에 의한 설명이다. 즉 개인은 제품자체에 대한 자신만의 태도보다는, 제품구매가 자신에게 얼마나 긍정적인 결과를 가져다 주는가에 더 큰 영향을 받는다는 것이다. 따라서 주변 사람을 고려한 구매행동을 한다는 것이다(예: 실용적인 휴대폰이 어떤 것인지를 잘 알면서도 좀 더 폼나는 제품을 구매하려는 중학생). 셋째, 구매시점에서의 태도의 인출가능성이다. 즉 최종구매시점에서 호의적인 태도가 기억으로부터 인출되는가의 여부이다. 1980년대 말 '따봉' 광고는 우리나라에서 선풍적 인기를 끌었다. 그러나 정작 '델몬트' 의 매출과는 연결되지 않았다. 따라서 부랴부랴 '따봉 주스' 란 브랜드의 상품을 내놓기에 이르렀다.

사 례 ‘스타벅스 매출부진’ 원인은 고유가?

고(高)유가의 태풍이 미국의 커피 전문점 ‘스타벅스’를 강타, 전 세계에서 보여줬던 스타벅스의 불패 신화가 깨지기 시작했다고 월스트리트저널(WSJ)이 5일 보도했다. 지난달 스타벅스의 매출은 작년 같은 기간보다 4% 증가에 그쳐, 8~10%의 증가세를 보이던 지난 5년간 실적에 비추어 볼 때 최저로 나타났다는 것. 스타벅스의 매출둔화 소식이 알려지면서 주가도 급락했다. WSJ는 스타벅스의 매출 감소에는 고유가가 가장 큰 영향을 미치고 있다고 분석했다. 스타벅스는 지난 1971년 시애틀에서 첫 점포를 연 이후 1990년대까지 주로 대도시 인구밀집 지역을 공략하다가, 몇 년 전부터 소도시와 고속도로변을 파고드는 쪽으로 전략을 수정했다. 그러나 고유가로 대도시에 비해 소도시와 고속도로변의 소비심리가 더 큰 타격을 받으면서 스타벅스 매출이 줄어들었다는 것. 예컨대 고속도로 주유소에서 비싼 기름을 넣고 나면 심리적으로 위축돼 스타벅스 커피를 마실 기분이 나지 않는다고 저널은 분석했다. 이와 함께 맥도널드와 던킨 도너츠 가게에서 스타벅스 커피보다 더 싸게 판매하는 커피가 맛이 더 좋아진 것도 스타벅스 매출둔화의 요인이라고 WSJ는 분석했다.

자료: 조선일보, 2006.8.7

5. 구매 후 행동 단계

구매 후 평가 단계는, 구매의 결과를 평가하는 과정이다. 이때의 평가는, 제품의 사용을 통해, 또는 제품에 대한 새로운 정보 유입을 통해 이루어진다. 이와 같은 평가를 통해, 소비자는 경험의 폭과 식견을 넓히고, 자신의 구매결정에 대한 성공 여부를 측정하며, 향후 새로운 구매결정을 할 때의 기준을 제공해 줄 수 있다. 제품 사용 후 고객이 어느 정도 만족을 하느냐는 대체로 그가 그 제품에 대해서 기대했던 것과 그것의 효능이 얼마나 부합하느냐에 달려있다.

- 손님이 음식값을 지불할 때 손님의 머리 속에 '오늘 내가 이겼다' 라고 생각하면 그 음식점은 무조건 성공한다.
  외식 체인점인 놀부의 창업주인 오진권 사장

- " '미즈타니' 이름에 비하면 가게 규모가 작습니다. 평수를 늘리든가, 체인을 낼 생각은 없습니까?" "난 내가 전부 니기리(스시를 주무르는 것)를 하지 않으면 안 되니까 손님이 이 이상 더 늘어나면 안 됩니다. 좋은 평판은 긴 세월 천천히 쌓입니다. 나쁜 평판은 일주일이면 가게를 망하게 할 정도로 빠릅니다."
  '미슐랭 가이드(Michelin Guide) 도쿄' ★★★ 받은 스시집 '미즈타니(水谷)' 주인인 미즈타니 하치로(水谷八郎 · 61)

이러한 사용만족감은 현재 브랜드를 다시 구매할 의사를 가진 고객유지율(customer retention rate)을 높여 준다. 따라서 고객만족은 기업에서 중요시 여기는 주제이다. 한편 만족에서 한발 더 나아가 고객감동(기대하지 않았던 것에 대한 만족)도 흔히들 언급되고 있다. 필자의 후배 가운데 한 명은 어떤 학교의 교수공채에서 최종 탈락한 다음, 몇 일 후에 이사장께 인사를 갔었다고 한다. 이사장의 표현에 따르면, 탈락한 다음에 인사 오는 경우는 그 때가 처음이었기에 이사장은 매우 감동하였다고 한다. 결국 그 후배를 기억 속에 간직하고 있던 이사장은 몇 년 후 그를 학교의 교수로 채용하였다.

- 인생에는 드러나지 않는 위계질서가 있는데, 우리가 가진 것에 대한 감사가 언제나 우리가 갈망하는 것에 대한 획득보다 선행해야 한다는 것이다. 감사는 늘 먼저 오며, 감사는 언제나 오늘, 바로 지금, 완벽하지 않은 우리의 삶 속에서 시작된다.
  존 키호, '행복연습' 에서

구매 후 부조화란, 소비자가 구매 이후에 가질 수 있는 심리적 불편함을 말하는 것으로, 자신이 구매한 브랜드가 의사결정과정에서 고려된 다른 대안의 브랜드들보다 더 나은 것인가에 대한 심리적 갈등을 의미한다. 이럴 경우, 가까운 친지나 판매원, 혹은 광고 등을 통해 자신의 결정에 확신을 갖게 되면 구매 후 부조화가 감소되어 만족으로 연결되고, 그렇지 못한 경우에는 불만족으로 연결된다. 따라서 판매 후의 확신을 주는 촉진노력의 중요성이 대두된다.

주요 용어 정리

❖ 기업문화: 기업의 모든 구성원들이 공유하고 있는 가치관 및 목표체계.

❖ 고객관계관리(CRM, customer relationship management): 고객과 기업 간에 상호간의 믿음을 바탕으로 장기적인 파트너십을 개발하고 유지해 나가는 과정으로, 고객에게 가치를 창출해 충성 고객을 만들고, 그 고객을 자사의 핵심자산으로 만드는 일련의 노력이다.

❖ 관계마케팅(Relationship Marketing): 종래의 거래마케팅(transaction marketing)은 고객과의 지속적인 관계를 형성하려는 노력이 없이 그저 한 거래를 이루는 것을 강조하는 마케팅이다. 이에 대하여 관계마케팅은 고객과의 관계를 형성, 유지, 발전시키는 것을 강조하는 마케팅이다. 서비스산업은 물론, 제조업에서도 고객서비스를 통한 고객의 가치만족(value satisfaction)을 제공하는 데 경영활동의 목적을 두고 있다. 이를 달성하기 위해 기업은 종래의 4P(Product, Place, Promotion, Price) 이외에 인적자원(People), 과정(Process), 그리고 고객서비스 제공(Providing of Customer Service)을 추구하는 이른바 확장된 마케팅 믹스를 고려하고 있다.

요약 정리

마케팅(marketing)을 잘하기 위해서는 우선 시장(market)을 잘 이해하여야 하고 이를 위해선 고객(customers)을 잘 알아야 한다. 본 장에서는 이 중 소비자를 중심으로 살펴보았다.

소비자 행동은 일반적으로 '개인, 조직 등의 의사결정 단위체가 그들의 욕구 충족을 위하여 내부적 요인과 환경적 요인의 제약하에서 정보를 처리하는 심리 과정과 의사결정 과정을 거쳐 제품이나 서비스를 획득, 사용, 처분하고 이에 따르는 경험을 통해 나타나 보이는 일련의 정신적, 육체적 행동 과정'이라 정의할 수 있다.

소비자 행동을 연구하는 학자들은 소비자들이 상품을 구매하는 과정을 몇 개의 개별적인 행위의 집합 또는 나열이 아닌, '하나의 연속되고 엇물리는 과정'으로 이해하고 있다. 특히, 구매 전 행동 - 구매 행동 - 구매 후 행동 등으로 구매 및 소비 행동을 나누어 살펴보는 경우가 많다. 구매의사결정과정은 연구자와 연구 목적에 따라 3단계, 4단계, 5단계 등으로 구분되는데, 여기서는 문제인식, 정보탐색, 대안 평가, 선택, 구매 후 결과 등의 다섯 단계로 나누어 살펴보았다.

한편 소비자는 이러한 일련의 구매과정을 거치는 동안에 많은 내적/외적 요인들에 의해 영향을 받는다. 따라서 소비자의 구매행동에 영향을 끼치는 여러 요소들을 살펴볼 필요가 있다. 이를 위해 '소비자들의 선택'에 영향을 미치는 문화적, 사회적, 개인적, 심리적 요인들을 살펴보았다.

마케팅의 요체는 고객이 무엇을 원하는지 정확하게 파악하고, 기업의 역량을 이에 조화롭게 대응시키는 것이다.

연습문제

주관식

1. 구매의사결정과정에 대해 약술하시오.
2. 내적탐색과 외적탐색에 대해 비교 설명하시오.
3. 라이프 스타일의 개념과 그 유용성에 대해 설명하시오.
4. 준거집단의 영향력에 대해 설명하시오.
5. 구매의사결정 과정중, 문제인식 단계에서의 마케팅의 역할에 대해 설명하시오.

단답식

1. (　　　　　)란 어느 특정 사회가 지니고 있는 가치관, 태도, 또는 살아가는 방식을 통틀어 일컫는다. 이는 현사회에 의해 야기됐거나, 또는 그 사회 대대손손 내려와 우리의 의사결정에 영향을 주거나 결정짓는 것이다.

2. (　　　　　)이란 개인의 태도나 행동에 직접/간접으로 영향을 끼치는 모든 집단을 말한다. 예를 들어 가족, 친척, 동창회, 직장동료 집단, 같은 아파트 단지 사람들, 교회 등이 여기에 해당한다. 개인이 자발적/비자발적으로 자기의 (　　　　　)의 태도와 행동을 따르다 보면, 자연히 제품이나 상표의 선택에서 그 집단의 영향을 받게 된다. 이러한 현상은 특히 자동차, 가구, 전축, 의복 등 비교적 값이 비싸거나 남의 눈에 띄는 상품의 선택에서 많이 나타난다.

3. 제품수명주기(product life cycle)의 (　　　　　)에 소비자들이 새로 나온 제품에 대해서 잘 모를 때 그들의 신제품 구매여부는 준거집단 내의 의견선도자(opinion leader)의 영향을 특히 강하게 받는다.

4. 지각이란, 내적/외적 환경으로부터 오는 자극을 받아들이고 그 자극의 의미를 도출하는 과정이다. 소비자들의 행동은 그들이 자신과 환경을 어떻게 지각하느냐에 따라 달라진다. 사람들이 똑같은 자극을 서로 다르게 지각하는 것은 다음과 같은 세 가지 지각과정, 즉 (　　　　　), (　　　　　), (　　　　　)때문이다.

5. (   )란, 소비자가 구매 이후에 가질 수 있는 심리적 불편함을 말하는 것으로, 자신이 구매한 브랜드가 의사결정과정에서 고려된 다른 대안의 브랜드들보다 더 나은 것인가에 대한 심리적 갈등을 의미한다.

객관식

1. 다음 〈보기〉의 괄호 안에 들어갈 적당한 용어는?

> 보기
>
> (   )은(/는), 어느 특정 사회가 지니고 있는 가치관, 태도, 살아가는 방식을 통틀어 일컫는다.(   )은(/는) 사람의 행동을 가장 근본적으로 결정하므로 경영자는 (   )이(/가) 소비자의 구매행위에 어떤 영향을 끼치나 잘 이해해야 한다.

① 사회계층　　② 문화
③ 준거집단　　④ 생활양식(라이프 스타일)

2. 소비자행동에 관한 다음 설명 중 옳은 것은?

① 사회계층(social class)은 통상적으로 소득이라는 단일요인에 의하여 결정된다.
② 소비자행동 모델에서 소위 소비자의 '블랙박스(black box)' 내부에 존재하는 두 개의 구성요소는 소비자 특성과 소비자 반응이다.
③ 소비자의 개인 행동에 영향을 미칠 수 있는 전형적인 심리적 요인(psychological factors)은 준거집단, 가족, 역할, 지위 등이다.
④ 소비자행동 연구에서 마케팅 관리자의 핵심적 질문은 "자사가 구사할 수 있는 다양한 마케팅 노력들에 대하여 소비자들이 어떻게 반응할 것인가" 하는 것이다.
⑤ 라이프스타일이란 가족이나 다른 중요한 사회기관으로부터 습득한 기본적 가치, 지각, 욕구, 행동의 집합체이다.

3. 다음 소비자행동이론에 관한 설명 중 가장 옳지 않은 것은?
① 소비자지각과 관련하여 이점이 불분명하고 세분시장이 특정되지 않은 경우에는 모호한 자극이 유리하다.
② 소비자는 지각적 방어에 의해 두려운 자극을 회피하는 경향이 강하므로 두려움 소구는 효과적이지 못하다.
③ 보상모형을 사용하여 대안평가를 할 경우에 총효용점수가 같다고 해서 두 제품의 실제적인 특성이 동일하다고 할 수 없다.
④ 관여도는 제품에 따라 달라지지만 개인이나 상황에 따라서도 달라진다.
⑤ 소비자 학습이론에서 반복과 인접성을 통한 연상을 이용하여 학습시키는 방법은 고전적 조건화이다.

4. 관계마케팅(relationship marketing)과 관계가 없는 것은?
① 생산자와 공급자간의 전략적 파트너관계가 유지된다.
② 거래처 전환비용이 적게 된다.
③ 고객에 제공하는 서비스 내용이 다양하다.
④ 마케팅활동에 구매자의 참여기회가 많다.
⑤ 판매자와 구매자간의 지속적 거래를 지향한다.

5. 데이터베이스 마케팅(database marketing)과 관계가 적은 것은?
① 고객특성수록 ② 생산업체에서 주로 활용
③ 시장세분화의 기초자료 ④ 직접 마케팅의 촉진
⑤ 경쟁상품사용자 파악

단답식 해답

1. 문화 2. 준거집단 3. 초기 4. 선택적 주의(selective attention), 선택적 왜곡(selective distortion), 선택적 보유(selective retention) 5. 구매 후 부조화

객관식 해답

1. ② 2. ④ 3. ② 4. ② 5. ②

제8장 생산현장의 이해

01. 생산운영관리의 체계

1. 생산운영관리의 개념

생산운영관리란 간단히 말해서 '조직의 투입요소를 산출요소로 변환시키는 과정을 관리' 하는 개념이다. 이전에는 이러한 생산운영관리의 개념을 생산관리(production management)란 용어를 가지고 표현하였다. 생산관리란 개념은 본래 자동차나 냉장고와 같은 가시적인 재화의 창출을 의미하는 제조(manufacturing)활동관리의 의미를 강하게 내포하고 있다. 따라서 호텔 비즈니스, 유통업체, 금융 등과 같은 서비스 기업들의 비가시적인 가치창출활동을 관리한다는 의미로서는 부적절한 표현이라 할 수 있다. 특히 산업이 고도화될수록 서비스산업의 비중은 제조산업보다도 훨씬 커져서 생산관리란 용어로써 조직의 효과적인 산출물 창출활동을 보편적으로 지칭한다는 것은 무리가 있게 되었다. 때문에 오늘날 서구에서는 생산관리 (production management)란 용어대신에 운영관리 (operations management)란 표현을 보편적으로 널리 사용하고 있다. 우리나라의 경우는 아직 운영관리란 표현이 일반인에게 그 의도하는 뜻을 제대로 전달하기 어렵기 때문에 과도기적으로 생산운영관리란 표현을 사용하고 있다. 제조기업과 서비스기업이 가지는 일반적인 차이점은 〈표 8.1〉과 같다.

표 8.1 제조기업과 서비스기업의 특징 차이

보다 제조기업적인 특징	보다 서비스 기업적인 특징
· 물적인 내구성있는 제품	· 무형의, 사라지기 쉬운 제품
· 산출물 저장가능	· 산출물 저장불가능
· 낮은 고객접촉	· 높은 고객 접촉
· 긴 반응시간	· 짧은 반응시간
· 지역적, 전국적, 국제적 시장	· 구역시장
· 대규모 설비	· 소규모 설비
· 자본집약적	· 노동집약적
· 품질측정이 용이함	· 품질측정이 어려움

자료원: L. J. Krajewski and L. P. Ritzman, *Operations Management: Strategy and Analysis*, 5th ed., Addison-Wesley, 1999, p. 8.

생산운영관리의 의미를 보다 구체적으로 살펴보기에 앞서서 먼저 관리 혹은 경영관리로 표현되는 'management'의 의미를 정의해보자. 학자마다 세부적인 표현에는 다소 차이가 있으나 일반적으로 경영관리란 "조직이 추구하는 목표를 효과적(effectively)으로 달성할 수 있도록 조직의 인적, 물적, 재정적인 자원을 효율적(efficiently)으로 통합하는 과정(process)이라"고 정의한다. 여기에는 주목해야 할 세 가지 중요한 용어가 사용되고 있다. 즉, '효과적으로', '효율적으로' 그리고 '과정'이라는 표현이 그것이다.

효과적이란 용어는 흔히 "올바른 일을 실행하는 것 (doing the right things)"이란 의미로 사용된다. 즉, 조직의 목표를 달성하는 일을 말하는 것이다. 대신에 효율적이란 용어는 "올바르게 일을 실행하는 것 (doing the things right)"으로 표현된다. 즉, 일을 수행함에 있어서 낭비를 최소한으로 줄인다는 의미를 타나내는 것이다. 이는 곧 일의 수행에 필요한 자원을 경제적으로 사용한다는 의미를 가지고 있다. 마지막으로 '과정'이란 용어는 경영관리가 연속적인 활동으로 이루어져있음을 나타낸다. 흔히 계획수립 (planning) - 조직구성 (organizing) - 지휘 (leading) - 통제 (controlling)로 이어지는 관리과정 (management process)이라는 것이 바로 이를 나타내고 있는 것이다. 따라서 이러한 경영관리개념에 입각해서 생산운영관리를 정의한다면, 바로 "생산운영시스템이 추구하는 목표를 효과적으로 달성할 수 있도록 생산시스템의 인적, 물적, 재정적 자원을 효율적으로 통합하는 과정"이 될 것이다.

그림 8.1 기업경영 시스템 내에서의 생산운영관리자의 역할

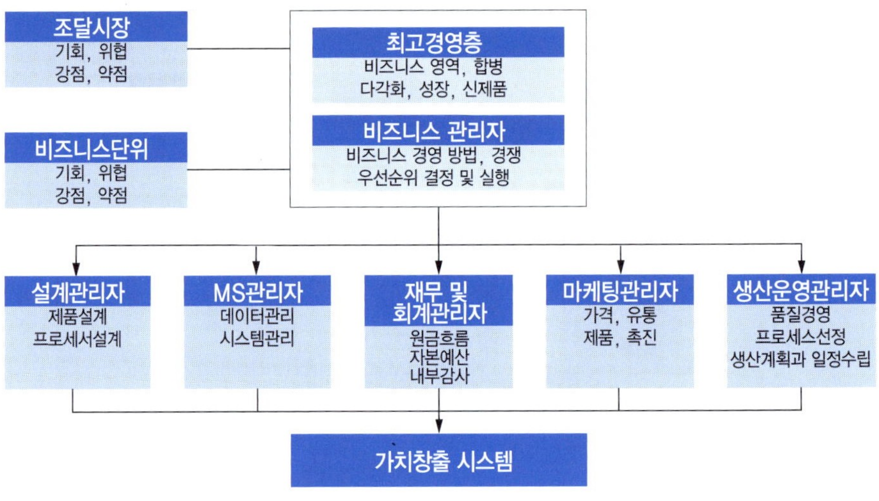

그러나 여기에서 염두에 두어야 할 것은 생산운영시스템의 목표라는 것은 독립적으로 설정되는 것이 아니고 조직 전체로서 추구하는 경영목표를 반영하여 이에 기여할 수 있도록 설정된 것이어야 한다는 점이다. (그림 8.1)과 같이 생산운영시스템의 목표달성을 위한 생산운영관리자의 활동은 기업 전체의 최고경영층이 추구하는 목표와 활동정책의 틀 내에서 규정되어야 하며, 다른 기능영역부문 관리자의 활동과도 유기적으로 연계되어야 하는 것이다.

2. 생산운영시스템의 구성

생산운영시스템의 구성은 투입요소, 변환과정, 산출요소의 세 부분으로 나눌 수 있다 (그림 8.2 참조). 즉, 투입요소를 변환시켜 바람직한 산출요소를 창출해내는 것이 생산운영시스템인 것이다. 산업에 따라서 이들 세 요소의 구체적인 구성내용은 달라질 수 있다(표 8.2 참조). 소위 생산의 3요소라 부르는 인력(man), 설비(machine), 재료(materials)를 중심으로 한 투입요소의 구성특성은 제조 시스템과 서비스 시스템 간에 큰 차이가 없다. 다만, 서비스 시스템의 경우는 고객이 주요 투입과 산출요소가 되는 경우가 많은 것이 특징이다.

그림 8.2 생산운영시스템의 구성

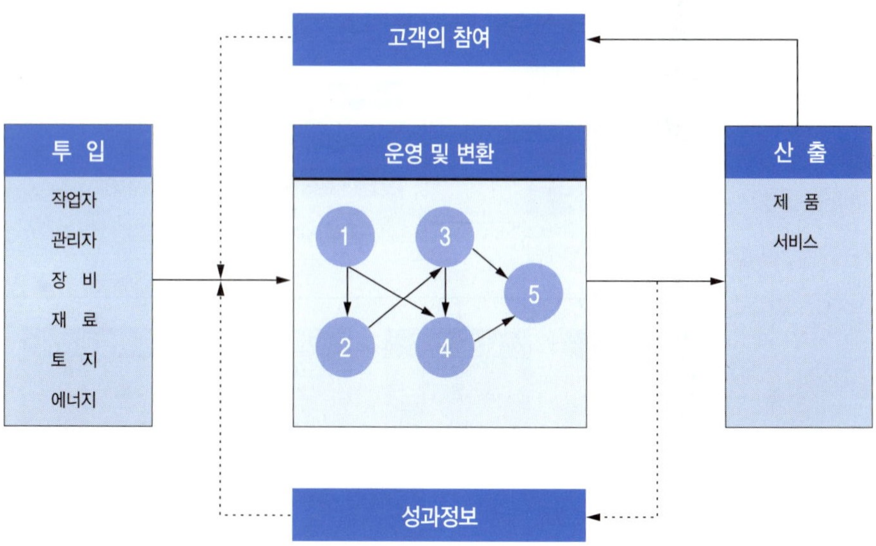

앞서 서술한 바와 같이 생산운영관리자의 과업은 바람직한 수준의 산출요소를 만들어 내기 위해서 (즉, 효과성제고) 최소한의 투입요소만을 사용할 수 있도록 (즉, 효율성제고) 노력하는 것이다. 생산운영시스템의 효과적 관리를 위해서는 산출요소의 가치가 바람직한 수준, 즉 목표로 한 수준에 도달했는지를 평가하여 이를 시스템운영에 피드백 시키는 일이 필요하다. 바람직한 수준을 평가하는 척도는 산출수량이나 비용 혹은 품질일 수도 있고, 생산속도일 수도 있다. 이와 같은 바람직한 수준의 달성여부에 대한 평가는 내부적인 목표수준과 비교한 평가뿐만 아니라 고객의 반응이나 경쟁업체 수준과 비교한 평가도 매우 중요하다. 내부적으로 아무리 만족스러운 산출요소의 가치를 창출했다 하더라도 고객의 평가가 불만족스럽다든지 경쟁업체의 수준에 비하여 뒤지는 경우 결과적으로 바람직한 산출요소의 가치를 창출했다고 보기 어려울 것이기 때문이다.

표 8.2 생산운영시스템의 유형

생산운영 시스템	주요 투입요소	변환과정	산출요소
자동차공장	구매부품, 원재료, 기타 공급품, 페인트, 작업공구, 장비, 인력, 건물, 전기, 수도	가공 및 조립과정을 통해 원재료를 완성된 자동차로 변환시킴	자동차
햄버거점	고기, 빵, 야채, 양념, 기타 공급품, 인력, 전기, 수도, 냅킨, 종이박스, 건물, 배고픈 손님	원재료를 패스트 푸드 상품과 패키지로 전환시킴	만족한 고객과 패스트 푸드
백화점	건물, 진열대, 쇼핑카트, 기계, 상품, 인력, 고급부품, 전기, 수도, 고객	고객을 유치하고, 상품을 저장하고, 제품을 판매함	팔린 상품
운송회사	트럭, 인력, 건물, 연료, 운송할 상품, 포장용품, 트럭 부품, 전기, 수도	출발지에서 목적지로 상품을 포장해서 운송함	배달된 상품
대 학	학생, 책, 사무용품, 빌딩, 전력 등	정보를 전달하고 기술과 지식을 개발함	교육받은 사람
경찰서	업무용품, 사람, 장비, 자동차, 사무용 가구, 빌딩, 전력 등	범법행위를 찾아내고, 범죄자를 법정에 세우며, 평화를 유지함	낮은 범죄율, 평화로운 사회

자료: Gaither, N. and Frazier, G., Production and Operations Management, 9th ed., Wadsworth Publishing Co., 2002, p.19 (부분발췌).

생산운영시스템의 운영효율성을 측정하는 대표적인 개념으로 "생산성 (productivity)"이 있다. 생산성의 수준은 일반적으로 다음과 같이 측정한다.

$$\text{생산성} = \frac{\text{산출가치(수량)}}{\text{투입가치(수량)}}$$

즉, 산출요소의 가치를 투입요소의 가치로 나눈 비율로 정의하는 것이다. 총 산출요소의 가치를 총 투입요소 (인력, 재료, 자본 등)의 가치로 나눈 것을 총생산성 (total productivity) 혹은 다요소생산성 (multifactor productivity)이라고 하며, 총 산출요소의 가치를 특정 투입요소의 가치로 나눈 것을 부분생산성 (partial productivity) 혹은 요소생산성 (factor productivity)이라고 한다. 가령 총 산출요소의 가치를 총 재료투입요소의 가치로 나눈다면 이는 재료생산성을 나타내며, 총 산출요소의 가치를 총 인력투입요소의 가치로 나눈다면 이는 노동생산성을 나타낸다.

3. 생산운영관리의 전략적 초점

바람직한 산출요소를 창출하는 것이 생산운영관리자의 과업이라고 할 때, 과연 바람직한 산출요소를 창출하는 능력이란 무엇일까? 바람직한 산출요소라면 고객이 만족할 수 있는 산출요소를 의미할 것인데 이는 곧 경쟁력 있는 산출요소를 의미하는 것이다. 따라서 경쟁기업보다 우위에 설 수 있는 제품과 서비스를 창출할 수 있는 능력이 곧 바람직한 산출요소의 창출능력을 나타낸다고 해도 무방할 것이다.

경쟁력 있는 산출요소를 창출하기 위해서 필요로 하는 능력은 무엇일까? 품질이 좋은 제품이나 서비스를 제공하는 능력도 필요하고, 다른 경쟁기업보다 신속하게 제품을 개발하는 능력도 필요할 것이다. 이와 같이 생산운영시스템이 경쟁력을 가지기 위하여 중점을 두어야 할 능력의 영역들을 '경쟁우선순위(competitive priorities)' 라고 한다. 이는 곧 생산운영관리자가 지향해야 할 전략적 초점을 나타내는 것이다. 경쟁우선순위를 구성하는 제 차원으로는 품질(quality), 비용(costs), 시간(time). 유연성(flexibility) 및 고객서비스(customer service)등이 있다.

사 례 고객 욕구파악의 중요성 ? 일본 게임산업의 쇠락

이전 세대 콘솔(console)형 게임 프로그램의 경우는 세계 10대 게임 프로그램이 전부 일본 회사가 차지했었다. 그러나 현 세대 콘솔형 게임의 경우는 불과 3개만이 일본회사의 제품이다. 일례로 2000년에는 미국에서 판매된 콘솔형 게임의 50%가 일본제품이었지만 2004년에는 전체 100억불에 달하는 미국시장에서 일본회사의 점유율은 불과 25%에그쳤다. 이러한 일본 게임기 산업의 부진은 시장에서의 고객욕구변화를 제대로 반영하지 못한 것에서 연유한다. 주로 판타지를 바탕으로 가족중심의 게임구성 내용을 담은 일본 회사의 게임들은 총과 피가 난무하는 액션 중심의 미국 게임들의 적수가 되지 못한 것이다. 이는 미국을 비롯한 세계시장에서 일어나는 고객의 게임내용에 대한 선호도를 제대로 간파하지 못한 데서 발생한 결과이다. 일본 회사들이 일류 게임제작 능력을 가지고는 있지만 비 일본 시장의 게임 고객들이 무엇을 원하고 있는지를 파악하지는 못했다는 것이 부진의 원인이 되는 것이다. 이에 반해 EA와 Take Two를 비롯한 다른 미국의 회사들은 세계 도처에 스튜디오를 개설해서 여러 나라의 고객들이 좋아하는 바가 무엇인지를 이해하려는 노력을 꾸준히 해왔다. 일본 내에만 주로 개발자원을 집중해서 운영해왔던 일본의 회사들은 Sony의 Mad Maestro (오케스트라 지휘자를 모델로 함)나 Mr. Moskeeto (모기가 되어서 잡히지 않고 피를 빨아먹는 내용)와 같이 우스꽝스러운 게임들을 만들어내게 된 것이다.

자료: Rowley, I. and Edwards, C. (2005), "Tired of Pummeling," *Business Week*, April 4, pp.18~19

(1) 품 질

경쟁우선순위로서 품질은 두 가지 의미를 내포하고 있다. 하나는 우수한 설계능력(high-performance design) 즉, 성능이 우수한 제품을 생산하는 능력을 말하고 다른 하나는 적합성 품질 (conformance quality) 즉, 균일한 제품을 생산하는 능력을 말한다. 전자는 절대적으로 우수한 성능과 기능을 가진 고급제품이나 서비스를 생산하는 능력을 말한다. 자동차의 경우라면 롤스 로이스 자동차 등이 이에 해당될 것이고, 음식점이라면 특급 호텔의 레스토랑이 이에 속할 것이다. 이들은 다른 자동차나 음식점에 비하여 차별화된 성능과 기능 혹은 서비스를 제공함으로써 경쟁의 우위를 확보하려는 노력에 치중하게 된다. 반면에 적합성 품질이란 제품이 가져야 할 규격(specifications)에 잘 부합되도록 만드는 능력을 지칭하는 개념이다. 규격에 잘 부합되도록 만들어진 제품이란 곧 균일한 제품 혹은 일관성 있는 서비스가 될 수 있다. 우리가 흔히 볼 수 있는 제품들의 품질개념은 바로 적합성 품질에 있다. 모토롤라의 '식스 시그마운동' 은 바로 적합성 품질을 개선시키기 위한 대표적인 노력이라 할 수 있으며, 적합성이 높은 제품은 바로 불량이 없는 제품을 말하게 된다.

그러나 품질의 궁극적인 초점은 고객만족에 두어져야 한다. 불량율 제로인 제품이라 하더라도 고객이 원하는 기능을 제공하지 못하는 제품은 결국 경쟁력이 없는 제품일 것이기 때문이다. 따라서 품질능력의 향상을 위해서는 고객이 원하는 제품 혹은 서비스가 무엇인지를 효과적으로 규명하는 것으로부터 출발하게 된다.

(2) 비 용

비용이란 곧 제품이나 서비스를 창출하기 위해서 투입한 자원의 사용가치를 나타낸다. 따라서 비용에 기반을 둔 경쟁우선순위란 저렴한 비용의 제품 혹은 서비스 창출능력을 말하게 된다. 비용을 적게 들인다는 말은 상대적으로 낮은 가격으로 상품을 시장에 제공할 수 있다는 의미가 되고 이는 바로 가격경쟁력이 높음을 의미하는 것이다. 적은 비용으로 제품을 생산할 수 있다는 것은 두 가지 의미를 내포하고 있다. 하나는 제품이나 서비스를 창출하기 위해서 필요한 투입자원의 구매가격이 낮다는 의미를 나타낸다. 즉, 저렴한 가격으로 원재료를 구입할 수 있거나 값싼 노동력을 활용할 수 있는 경우가 이에 해당한다. 제품의 가격경쟁력을 높이기 위해서 상대적으로 임금이 저렴한 동남아 지역으로 생산설비를 이전시키는 것은 바로 이러한 측면의 가격경쟁력을 확보하기 위한 노력의 예일 것이다.

두 번째는 상대적으로 적은 투입자원으로 많은 산출물을 창출할 수 있다는 의미를 나타낸다. 이는 곧 앞서 설명한 바 있는 생산성이 높다는 의미와도 같다. 자원의 낭비를 줄임으로써 동일한 자원의 투입으로 많은 산출물을 낼 수 있다면 상대적으로 산출물 1단위당 투입자원의 사용비용은 줄어들 수 있을 것이다. 일례로 20만톤급 VLCC선박을 제조할

사 례 초저가 경쟁전략의 실현

지난 2005년 3월, 런던에 본사를 두고 있는 easyGroup의 창업자인 Stelios Haji-Ioannou는 영국에 easyMobile이란 무선전화 서비스 회사를 출범시켰다. 주로 저렴한 가격의 음성통화나 문자전송 서비스를 선호하는 고객층을 대상으로 분당 11.4센트에 영국 내 통신 서비스 네트워크에 연결서비스를 제공하는 easyMobile은 무선전화 풀 서비스를 제공하는 Vodafone Group이나 Orange에 비해 1/3에 불과한 서비스 가격을 제공하고 있다. 이와 같이 낮은 가격을 제시할 수 있었던 것은 easyMobile의 철저한 비용 절약형 운영전략 덕분이라고 할 수 있다. easyMobile은 자체 네트웍 시설을 가지지 않고 Deutsche Telekom의 T-Mobile 사업부가 가진 유휴능력을 임대해서 사용하고 있다. 소매점포나, 마케팅 부서를 두고 있지 않으며, 소규모 고객지원센터만 운영하고 있다. 고유의 휴대폰을 팔지 않는 대신 인터넷을 통해 고객등록을 받으면 38달러어치 통화가 가능한 SIM 카드를 우송해준다. 고객은 어느 브랜드의 휴대폰이든 이 카드를 사용하여 통화할 수 있으며, 다 사용한 후에는 easyMobile의 웹사이트에서 재충전 할 수 있다. Virgin Mobile과 같이 자체 네트웍을 보유하지 않는 저가형 버츄얼 통신회사는 몇 년 전부터 있어왔지만 easyMobile이나 스웨덴의Unity Mobile 혹은 덴마크의 CBB Mobile 등은 독특한 저비용 운영구조를 바탕으로 한 차원 높은 초저가형 서비스를 제공하고 있는 것이다. 이와 같은 초저가형 서비스 회사의 시장 점유율은 2008년에 가면 1천700억 달러에 달하는 유럽 무선통신사업 시장의 1/5을 차지할 것으로 기대되고 있다.

자료: Bush, J. (2005), "Will Cheap Cell Calls Rock the Industry?," *Business Week*, April 4, pp. 30~31

경우 우리나라 조선회사는 대략 70~90만 작업시간을 투입하는 반면, 일본의 조선회사는 약 45만 작업시간만을 투입하고 있다고 한다. 상대적으로 높은 임금수준에도 불구하고 일본의 조선기업들이 여전히 높은 가격경재력을 유지할 수 있는 이유는 바로 여기에 있는 것이다. 또한 생산의 경험이 높아지면 생산의 효율성이 높아져서 적은 투입자원을 가지고도 많은 제품이나 서비스를 산출할 수 있는 능력이 높아지는 효과를 기대할 수 있는데 이를 학습효과(learning effect)라고 한다.

(3) 시 간

오늘날에는 시장의 글로벌화가 가속화되면서 다양하고 치열한 경쟁환경속에서 살아남기 위해 '시간위주 경쟁능력(time-based competence)'의 중요성이 매우 강조되고 있다. 시간위주 경쟁능력은 다양한 의미를 함축하고 있다. 가장 먼저 들 수 있는 의미는 바로 신속한 제품혁신(product innovation)이다. 즉, 경쟁기업보다 빠르게 고객의 욕구를 충족시켜 줄 수 있는 새로운 제품을 개발해내는 능력을 말하는 것이다. 'Post-it'으로 유명한 3M과 같은 기업은 대표적인 제품혁신위주의 제조업체라 할 수 있다. 3M은 전체 매출액의 30%를 최근 4년 이내에 개발한 신제품의 판매를 통하여 달성하고자 노력할 만큼 제품혁신을 적극적으로 추구하고 있다. 빠르게 신제품을 개발할 수 있다는 것은 제한된 시간에 보다 많은 다양한 제품을 개발 할 수 있다는 것을 의미하기도 한다. 시장에서의 빠르고 다양한 고객욕구변화를 효과적으로 충족시켜주기 위해서는 바로 다양한 제품을 신속하게 제공할 수 있는 시간위주 경쟁능력이 절대적으로 필요한 것이다.

시간위주 경쟁능력의 두 번째 의미는 신속한 제품인도(fast delivery) 능력이다. 경쟁기업보다 빠르게 제품을 인도할 수 있는 능력을 가졌다는 것은 그 만큼 제한된 시간에 보다 많은 고객주문을 충족시킬 수 있다는 의미도 된다. 신속한 제품인도능력을 가지기 위해서는 제품을 보다 빠르게 생산하는 능력 즉, 짧은 생산 리드타임을 가져야 한다. 즉, 원재료가 투입되고 가공되어서 조립되는 생산의 흐름이 원활하게 진행될 수 있어야 한다. 빠른 인도능력이 경쟁의 잇점을 주는 대표적인 예는 패스트 푸드(fast foods) 음식점을 들 수 있다. 다른 음식점에 비하여 빠르게 고객이 원하는 음식을 제공함으로써 시간에 제약을 받는 고객들에게 만족감을 주고 있는 것이다.

시간위주 능력의 세 번째 의미는 정시제품인도(on-time delivery)능력이다. 즉, 고객이 원하는 시간에 원하는 수량의 제품을 정확하게 인도하는 능력을 의미한다. 이와 같은 정시인도 능력은 특히 항공기제작, 조선, 건설, 플랜트사업과 같은 프로젝트 산업인 경우에 그 중요성이 두드러지게 나타난다. 이들 산업의 경우 고객과 약속한 납기일을 충족시키지 못하면 기업의 신용도가 떨어질 뿐만 아니라 지연에 따른 벌금을 지불하게 되는 재정적인 손해도 감수해야 한다. 그러나 프로젝트 산업이 아니더라도 고객과 약속한 납기일을 충족시키지 못하게 되면 고객에게 커다란 불이익을 주게 됨으로 장래의 거래관계가 심각하게 위협받게 될 가능성이 높다. 특히 오늘날과 같이 경영의 초점이 고객만족감

사 례 삼성전자 휴대폰의 시간경쟁능력

세계 휴대폰 판매량 2위를 자랑하는 삼성전자는 올해 북미 시장에서 사상 최대인 26.3%의 시장점유율로 3분기 연속 1위 행진 중이다. 영업이익률은 세계 휴대폰 업체들 가운데 유일하게 두 자리수(11%)를 내고 있다. 삼성전자 휴대폰의 최대 강점은 '기술 주도력' 과 '빠른 대응능력' 이다. 예컨대 삼성전자는 작년부터 세계 휴대폰의 트렌드로 자리 잡은 터치스크린폰을 해외 메이저 경쟁업체들보다 6개월 이상 빨리 시장에 내놓았다. 올 하반기에는 화면 스스로가 빛을 내는 AM OLED(유기발광다이오드) 화면을 채택한 휴대폰을 본격 출시, 흑백에서 컬러화면 전환에 버금가는 색의 혁신을 이루어낼 예정이다.

삼성전자는 또 컨베이어 벨트 방식 대신에 작업자 한 사람이 제품 조립부터 검사까지 모든 과정을 수행하는 셀(cell) 방식의 생산체계를 도입해 해외 바이어의 다품종 소량 주문에도 탄력적으로 대응하고 있다. 겨우 몇 백대 단위의 주문도 소화할 수 있고, 주문을 받은 뒤 전 세계 어디든 일주일 이내에 공급할 수 있는 시스템을 갖춘 곳은 삼성전자가 유일할 것이다.

자료: "굿모닝 CEO: 휴대폰 주문 1주일 내 세계 어디든 공급", *조선경제*, 2009. 5. 11

(customer satisfaction)을 강조하는 추세에 비추어 정시인도능력은 고객만족감을 확보하기 위한 가장 기본적인 전제조건이 되고 있다. 특히 소위 JIT로 약칭되는 적시생산시스템(Just-In-Time)의 활발한 도입은 필연적으로 고객기업이 필요한 시기에 필요한 양의 제품을 정확하게 제공하는 능력을 가지지 못하면 고객과의 거래관계가 유지되지 못하는 상황이 빈번하게 나타나고 있는 것이다.

(4) 유연성

유연성 혹은 신축성이란 환경변화에 효율적으로 대처하는 능력을 나타낸다. 경쟁우선순위로서의 유연성(flexibility)이란 바로 설계변화와 수요변화에 효율적으로 대응할 수

사 례 LG전자의 초일류 생산유연성

경남 창원의 LG전자 세탁기 공장은 가장 완벽한 생산시스템을 갖췄다는 도요타의 혼류생산 방식을 벤치마킹한 새로운 생산라인을 구축하였다. LG전자 세탁기 공장은 혼류생산 방식을 지난해 도입하기 시작해 최근 한 라인에서 8대 단위로 제품 모델을 교체 생산할 수 있는 '레벨(Level)4' 수준을 달성하였다. 최근에는 도요타 계열사인 간토자동차공업의 우치카와 스스무 고문이 LG 전자 세탁기 공장의 '레벨4' 라인을 둘러보기 위해 세탁기 공장을 방문한 것으로 전해졌다. 우치카와 고문은 "도요타 생산방식을 LG전자 세탁기 고유의 생산방식으로 소화해 단기간에 큰 성과를 거둔 데 놀랐다" 며 "LG전자가 도요타를 거의 따라잡았다" 고 칭찬했다.

LG전자 창원공장의 세탁기 제조 라인은 총 7개. 이 중 2개가 '레벨4' 시스템으로 운영되고 있다. 이런 방식으로 하루에 최대 110번까지 생산 모델을 바꿀 수 있어 주문량에 따라 생산 수량을 미세 조절하는 '맞춤형 생산' 이 가능해졌다. 이전 방식인 '레벨2'는 시간당 두 개 모델을 교체할 수 있는 수준이었다. 이러한 라인 개선노력은 바로 재고량 개선으로 이어졌다. 7개 중 2개 라인만 레벨4로 가동했는데도 재고량이 10% 가까이 줄었다. 점차적으로 레벨4 라인을 확대하고 다른 공정까지 혁신하면 재고량은 절반으로 줄어들 것으로 예상하고 있다.

"도요타도 반한 LG전자 세탁기 생산라인," *매일경제*, 2009. 4. 27

있는 능력을 말한다. 전자의 대응능력을 설계유연성(design flexibility)이라 하고 후자의 대응능력을 수량유연성(volume flexibility)이라고 한다. 유연성이 높은 생산시스템은 새로운 혹은 변경된 제품의 생산이나 새로운 생산방법의 도입이 효율적으로 이루어질 수 있음을 나타낸다. 또한 수요변화에 신축적으로 대응함으로써 고객의 다양한 주문요구량을 효과적으로 충족시켜줄 수 있음을 의미하는 것이다. 생산시스템의 유연성이 높아지기 위해서는 설비의 유연성과 작업자의 유연성이 모두 높아야 한다. 전자의 경우는 다양한 제품생산에 효율적으로 사용될 수 있는 설비의 확보를 필요로 하며 후자의 경우는 다양한 작업에 투입될 수 있는 다기능작업자의 확보를 필요로 한다.

사 례 Home Depot의 고객 서비스 향상노력

지난 해 Home Depot의 CEO인 Francis S. Blake는 미 북부지역 관리책임자였던 Marvin Ellison을 부사장으로 승진시켰다. Ellison이 경쟁업체에 비해 낙후된 Home Depot의 고객 서비스 능력을 획기적으로 개선시킬 수 있는 적임자라고 판단했기 때문이었다.

미국 전역에 걸쳐서 2,238개 점포를 가지고 있는 Home Depot는 최근 수년간 미시간 대학이 발표하는 미국소비자만족지수 (American Customer Satisfaction Index) 평가에서 항상 최악의 수준을 보이고 있었다. 지난 4/4분기에 5천 4백만 불의 적자를 보였으며, 매출도 지난해에 전년대비 8.7%의 감소세를 보였다.

Home Depot의 이러한 경쟁력하락의 주요 원인은 과도한 비용절감 정책에서 기인한 것으로 보인다. 전임 CEO였던 Robert Nardelli는 지난 수년간 종업원의 사기증대 보다는 원가절감에만 몰두해왔었다. 그 결과 종업원들은 항상 폭주하는 업무지시, 매장정리, 재고조사, 포장개봉 등의 업무에 바쁘게 매달리느라 정작 중요한 매장에서의 고객요구에 대한 대응에는 소홀해 질 수밖에 없었다. 매장에서 물건에 대해 궁금한 것을 물어보려도 종업원을 찾아보기 힘든 Home Depot를 고객들이 외면하는 것은 당연한 일이었을 것이다.

Ellison은 이를 해결하기 위해서 과감한 조치들을 취하였다. 먼저 종업원에게 폭주하는 회사 e-mail을 대폭 줄이도록 하였다. 수백 건씩 보내지는 e-mail을 들여다보느라 쏟는 시간을 과감하게 없애버린 것이다. 두 번째는 일정 시간을 고객 서비스에만 몰두할 수 있도록 하는 Power Hours 제도를 도입하였다. 주중에는 오전 10시부터 오후 2시까지, 그리고 주말에는 하루 종일 모든 종업원이 매장에서 고객요구에 대응하는 일만 하도록 하는 것이다. 아울러 고객서비스 능력을 종업원 성과평가의 핵심요소로 반영하는 인사고과제도를 도입하였다.

Ellison의 노력이 지난 수년간 뒤쳐져왔던 Home Depot의 고객평가 수준을 하루 아침에 정상으로 돌려놓기는 어렵겠지만 고객서비스를 강조하는 이러한 혁신적인 개선노력에 힘입어서 Home Depot에 대한 고객의 인식도 서서히 바뀌어 가고 있다.

자료: McGregor, J., "Putting Home Depot's House in Order," *Business Week*, May 18, 2009, p. 54

(5) 고객서비스

고객서비스를 경쟁의 우선순위로 삼는다는 것은 고객이 원하는 대로 제품이나 서비스를 창출하는 능력 즉, 고객화 (customization)능력과 판매 후에 고객에게 다양한 서비스(post-selling services)를 제공하는 능력을 중요시한다는 의미를 가진다. 고객화의 능력은 특히 오늘날과 같이 고도로 세분화된 시장의 다양하고 변덕스러운 고객욕구를 충족시켜주기 위한 필수적 도구로 인식되고 있다. 특히 주문생산에 의존하는 산업의 경우에 이는 필수적인 경쟁능력 결정요소라 할 수 있다. 판매 후 서비스(A/S)로 지칭되는 다양한 보수유지활동도 고객의 만족감을 결정하는 중요한 요소가 된다. 특히 컴퓨터나 복사기와 같이 제품을 사용하고 유지하기 위해서 전문적인 지식을 요구하는 경우는 빈번한 고객의 서비스 요구에 신속하고 친절하게 대응하는 능력이 매우 중요한 경쟁우선순위가 될 수 있을 것이다.

(6) 경쟁우선순위들 간의 관계

이상에서 살펴본 경쟁우선순위들은 기업이 전략적으로 추구하는 경쟁의 초점이 어디에 두어지는 가에 따라서 그 강조하는 바가 차별화 되어야 한다. 여기서 한 가지 주목해야 할 것은 경우에 따라서는 이들 간에 어느 정도 상쇄관계(trade-off)가 존재한다는 점이다. 가령 비용에 초점을 두는 경우에는 생산효율성의 증대를 위하여 생산환경 특히, 제품설계나 제품믹스와 같은 상위생산흐름(up-stream flow)의 안정성을 추구하는 생산관리 체계에 주안점을 두게 된다. 따라서 가급적이면 생산흐름의 변경이나 빈번한 기계의 셋압(setup)을 줄이고, 설비가동율이 높아지도록 생산일정을 유지함으로써 하위생산흐름 (down-stream flow)에서 반복적이고 대량생산적인 생산방식이 가능하도록 유도해야 한다. 반면에 신축성에 주안점을 두는 경우에는 기본적으로 상위생산흐름의 가변성을 전제로 하기 때문에 변화의 억제보다는 변화의 효율적인 수용에 치중하게 되며, 예기치 못한 환경변화에 대처하기 위해서 여유 있는 생산일정을 유지하도록 노력해야 한다. 또한 정시인도를 강조하는 경우는 고객과 약속한 납기일을 충족시키기 위해 다소 생산의 효율성은 떨어지더라도 납기일을 기준으로 한 생산일정의 유지가 필요할 것이다.

그러나 품질의 경우는 다른 경쟁우선순위와 달리 상쇄관계보다는 긍정적인 인과관계만을 가지는 독특한 특성이 있다. 따라서 혹자는 품질이야 말로 어느 경쟁우선순위보다도 가장 먼저 기본적으로 충족되어야 할 경쟁우선순위라고 주장하기도 한다. 즉, 모든 경쟁능력은 품질능력을 갖추고 난 후에야 비로서 그 위에 덧붙여서 경쟁력을 강화시키는 효과를 기대할 수 있다는 것이다. 품질이 전제되지 않은 값싼 제품이나, 빠른 인도, 정시인도, 새로운 제품개발, 신축성은 아무런 의미를 가지지 못한다는 것이다. 품질이 전제되면 생산의 효율성도 높아지게 되고, 불량품이나 재작업요구에 따른 생산흐름의 지연 혹은 단속이 줄어들게 되며, 결과적으로 저렴한 제품생산, 완벽하고 빠른 제품인도가 가능해진다는 말이다. 따라서 생산운영관리자는 기업이 추구하는 경쟁의 초점이 무엇인가에 비추어 생산운영의 방침과 절차가 이에 부합되도록 노력해야 한다. 추구하는 경쟁의 우선순위와 운영체계가 불일치할 경우 자원의 배분이 왜곡되어 필요로 하는 경쟁력을 유지하지 못하게 만들며, 결과적으로 시장에서 낙오하게 만드는 위험성을 초래하게 된다.

02. 생산운영관리의 실행과 혁신

1. 생산운영관리 의사결정 영역

앞서 생산운영관리의 목표는 "생산운영시스템이 추구하는 목표를 효과적으로 달성할 수 있도록 생산시스템의 인적, 물적, 재정적 자원을 통합하는 과정"이라고 정의한 바 있다. 여기서 통합하는 과정이란 바로 시스템의 자원을 어떻게 사용할 것인지를 계획하고 실행하고 통제하는 활동을 의미한다. 그러나 활동을 어떻게 할 것인지를 결정하는 것은 바로 생산운영관리자가 해야 할 중요한 역할인데, 이는 곧 다양한 의사결정 (decision making)을 내려야 하는 의사결정자로서의 역할을 의미하는 것이다. 의사결정은 무엇인가 해결해야 할 문제가 의식될 때 내려지게 된다. 물론 우리가 관심을 가지는 것은 여러 가지 다양한 문제들 중에서도 어떠한 제품을 생산해야 할 것인가? 혹은 어떠한 생산기술을 도입해야 할 것인가? 와 같은 생산운영시스템의 목표를 달성하기 위해서 필요로 하는 문제들이 된다. 그러나 문제의식이 있더라도 문제를 해결하기 위해 사용할 수 있는 방안 즉, 대안(alternatives)이 존재하지 않거나 유일한 대안만이 존재한다면 의사결정의 필요성이 사라지게 된다. 문제를 해결할 수 없거나 유일한 대안만을 선택할 수밖에 없을 것이기 때문이다. 반면에 대안이 여러 개가 있을 때는 어떠한 대안이 보다 시스템의 목표달성에 효과적이고 효율적일 수 있는 지를 평가하는 의사결정의 필요성이 생기게 되는 것이다.

생산운영관리자가 당면하게 되는 의사결정의 영역은 〈표 8.3〉에서 보는 바와 같이 포지셔닝 의사결정, 설계의사결정, 운영 의사결정의 세 가지로 나눠볼 수 있다(Krajewski와 Ritzman, 1999). 이들 의사결정항목들은 각기 생산운영관리과목의 주요 구성부분이 된다. 즉, 대부분의 생산운영관리 교과서의 장별 목차들은 이들 의사결정항목들로 구성되어 있다.

먼저 포지셔닝 의사결정(positioning decisions)은 기업이 미래에 나가야 할 방향에 영향을 미치는 의사결정항목들로 구성되어 있다. 경쟁업체와 달리 시장에서 우리 기업의 특색을 어떠한 모습으로 위치시키는 것(positioning)이 바람직 할 것인지에 초점을 맞추는 것이다. 예를 들어 어떠한 제품 혹은 서비스를 고객에게 제공할 것인가, 기업의 경쟁우선순위는 어디에 둘 것인가, 어떠한 품질목표를 추구할 것인가, 기업의 자원을 제품을 중심으로 구성할 것인가 아니면 프로세스를 중심으로 구성할 것인가를 결정하는 일은 바로 장기적으로 기업이 나가야 할 바를 결정짓는 중요한 전략적 의사결정항목이 되는 것이다.

설계의사결정(design decisions)은 생산운영시스템의 설계에 중점을 두는 것으로서 그 효과가 장기적으로 영향을 미치게 되는 의사결정 항목들이다. 가령, 생산능력을 얼마로 할 것인지를 결정한다거나 어떠한 장비 혹은 기술을 도입할 것인지를 결정하는 것, 바람직한 생산설비의 지역적 위치를 결정하는 것, 생산설비를 구성하는 부서, 기계, 장비의 레이아웃(layout)을 결정하는 것들이 이에 속하게 된다.

운영의사결정(operating decisions)은 설치된 생산시스템의 구체적인 운영에 관한 의사결정항목으로서 반복적이고 주기적으로 당면하게 되며 그 결과는 단기적인 시스템 성과에 영향을 미치게 된다. 재고를 관리하거나, 구매 혹은 생산주문의 발주시기를 결정하는 것, 협력업체를 선정하는 것, 자원사용 일정을 수립하는 것, 품질수준을 통제하는 것, 산출수준을 향상시키는 것들이 이에 속하는 의사결정 항목들이다.

표 8.3 생산운영관리의 의사결정 영역

의사결정 영역		사　례
포지셔닝 의사결정	제품계획	어떠한 제품 혹은 서비스를 제공할 것인가?
	경쟁우선	무엇을 기준으로 경쟁해야 할 것인가? (제조비용인가, 품질인가 아니면 유연성인가?)
	순위 포지셔닝	무엇을 중심으로 자원을 구축할 것인가? (제품인가 아니면 프로세스인가?)
	전략	우리의 목표를 제품의 신뢰성을 높이는 데에 둘 것인가
	품질경영	아니면 최상의 품질을 달성하는 것에 둘 것인가?
설계 의사결정	공정설계	제품을 만들기 위해서 어떠한 공정을 사용할 것인가?
	작업자관리	종업원을 어떻게 고용, 훈련, 동기부여 시켜야 할 것인가?
	새로운 기술	공정의 일부를 자동화해야 할 시기가 되었는가?
	생산능력	생산설비의 유효 최대규모는 얼마나 되는가?
	설비보전	장비와 시설보전(maintenance)에 어느 정도의 예산을 사용해야 할 것인가?
	입지선정	새로운 점포의 입지를 정함에 있어서 선도적인 입장을 취할 것인가 아니면 추종자의 입장을 취할 것인가?
	설비배치	사무책상과 장비의 물리적 위치를 어떻게 배열하는 것이 좋겠는가?
운영의사결정	자재관리	협력업체는 누가 바람직하겠는가? 이들을 어떻게 평가하고 지원하겠는가?
	생산/배치계획	이번 분기의 산출율과 종업원의 배치수준은 어느 정도이어야 하겠는가?
	주생산일정계획	계획생산방식을 택할 것인가 아니면 주문생산방식을 택할 것인가?
	재고관리	어느 정도의 재고가 필요한가? 재고를 어떻게 통제할 것인가?
	일정계획	어느 고객의 작업에 최우선순위를 두어야 할 것인가?
	품질관리	어떻게 하면 품질목표를 잘 달성할 수 있겠는가?

2. 생산운영시스템의 혁신

(1) TQM 과 식스 시그마

품질은 이제 경쟁력확보를 위한 수단이 아니라 시장에 진입하고 살아남기 위한 과제로 인식되고 있다. 즉, ISO 9000으로 대표되는 국제적인 품질능력 인증제도는 바로 국제시장에 진입하기 위해 최소한 충족시켜야 하는 기업의 과제가 되고 있는 것이다. 이러한 품질의 중요성에 대한 인식은 개별 기업의 차원에서 뿐만 아니라 국가마다 범정부적인 차원에서도 이뤄지고 있다. 일본의 데밍상 (Deming Prize)이나 미국의 말콤 볼드리지상 (Malcolm Baldrige National Quality Award) 등은 이러한 국가적인 품질개선 노력의 구체화된 프로그램들이라 할 수 있다.

총체적 품질경영(TQM:total quality management)의 '총체적(total)'의 의미는 바로 기업구성원 전체가 품질관리과정에 참여해야 함을 나타낸다. 기업조직을 구성하는 부서 하나하나가 그리고 부서내의 구성원 하나하나가 모두 품질의 개선을 위해서 끊임없이 노력해야함을 의미하는 것이다. 품질이 어느 한 부서만의 책임과 노력에 의해서 향상될 수는 없기 때문이다. 이러한 TQM의 궁극적인 목표는 고객만족(customer satisfaction)에 있다. 즉, 고객이 만족할 수 있는 제품을 만들어 낼 수 있는 기업체계를 구축하는 것에 목표를 두고 있는 것이다. 그러나 고객에게 만족감을 줄 수 있는 제품과 서비스를 창출하기 위해서는 기업의 각 기능영역들이 유기적으로 협력해야 한다.

품질능력의 혁신적인 개선을 추구하는 식스 시그마 (Six Sigma)의 개념은 모토로라에 의해 개발된 것으로서 1988년에 모토로라가 말콤 볼드리지 상을 수상하게 되면서 전 세계적으로 널리 알려지게 되었다. 이후 많은 기업들이 이러한 모토로라의 성과에 관심을 가지게 되었고, 그 중에서도 GE와 AlliedSignal (지금의 Honeywell) 은 식스 시그마의 도입을 통해 성과를 거둔 대표적인 회사로 널리 알려지고 있다.

본래 시그마는 통계적인 의미로 표준편차를 나타내며, 식스 시그마란 "품질규격의 폭과 ±6배의 품질변동 표준편차의 폭이 일치하는" 품질수준을 나타낸다. 이 경우 실제적인 품질의 수준은 "100만 개의 작업활동 혹은 결함발생기회당 3.4개의 결함" 즉, 3.4 ppm이라는 극히 우수한 품질능력을 나타내게 된다. 그러나 오늘날 품질혁신의 개념으로 이해되는 식스 시그마의 개념은 단순한 품질수준의 우수성만을 지칭하기 보다는 "보다 나은 고객만족과 수익성 그리고 경쟁능력의 성취를 위해 기업이 나아가도록 하려는 기업문화 변화노력"을 나타내는 것으로 볼 수 있다.

(2) 적시생산시스템(JIT)

적시생산시스템(Just-In-Tme)은 본래 도요타 자동차회사에서 내부의 운영과정과 협력업체와의 관계를 관리하기 위해 사용되었던 방식이다. 제조기업을 관리하는 시스템으로서 JIT의 창출은 공장관리자로 출발해서 나중에 도요타 자동차회사의 제조담당 부사장을 지냈던 Taiichi Ohno와 일본경영자협회 산하의 산업공학 컨설팅부 책임자로서 도요타의 산업공학 훈련프로그램을 담당하고 자신이 개발한 작업준비시간 감축기법에 대해

컨설팅를 했던 Shigeo Shingo에 의해서 본격화되었다. 따라서 학계나 컨설팅회사에 의해서 먼저 개발된 후에 실제 경영활동에 적용되었던 다른 제조관리기법들과 달리 JIT는 먼저 실제적으로 활용되고 있던 관리기법을 후에 학문적인 체계로 발전시키는 독특한 형성과정을 가지고 있다.

JIT의 일반적인 개념은 종종 재고를 줄이기 위한 생산 및 재고관리기법으로 생각되고 있어서 '무재고생산(stockless production)' 혹은 '무재고(zero inventories)' 시스템으로 불리기도 한다. 다른 측면에서는 JIT를 상위생산운영(up-stream operation)부문에서 완료된 작업이 후속되는 하위생산운영(down-stream)부문의 작업개시상태로 잘 연계되어 이동될 수 있도록 만드는 개념으로 정의하기도 한다. 일본에서의 JIT개념은 낭비적인 혹은 비가치부가적인 활동들을 제거시키는 관점에서 정의되고 있다. 이와 같은 다양한 JI개념들을 종합하여 보면 결국 JIT의 목표는 ' 공급업체로부터 조달하는 재료가 도착하여 생산공정의 변환과정을 거쳐 산출된 제품을 고객에게 전달하기까지 소요되는 시간 즉, 생산리드타임(production lead time)을 극소화할 수 있도록 생산시스템을 설계하고 관리하는 개념으로 해석될 수 있다(Heiko, 1990). 공급업체로부터 재료가 도착하는 과정과 관련된 주요 활동들로는 자재수령, 검사, 재포장, 저장, 자재운반 등이다. 생산공정과 관련한 운영활동으로는 공정처리, 가공, 조립, 검사, 자재운반 등을 들 수 있고 산출제품을 고객에게 전달하는 과정과 관련한 활동들로는 검사, 포장, 자재운반, 선적, 운송 등이 있다. JIT는 바로 이러한 활동들이 효율적으로 이뤄지게 만듦으로써 생산리드타임을 최소화하는 것에 핵심적인 목표를 두고 있는 것이다.

(3) 프로세스 리엔지니어링과 벤치마킹

새로이 설비, 제품, 기술이 도입되거나 새로운 시장과 고객이 기대되는 경우 생산 프로세스에 대한 설계가 이뤄지게 된다. 설계된 프로세스는 지속적으로 개선하도록 노력해야 한다. 그러나 기존 프로세스에 대한 개선노력만으로는 기대하는 성과를 거두기 어려울 때 프로세스 자체를 재설계하는 일이 필요하게 되는데 이를 프로세스 리엔지니어링(process reengineering)이라 한다. 리엔지니어링의 일반적인 과정은 ① 목표 및 성과의 구체화, ② 개략적 프로세스 흐름도 작성, ③ 세부적 프로세스 흐름도 작성, ④ 파일롯 스타디, ⑤ 실행의 순서로 이루어지게 된다.

한편, 벤치마킹(benchmarking)은 강력한 경쟁기업이나 연관산업의 선도기업 수준에 비추어 제품과 서비스 및 관리관행을 지속적으로 평가하는 과정을 말하며, 실행적인 측면에서 정의하면 최상의 관리관행을 찾아내고 실행하는 것을 말한다. 일반적으로 벤치마킹의 유형은 그 단계적 수준에 따라서 다음과 같이 구분해 볼 수 있다.

① 조직내의 우수한 다른 부서의 관행을 학습하는 내부적 벤치마킹
② 동종산업내의 최고의 관행 (best practice)을 가지고 있는 경쟁기업을 대상으로 비교 · 학습하는 경쟁적 벤치마킹(competitive benchmarking)
③ 산업의 동질성에 관계없이 기능적 측면에서 가장 뛰어난 기업의 관행을 비교 · 학습하는 기능적 벤치마킹(functional benchmarking)
④ 사기업이든 공공기관이든 관계없이 대부분의 조직들이 업무운영의 기초로 삼고 있는 공통의 운영프로세스 즉, 본원전 프로세스를 대상으로 비교 · 학습하는 본원적 프로세스 벤치마킹(generic process benchmarking)

(4) 핵심역량과 아웃소싱

핵심역량(core competence)이란 기업내부의 특유한 능력으로 다른 기업들과의 차별화를 통해 경쟁력 우위를 유지할 수 있게 만들며, 기업의 결정적 성공요인으로 작용하게 만드는 힘을 말한다. '식스 시그마(six sigma)' 운동으로 널리 알려져 있는모토로라의 우수한 품질능력은 바로 모토로라가 가진 핵심역량의 하나일 것이며, '칸반 시스템' 으로 유명한 도요타의 우수한 생산효율성은 바로 도요타가 가진 대표적인 핵심역량이라 할 것이다.

핵심역량과 결부지어서 생각해야 할 중요한 개념중의 하나는 바로 아웃소싱(outsourcing)이다. 핵심역량부분이 아닌 기업의 운영활동을 외부로부터 조달하는 것을 말한다. 아웃소싱의 가장 전형적인 예는 협력업체로부터 부품과 원재료를 구매하는 것을 들 수 있다. 자동차회사와 같이 설계와 조립 및 핵심부품생산에만 치중하면서 그 밖의 대부분의 부품들은 협력업체를 통해서 조달하는 것은 바로 아웃소싱의 전형적인 예라고 할 수 있다. 그러나 전략적 측면의 아웃소싱은 이러한 자재구매차원의 기초적인 수준을 나타내는 것은 아니다. 부품이나 원재료의 아웃소싱은 물론 제품개발 혹은 회계처

리, 정보시스템 운영, 인적자원관리와 같이 다양한 측면의 적극적인 외부서비스 도입을 의미하는 것이다. 보다 신축성있게 시장환경에 대응하기 위해서는 이와 같은 비전문적 영역의 업무활동을 보다 효율적으로 처리해줄 수 있는 외부 전문업체에 아웃소싱하는 일이 무엇보다도 절실하다. 바로 자신의 제한된 자원과 기술을 핵심역량의 개선에 보다 집중하기 위해서이다.

(5) 전사적 자원계획

전사적 자원계획(ERP) 시스템은 미국 코네티컷 주 스탬포드에 위치한 Gartner Group에 의해 처음 그 용어가 만들어졌다. ERP는 기본적으로 제조부문에 대한 의사결정을 내릴 때에 이 의사결정이 제조부문의 상위생산 흐름과 하위생산 흐름의 연결체계를 이어주는 공급사슬에 어떠한 영향을 미치게되는 지를 고려하기 위해서 개발된 것이다. 또한 제조부문의 의사결정은 타 사업부문의 영역 즉, 마케팅, 회계, 설계 등의 의사결정과도 영향을 주고받기 때문에 보다 나은 의사결정을 하기 위해서는 이와 같이 기업내의 상호작용을 모두 고려해야 할 필요가 있다. 따라서 ERP는 컴퓨터 소프트웨어를 사용하여 다양한 부문의 의사결정과정을 통합해 주는 기능을 수행하는 것이다.

ERP(Enterprise Resource Planning)에 의한 통합이 완벽하게 이뤄지게 되면 고객이 EDI(electronic data intercgange)를 통해서 직접 주문처리센터에 주문을 보내게 되고, 주문처리센터에서는 자동적으로 필요한 자재의 인출과 생산요구사항을 산출하게 된다. 컴퓨터 일정계획시스템은 자재의 재고상태를 고려하여 주문받은 제품계열을 가장 효율적으로 생산할 수 있을 주생산일정을 수립한 후 이를 시뮬레이션 하여 발생가능한 문제점을 예측하고, 필요한 조정을 가하게 된다. 컴퓨터에 의해 통제되는 제조 프로세스가 완료되면 산출된 제품은 최소의 비용으로 최대의 고객서비스를 제공할 수 있도록 유통 혹은 저장되는 활동이 뒤따르게 된다.

(6) 공급사슬관리

공급사슬관리(SCM: supply chain management)란 원재료 조달로부터 최종 사용자에게 이르기까지 제조와 공급 프로세스의 각 요소들을 연계시키며, 여러 조직들을 포괄하고, 가치사슬내의 모든 조직들을 하나의 가상 비즈니스 단위체로 묶어주는 활동으로 설명할 수 있다. 공급사슬 프로세스의 효과적인 관리를 위해 강조되어야 할 활동들은 신뢰성 있는 공급업체의 개발과 파트너십 구축에서부터 핵심고객의 효과적인 관리에 이르기까지 매우 다양한 노력들로 구성되어 있다. 이러한 활동들의 내용은 원자재조달로부터 생산프로세스를 거쳐서 고객에게 전달되는 일련의 자재흐름의 측면에서 살펴보면 대체로 다음의 8가지 핵심활동요소 즉, 핵심고객관리, 고객만족관리, 고객수요관리, 고객주문충족관리, 생산흐름관리, 구매조달관리, 제품개발관리 및 반품/역물류관리 활동으로 구분해 볼 수 있다.

① **핵심고객관리**: 기업에 대한 기여도가 높은 고객을 중심으로 제한된 기업의 자원을 집중시킴으로써 수익극대화를 추구하는 것이다. 가령 Intel은 컴퓨터 칩이 부족할 경우 고객기업들의 과거 구매실적을 바탕으로 파레토(Pareto) 분석을 한 후 기여도가 높은 고객기업에 우선적으로 칩을 공급해 주는 전략을 사용하고 있다.

② **고객만족관리**: 핵심고객을 중심으로 한 주문수령, 주문진행 확인, 정시배달, 신속한 판매 후 서비스로 이어지는 고객만족 활동의 중요성을 나타낸다.

③ **고객수요관리**: 고객과의 관계강화를 통한 수요불확실성을 감축시킴으로써 공급사슬내의 수요확대효과를 억제하고, 결과적으로 재고유지비용을 낮추고, 배달성과를 향상시키고자 하는 노력을 말한다.

④ **고객주문충족관리**: 재고관리, 공급업체 관계, 운송, 유통 및 배달 서비스 등과 같은 조직 내외의 활동들을 통합적으로 관리함으로써 고객주문의 효과적인 충족을 도모하려는 노력이다.

⑤ **생산흐름관리**: 자재의 흐름과 품질에 대해 공급업체 및 고객과 밀접한 연계를 유지함으로써 배달의 신속성과 적시성과 같은 시간경쟁능력을 제고하고자 하는 노력을 나타낸다.

⑥ **구매조달관리**: 신뢰에 바탕을 둔 공급업체 관계를 전략적으로 유지하고 관리함으로써 기업의 신뢰성과 유연성, 비용 및 품질의 향상을 도모하고자 하는 노력을 말한다.

⑦ **제품개발관리**: 전략적으로 중요한 공급업체를 신제품 개발 프로세스에 참여시킴으로써 비용-효과적인 설계안을 마련하고, 생산 프로세스와 자재의 혁신을 이끌어 내며, 결과적으로 효과적인 시장경쟁력을 창출하려는 것이다.

⑧ **반품/역물류관리**: 생산 프로세스에서 발생하는 폐기물과 수명이 다된 제품들을 경제

적인 방법으로 적절하게 처리하기 위한 노력을 말한다. 역물류 (reverse logistics)란 제품의 잔존가치를 재획득할 목적이나 제품의 적절한 폐기를 목적으로 한 소비지역에서 다른 소비지역으로 제품을 이동시키는 프로세스를 의미한다.

연습문제

1. 고객서비스의 우수성을 바탕으로 성공한 서비스 기업의 사례를 조사해 보자.

2. 정보기술을 활용한 통합적 생산운영관리 시스템으로서 기업에서 사용되고 있는 상용화된 ERP 시스템의 종류와 특징을 비교해 보자.

3. 우리나라의 국가품질상제도에 대하여 조사해 보자.

4. 도요타 자동차의 칸반(kanban)시스템이란 무엇인지 조사해 보자.

5. 현대자동자의 공급사슬 연결과정을 조사해 보자.

6. 생산운영시스템의 효율성을 나타내는 (   )은 총 산출요소의 가치를 총 인력투입요소의 가치로 나눈 비율을 말한다.

7. 경쟁우선순위의 제 차원으로는 품질, 비용, 시간, (   ) 및 고객서비스를 들 수 있다.

8. (   )란 생산리드타임(production lead time)을 극소화할 수 있도록 생산 시스템을 설계하고 관리하는 개념을 말한다.

9. 생산운영관리자가 당면하게 되는 의사결정의 영역은 포지셔닝 의사결정, (   ), 및 운영의사결정의 세 가지로 나눠볼 수 있다.

10. (　　　　)은 기업조직을 구성하는 부서 하나 하나가 그리고 부서내의 구성원 하나하나가 모두 품질의 개선을 위해서 끊임없이 노력하는 것을 말한다.

11. 다음의 설명 중에서 서비스기업의 특징을 잘 나타내고 있는 것은?
① 전국적, 국제적 규모의 시장을 가진다.
② 반응시간이 짧다.
③ 품질측정이 용이하다.
④ 고객접촉정도가 낮다.

12. 다음 중 비용 경쟁능력과 가장 거리가 먼 것은?
① 생산성이 높다.　　② 제조원가가 낮다.
③ 작업손실이 적다.　　④ 배달속도가 빠르다.

13. 적시생산시스템(JIT)과 가장 관련성이 높은 것은?
① 생산리드타임의 최소화　　② 벤치마킹
③ 프로세스 리엔지니어링　　④ 핵심역량

14. 다음의 생산운영관리 의사결정 영역 중에서 운영의사결정 영역에 해당되는 것은?
① 설비보전　　② 입지선정
③ 제품계획　　④ 재고관리

15. 다음 중 시간(time)경쟁우선순위의 차원에 대한 설명으로 가장 거리가 먼 것은?
① 짧은 생산 리드타임을 가진 것을 말한다.
② 고객과 약속한 시간에 정확하게 인도하는 능력을 말한다.
③ 고객의 주문변경에 효율적으로 대응하는 능력을 말한다.
④ 동일한 시간에 새로운 제품을 보다 많이 개발하는 능력을 말한다.

단답식 및 객관식 해답

6. 노동생산성, 7. 유연성, 8. JIT, 9. 설계의사결정, 10. TQM,
11.② 12. ② 13. ① 14. ④ 15.③

참고 문헌

- [굿모닝 CEO]: 휴대폰 주문 1주일 내 세계 어디든 공급", *조선경제*, 2009년 5월 11일, B2.
- 도요타도 반한 LG전자 세탁기 생산라인," *매일경제*, 2009년 4월 27일, A13.

Bush, J. (2005), "Will Cheap Cell Calls Rock the Industry?," *Business Week*, April 4, pp. 30-31

- Camp, R.C., "Benchmarking: The Search for Industry Best Practices That Lead to Superior Performance," in Robenson, J.F. and Copacino, W.C., ed., *The Logistics Handbook*, The Free Press, N.Y., 1994, pp. 303-324.
- Gaither, N. and Frazier, G., *Production and Operations Management*, 9th ed., Wadsworth Publishing Co., 2002.
- Harvard Business Schoool (1999), *Matching Dell*, reprint: 9-799-158, Harvard Business School, MA.
- Heiko, Lance, "Production Lead Time Minimization and JIT," *Operations Management Review*, Vol.7, No.3&4, 1990, pp.19-23.
- Hicks, D. A. and Stecke, K. E., "The ERP Maze," *IE Solutions*, August, 1995, pp.12-16.
- Krajewski, L.J. and Ritzman, L. P. *Operations Management: Strategy and Analysis*, 5th ed., Addison-Wesley, 1999.
- McGregor, J., "Putting Home Depot' s House in Order," *Business Week*, May 18, 2009, p. 54.
- New, S.J. and Payne, P., "Research Frameworks in Logistics: Three Models, Seven Dinners and a Survey", *International Journal of Physical Distribution & Logistics Management*, Vol. 25, No. 19, 1995, pp. 60-77.
- Rowley, I. and Edwards, C. (2005), "Tired of Pummeling," *Business Week*, April 4, pp. 18-19
- Russell, R.S. and Taylor, III, B.W., *Operations Management Focusing on Quality and Competitiveness*, 2nd ed., Prentice-Hall, Inc., 1998.
- Stock, J.R. and Lambert, D.M. (2001), *Strategic Logistics Management*, 4th ed., McGraw-Hill Co.

제9장
회계학의 기본적 이해

1. 회계의 개념
2. 회계를 배우는 목적
3. 회계의 분류
4. 회계를 규제하는 제도와 법률
5. 회계의 순환과정
6. 재무제표
7. 관리회계

01. 회계의 개념

1. 회계의 정의

일상생활에서 사람들은 회계를 쉽게 접한다. 주부가 가계부를 작성하는 것에서부터, 개인 및 기업의 상거래 활동에 대한 장부를 작성하는 것까지 모두 회계에 속한다.

구체적으로 회계의 정의를 살펴보자. 회계의 정의는 시대에 따라 변화되어 왔다. 과거에는 회계를 장부작성 기능에 국한시켜, 거래를 기록하고 정리하는 것으로 간주하였다. 그러나 1960년대 이후부터 회계는 과거의 정의에 정보전달의 기능을 포함시켰다. 즉 회계는 경제활동의 결과를 식별, 측정, 분석, 전달하는 모든 과정으로 정의된다.

회계의 정의에 정보전달이라는 측면이 포함된 이유는 현대사회에서 회계자료가 단순히 영업결과를 기록해 두기 위한 수단이 아니라, 그 자료를 이용하여 과거를 반성하고 미래에 대한 새로운 투자계획을 세우는 등 실질적으로 정보로서의 가치가 증대되고 있기 때문이다.

2. 회계는 기업의 언어

회계는 종종 기업의 언어로 간주된다. 우리가 일상생활에서 언어가 없다면 상당한 불편을 감수해야 할 것이다. 이와 마찬가지로 기업에서 회계가 존재하지 않는다면 기업 활동은 많은 어려움을 겪게 될 것이다.

그 좋은 예로 1998년, 우리나라가 직면한 경제상황을 생각해 볼 수 있다. 그 당시 우리는 외환의 고갈로 국제통화기금(International Monetary Fund : IMF)의 지원을 받으면서 외자유치에 열을 올리고 있었다. 그러나 외국투자자들은 우리나라 기업의 회계자료를 믿을 수 없다고 하면서 투자를 기피하였다. 즉 기업의 언어인 회계가 거짓말을 하고 있다는 것이다. 만약 우리주변에 거짓말을 많이 하는 사람이 있다면 그 사람에게 믿고 돈을 빌려 줄 수 없을 것이다.

3. 회계와 부기

종종 부기(簿記, bookkeeping)와 회계가 어떻게 다른가에 대한 질문을 받는다. 둘은 밀접한 관계가 있지만 구분할 필요가 있다. 부기는 회계처리과정 중에서 거래를 인식하여 기록, 정리하는 과정에 해당하는 부분이다. 그와 반면에 회계는 위에서 설명한 것처럼 거래의 기록, 정리는 물론 분석, 전달을 포함하는 것이다. 그러므로 부기는 회계에 포함되는 것이라고 할 수 있다.

02. 회계를 배우는 목적

여러분이 어느 기업의 취업면접에서 면접관으로부터 "지난해 우리 회사의 당기순이익이 얼마인지 아는가?"라는 질문을 받았다고 하자. 어떻게 대답할 것인가? 물론 모른다고 할 수 있다. 그러나 당기순이익에 대한 정보는 매년 대차대조표를 통해 신문에 공표되기 때문에 관심을 가지고 있다면 일반인 누구나 알 수 있다.

여러분이 단지 신문을 보지 못해서 당기순이익을 모른다면 큰 문제가 되지 않을 것이다. 그러나 회계에 대한 지식이 전혀 없어서 대차대조표를 포함한 회계자료를 정리한 재무제표를 읽을 수 없다면 경제 및 경영활동을 하는 데 어려움을 받게 된다.

회계가 기업의 언어라고 하였는데 언어도 모른 체 기업에서 근무하기는 힘들 것이다. 최소한 기업과 관련된 곳에서 일할 생각이라면 재무제표 정도를 읽을 수 있는 회계 지식이 필요하다.

1. 효과적인 경제의사결정

회계자료는 경제적 의사결정자들에게 적절한 정보를 제공한다. 자본주의 사회에서는 누구나 경제생활을 한다. 경제생활은 계속적인 의사결정의 연속이며 효과적인 의사결정은 우리의 경제력을 증가시키는 것이다.

2. 회계의 필요성

증권회사 직원이라면 기업의 재무제표를 분석하여 투자자들에게 제공해야 한다. 금융기관에 근무한다면 기업 대출을 위해 회계정보를 참조해야 한다. 가정에서도 회계정보는 필요하다. 주식이나 채권에 투자한다면, 어느 기업이 안전하고 수익성이 좋은가를 알기 위해서 재무제표를 읽을 줄 알아야 한다.

한편, 컴퓨터의 보급으로 회계의 필요성이 줄어들 것이라고 말하기도 하지만 컴퓨터의 보급은 오히려 회계업무를 증대시키고 있다. 컴퓨터가 기존에 단순, 반복적인 작업을 처리해 줌으로써 이제 회계담당자들은 회계정보를 보다 고급화하는 작업에 착수할 수 있게 되었다. 우량기업일수록 과거의 회계자료를 분석하여 미래의 원가절감 등의 자료로 사용하고 있다.

3. 사회의 전문가로 성장할 수 있는 기회

회계학에 대한 지식을 갖추고 자격시험에 합격하면 공인회계사와 세무사, 세무공무원, 회계관리사 등이 되어 사회의 전문가로 활동할 수 있다. 또한 전산세무회계, 전산회계운영사, 세무회계 등의 자격증을 취득하여 기업에 취직하는 데 도움을 받을 수 있다. 이렇게 회계학 지식의 습득은 일반인들이 어려워하는 회계 세무분야를 다루게 됨으로써 자연스럽게 사회에서 전문가가 되는 것이며 취업에서도 유리하다.

03. 회계의 분류

회계는 정보이용자의 관점에서 재무회계, 관리회계, 세무회계로 분류할 수 있다. 재무회계는 주로 기업의 정보를 외부이용자에게 전달하는 측면이 강조된 것이고, 관리회계는 내부이용자에게 전달하는 측면이 강조된 것이다. 세무회계는 정부에게 세금관련 정보를 제공하기 위한 것이다. 〈표 9.1〉에는 각 회계의 특성을 설명하였다.

표 9.1 회계의 분류

	재무회계	관리회계	세무회계
정보이용자	기업외부인	기업내부인	정부 및 기업
형 식	규격화	비 규격화	규격화
시 기	정 기	수 시	정 기
내 용	재무와 손익사항	의사결정지원사항	과세소득사항
강조점	정확성	신속성	정확성
용 도	외부보고용	내부보고용	법인세신고용

1. 재무회계

재무회계(Financial Accounting) 는 기업의 경영활동 결과를 외부이용자들에게 전달하기 위한 것이다. 외부이용자란 채권자, 투자자, 원료공급자 등을 의미하며 재무회계정보를 보고 그 기업에 대한 투자나 기타의 의사결정을 하는 주체들이다. 재무회계 정보는 불특정 다수의 외부이용자들이 필요로 하기 때문에, 주로 일정한 형식을 갖춘 양식을 통하여 정기적으로 제공되며 외부이용자들이 파악하기 쉽도록 되어 있다. 이 책이 다루게 될 대부분의 내용은 주로 재무회계와 관련된 것이다.

2. 관리회계

관리회계(Management Accounting)는 기업의 경영활동에 참여하는 의사결정자들을 대상으로 정보를 제공하기 위한 것이다. 기업의 경영활동에서 반드시 필요하게 되는 회계자료를 기록, 요약, 보고하는 것이 관리회계의 목적이며 이러한 자료는 기업의 새로운 의사결정에 이용된다. 자료의 성격상 신속성이 필요하기 때문에 재무회계정보처럼 일정한 형식보다는 경영자의 요구에 맞게 형식 없이 수시로 보고 되는 것이 일반적이다.

3. 세무회계

세무회계(Tax Accounting) 는 소득에 대한 과세정보를 제공하기 위한 것이다. 세무회계정보는 주로 재무회계정보를 기초로 하지만 상당부분 조정되고 재정리된다. 세무회계에서 산출되는 주요정보는 과세소득이며 이것은 소득세 또는 법인세 계산의 기초 자료로 활용된다.

04. 회계를 규제하는 제도와 법률

1. 주식회사의 외부감사에 관한 법률

이 법은 주식회사로부터 독립된 외부의 감사인이 그 주식회사에 대한 회계감사를 실시하여 회계처리의 적정을 기하게 함으로써 이해관계인의 보호와 기업의 건전한 발전에 기여하도록 하기 위해서 제정된 법이다.

1980년 12월 31일에 처음 제정되어 7차 개정을 거쳤으며 최종개정은 1998년 2월 24일에 있었다. 이 법의 제13조 규정에 따르면 회사의 회계처리기준은 금융감독위원회가 증권선물위원회의 심의를 거쳐 정하도록 하고 있으며 여기에서 회계처리기준이란 기업회계와 감사인의 감사에 통일성과 객관성이 확보될 수 있도록 하여야 하며 회사는 이 회계처리기준에 따라 재무제표 · 연결재무제표 또는 결합재무제표를 작성하도록 하고 있다.

2. 기업회계기준

주식회사의 외부감사에 관한 법률 제13조의 규정에 의하여 동법의 적용을 받는 회사의 회계와 감사인의 감사에 통일성과 객관성을 부여하기 위하여 회계처리 및 보고에 관한 기준을 정하고 있다.

기업회계기준을 중심으로 그 하위법에 10여 개의 '회계처리준칙' 이 있다. 금융업이나 건설업 등 업종특성상 기업회계기준을 그대로 적용키 어려운 업종에 대해 별도의 회계처리준칙을 마련한 것이다. 또 기업회계기준 아래에는 '기업회계기준 등에 관한 해석'이 있다.

기업회계기준의 제정, 개정 및 관련 업무는 금융감독위원회의 위탁을 받은 '한국회계연구원' 이 '회계기준위원회' 의 심의 · 의결을 거쳐 수행한다. 처음 1981년 12월 23일에 제정되어 금융감독위원회가 '기업회계기준'을 제정해 왔으나, 지난 1999년 국제통화기금관리 체제하에서 세계은행과 국제통화기금의 권고 사항을 받아들여 기업회계기준을 민간에게 위탁할 목적으로 설립된 한국회계기준원에서 제정하고 있다. 한국회계기준원에서는 기업회계기준과 더불어 2001년부터 주요한 회계처리사항에 대하여 구체적으로 기업회계기준서를 발표하였다.

한국회계기준원에서는 국제적 정합성을 이루기 위해 "한국채택국제회계기준"을 제정하고, 원칙적으로 우리나라의 모든 기업들이 그 회계기준을 2009년 이후부터 적용할 수 있으며, 상장기업의 경우에는 2011년부터 그 회계기준을 반드시 적용하도록 요구하고 있다.

3. 회계감사기준

주식회사의 외부감사에 관한 법률 제5조의 규정에 의하여 감사인이 감사대상회사의 재무제표를 감사함에 있어서 준수하여야 할 사항을 정하기 위한 것이다. 1998년 4월 1일에 금융감독위원회에서 처음 제정되었고 2차에 걸친 개정이 있었다.

4. 원가회계준칙

기업회계기준 제90조의 규정에 의하여 회사가 재무제표를 작성하기 위하여 제품의 원가를 산정함에 있어 준거해야 할 세부사항에 관하여 정하기 위한 것이다. 1998년 4월 1일에 처음 제정되어 1차의 개정이 있었다.

05. 회계의 순환과정

회계의 순환과정(accounting cycle)이란 기업의 경제적 거래에 대한 자료를 수집, 분석, 정리하여 이를 정보이용자의 의사결정에 도움이 되도록 회계정보를 전달하는 일련의 과정을 말한다. 회계정보의 산출과정을 회계의 순환과정이라고 부르는 이유는 회계정보의 산출작업이 1년 단위인 회계기간에 걸쳐 매년 반복적으로 이루어지기 때문이다. (그림 9.1)은 이 과정을 나타낸 것이다.

회계의 순환과정은 크게 "회계기간 중의 절차"와 "회계기간 말의 절차"로 구분한다.

회계기간 중의 절차는 회계거래에 대한 자료수집으로부터 거래에 대한 기록과 정리하는 분개(分介)와 총계정 원장에의 전기(轉記)의 작업으로 이루어져 있다.

회계기간 중의 절차	1. 거래의 파악 2. 분개 : 분개장 3. 전기 : 총계정원장

회계기말의 절차는 결산절차라고도 하며 한 회계기간(대부분 1년임)의 모든 회계거래에 대한 기록을 정리하는 작업을 말한다. 여기에는 시산표의 작성, 수정분개, 정산표와 재무제표를 작성하는 과정 등이 포함된다. 이러한 과정을 도표로 나타내면 (그림 9.1)과 같다.

이 장에서는 이 모든 절차 중에서 회계상의 거래에 대한 관련내용들을 살펴본다.

회계기말의 절차 : 결산	1. 시산표의 작성 2. 수정분개 3. 정산표의 작성(수정 후 시산표) 4. 재무제표 작성 5. 장부마감 6. 이월시산표 작성

그림 9.1 회계순환과정

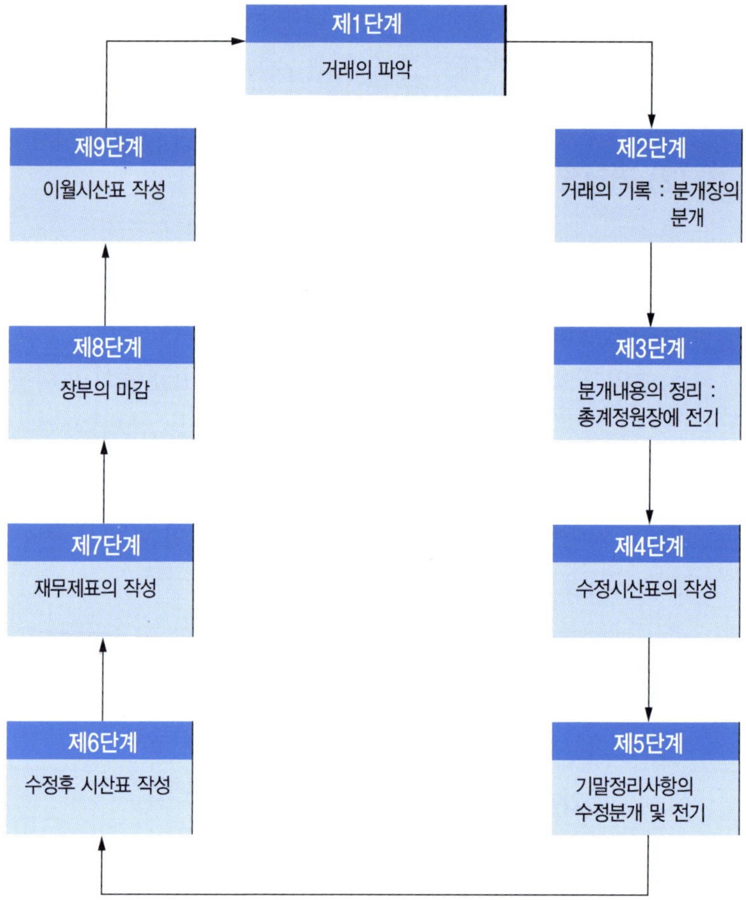

1. 거 래

(1) 거래의 정의

회계는 거래를 분석하는 것으로부터 시작한다. 거래란 일상생활에서 물품매매를 비롯하여 여러 가지 의미로 쓰일 수 있지만 회계상의 거래는 일반 개념과 약간의 차이가 있다.

회계에서는 거래를 기업 경영활동에서 자산, 부채, 자본의 증감이 있는 사건으로 정의한다. 예를 들어 기업의 창고에 저장해 둔 저장품이 도난을 당하여 일정부분 손실을 보았을 때, 일반 사회에서는 도난을 거래라고 보지 않지만 회계에서는 자산의 감소가 발생하였기 때문에 거래로 간주한다.

그와 반면에 물건을 팔기로 한 계약은 회계적으로는 거래가 아니다. 계약이란 물질적 교환이 이루어지지 않은 약속이므로 기업의 재산상태에 아무런 변화를 주지 않았기 때문이다. 회계상의 거래로 볼 수 있는 것과 없는 것을 정리해 보면 〈표 9.2〉와 같다.

(2) 거래요소

회계상의 거래는 기업의 재산상태, 즉 자산, 부채, 자본의 변화가 있는 사건이라고 정의하였다. 여기에서 기업의 재산상태를 구성하는 자산, 부채, 자본과 자본에 영향을 미치는 수익과 비용을 거래요소라고 한다. 거래요소들의 의미를 살펴보면 다음과 같다.

자산(資産, Assets)

정의 : 기업이 소유권리를 갖는 현금가치가 있는 재산

예 : 현금, 재고자산, 건물, 기계장치 등

부채(負債, Liabilities)

정의 : 외부인들에게 소유권리가 있는 것

예 : 매입채무, 차입금, 미지급금 등

자본(資本, Owner's Equity)

정의 : 기업 소유자의 출자지분과 영업활동의 이익

예 : 자본금 , 자본잉여금, 이익잉여금

수익(收益, Revenue)

정의 : 경영활동의 결과로 자본의 증가를 가져오게 한 요인

예 : 매출, 이자수익, 처분이익 등

비용(費用, Expense)

정의 : 경영활동의 결과로 자본의 감소를 가져오게 한 요인

예 : 매입, 임금, 임차료, 이자비용, 처분손실 등

표 9.2 회계상의 거래와 비거래 항목

거래로 볼 수 있는 것	거래로 볼 수 없는 것
• 재화, 용역의 매매	• 재화, 용역의 주문, 매매계약
• 채권, 채무의 발생과 소멸	• 각종 고지서의 수령
• 수익, 비용의 발생	• 거래에 대한 약속
• 자산의 감가상각	• 대가없는 용역제공
• 자산의 도난, 분실, 화재	• 신입사원의 채용

(3) 회계방정식

기업의 재무상태는 자산과 부채 그리고 자본의 관계를 통하여 나타낼 수 있다. 세 가지 요소로 나타낸 등식을 회계방정식이라 하며 아래와 같이 나타낸다.

자산 = 부채 + 자본

회계방정식을 보면 자산은 부채와 자본을 합한 금액임을 알 수 있다. 여기에서 자본은 주주들의 출자금과 영업활동 결과인 순손익으로 구성된다. 순손익은 수익에서 비용을 차감하여 구할 수 있으므로 위의 회계방정식을 다음과 같이 나타낼 수 있다.

자산 = 부채 + 출자금 + 이익(또는 손실)

예를 들어 어느 기업이 처음에 7억 원의 은행차입과 3억 원의 주주출자로 회사를 설립하여 현금, 건물, 기계장치 등의 자산을 10억 원 만큼 보유하였다면 그 관계를 다음과 같이 나타낼 수 있다.

자산 = 부채 + 자본
10억원 = 7억원 + 3억 원

또한, 이 기업이 1년 후 영업활동 결과 1억원의 순이익이 발생하였다면 회계방정식은 다음과 같이 변화될 것이다.

자산 = 부채 + 자본 (출자금+이익)

11억 원 = 7억 원 + 4억 원 (3억 원+1억 원)

2. 계 정

기업은 영업활동과정에서 여러 가지 거래를 하게 되며 이들의 영향을 파악하여 지속적으로 기록, 정리하는 회계업무가 존재한다. 한 회계기간 동안에 발생되는 수많은 거래를 체계적으로 기록하지 않으면 물질적, 시간적 낭비가 발생할 수 있다.

이를 위하여 회계에서 사용하는 간편한 양식중의 하나가 계정(計定, Account)이다. 계정은 거래로 인하여 발생된 거래요소의 변화를 과목별로 기록, 정리하기 위하여 만들어진 회계상의 표준양식이다. 계정은 기업의 영업특성에 따라 다양하게 분류되지만 기업회계기준의 대차대조표와 손익계산서에 나타난 각 과목별로 구분하여 보면 다음과 같다.

(1) 대차대조표계정

자산계정

현금, 재고자산, 매출채권, 단기대여금, 상품 등

부채계정

매입채무, 차입금, 미지급금 등

자본계정

자본금, 주식발행초과금, 이익준비금 등

(2) 손익계산서계정

수익계정

매출, 수입이자, 외환차익 등

비용계정

매입, 급여, 접대비, 보험료 등

계정의 양식은 약식과 표준식, 그리고 잔액식이 있다. 약식은 윗부분에 계정과목과 계정번호를 적고 아래에는 왼쪽에 차변(借邊,debit)과 오른쪽의 대변(貸邊,credit)으로 구성되어 있다. 〈표 9.3〉은 약식계정의 예를 보인 것으로 영문자 T자와 유사하기 때문에 "T계정" 이라고도 부르며 연습용으로 많이 사용한다.

아래의 T계정은 약식계정이라는 것을 위에서 밝힌 바 있다. 약식계정은 교육목적상 간편하게 이용하기 위하여 마련된 것이며 실무에서는 표준식 또는 잔액식이 사용된다. 표준식계정의 예를 나타내 보면 〈표 9.4〉와 같다.

표 9.3 약식 계정의 예

계 정 과 목

차 변	대 변

표 9.4 표준식 계정의 예

현　　금

(단위 : 만 원)　　　　계정번호 : 1

월	일	적 요	분면	금 액	월	일	적 요	분면	금 액

표준식은 해당과목의 증감내용을 모두 기록할 수 있도록 차변과 대변의 두부분으로 나누어져 있으며 다음과 같은 내용으로 되어 있다.

① 월일 : 거래의 월, 일을 기록한다. 월은 새로운 월, 또는 새로운 페이지로 넘어가지 않는 한 기록할 필요 없다.
② 적요 : 상대과목을 기입하여 거래의 출처를 설명한다.
③ 분면 : 분개장의 번호를 의미한다. 거래를 분개한 후 원장에 옮겨 기입하면서 확인하는 목적을 가지고 있다.
④ 금액 : 거래 내용의 금액을 기입한다.

위의 내용을 잔액식 계정으로 나타내면 〈표 9.5〉와 같다. 잔액식은 표준식의 차변과 대변과목을 하나로 묶어서 각 거래가 발생할 때마다 해당과목의 잔액을 파악할 수 있다는 점이 큰 장점이다. 구성내용은 표준식에서 설명한 것과 같다.

표 9.5 잔액식 계정의 예

현 금

(단위 : 만 원) 계정번호 : 1

월	일	적 요	분면	차 변	대 변	잔 액

(예제 1) **다음 거래에 대하여 현금계정을 약식, 표준식, 잔액식으로 작성하시오.**

3월 1일 현금 300,000원을 출자하여 사업을 시작하다.

5일 은행에서 500,000원을 차입하다.

10일 사무용품비로 100,000원 지급하다.

15일 원재료 200,000원을 현금구입하다.

계정과목

차 변		대 변	
3.1	300,000	3.10	100,000
3.5	500,000	3.15	200,000
		잔액	500,000
	800,000		800,000

현 금

(단위 : 만 원) 계정번호 : 1

월	일	적 요	분면	금 액	월	일	적 요	분면	금 액
	1	자본출자		300,000		10	사무용품비		100,000
	5	은행차입		500,000		15	원재료구입		200,000
							잔 액		500,000
				800,000					800,000

현 금

(단위 : 만 원) 계정번호 : 1

월	일	적 요	분면	차 변	대 변	잔 액
	1	자본출자		300,000		300,000
	5	은행차입		500,000		800,000
	10	사무용품비			100,000	700,000
	15	원재료구입			200,000	500,000

3. 거래요소의 증감기록

거래는 거래요소별로 영향을 미치게 되는데 각 계정별로 증감의 영향이 어떻게 나타나는지를 보면 (표 9.6)과 같다. 여기에서 자산은 차변에 증가, 대변에 감소가 되며, 부채와 자본은 차변에 감소, 대변에 증가가 된다. 그리고 수익은 차변에 감소, 대변에 증가, 비용은 차변에 증가, 대변에 감소로 기록된다.

표 9.6 계정별 거래의 영향

자산계정

자산의 증가	자산의 감소

부 채계정

부채의 감소	부채의 증가

자본계정

자산의 감소	자산의 증가

수익계정

수익의 감소	수익의 증가

비용계정

비용의 증가	비용의 감소

4. 거래요소의 결합

이러한 계정들은 자기계정간에만 거래가 이루어지는 것이 아니고 대부분의 거래는 다른 계정을 포함하여 서로간의 결합의 형태로 나타난다. 이것을 그림으로 나타내면 (그림 9.2)와 같다.

거래요소 결합관계에서 자산증가와 관련된 예제만을 살펴보면 아래와 같다.

자산증가 …… 자산감소

예) 건물 4,000,000원을 현금으로 구입하다.

건물(자산증가) 4,000,000 | 현금(자산감소) 4,000,000

자산증가 …… 부채증가

예) 건물 4,000,000원을 구입하고 대금을 미지급하다.

건물(자산증가) 4,000,000 | 미지급금(부채증가) 4,000,000

그림 9.2 거래요소의 결합

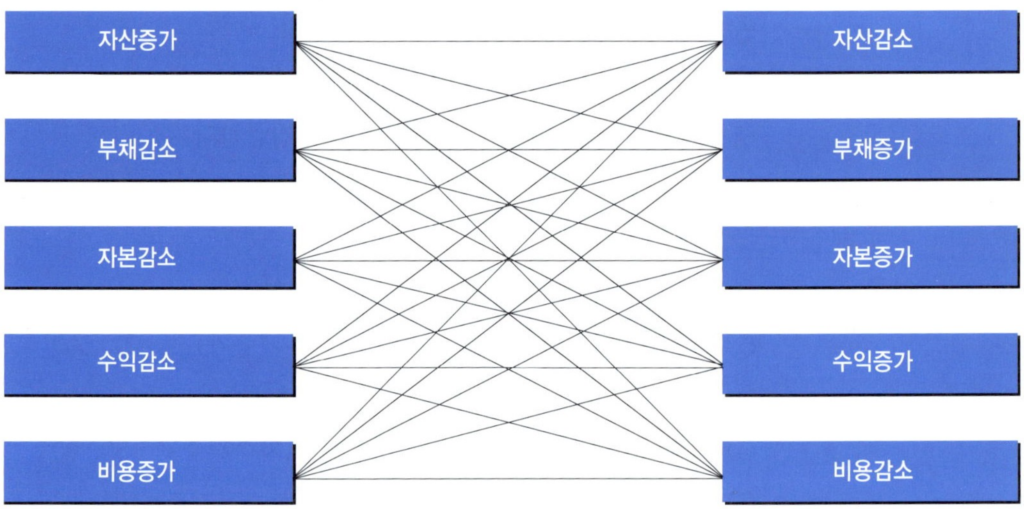

자산증가 …… 자본증가

예) 현금 2,000,000원을 출자하여 사업을 개시하다.

현금(자산증가) 2,000,000 | 자본금(자본증가) 2,000,000

자산증가 …… 수익발생

예) 투자주식에 대한 배당금 300,000원을 현금으로 받다.

현금(자산증가) 300,000 | 배당금수익(수익발생) 300,000

자산증가 …… 비용감소

예) 매입한 물건의 하자로 인하여 반품하고 대금 500,000원을 현금으로 받다.

현금(자산증가) 500,000 | 매입환출(비용감소) 500,000

예제 2 아래의 거래를 거래요소의 결합관계로 나타내시오.

① 현금 300,000원을 출자하여 사업을 개시하다.
② 은행에서 200,000원을 차입하다.
③ 비품 100,000원을 구입하고 대금은 미지급하다.
④ 직원교통비로 50,000원을 현금지급하다.
⑤ 비품 미지급대금을 현금으로 지급하다.
⑥ 출자금 중 100,000원을 현금으로 인출하여 주주에게 돌려주다.
⑦ 차입금의 이자 30,000원을 현금으로 지급하다.

해 답

① 현금(자산증가) 300,000 / 자 본 금(자본증가) 300,000
② 현금(자산증가) 200,000 / 차 입 금(부채증가) 200,000
③ 비품(자산증가) 100,000 / 미지급금(부채증가) 100,000
④ 교 통 비(비용증가) 50,000 / 현 금(자산감소) 50,000
⑤ 미지급금(부채감소) 100,000 / 현 금(자산감소) 100,000
⑥ 자 본 금(자본감소) 100,000 / 현 금(자산감소) 100,000
⑦ 이자비용(비용증가) 30,000 / 현 금(자산감소) 30,000

06. 재무제표

재무제표(Financial Statment)란 기업의 일정기간 경영활동결과를 나타내는 회계처리 과정의 보고서이다. 기업회계기준에서는 대차대조표, 손익계산서, 현금흐름표를 재무제표로 하고 있다. 재무제표는 회계정보전달의 수단으로서 작성기준과 양식이 정해져 있다.

1. 대차대조표

(1) 정 의

일정시점에서 기업의 재무상태를 명확히 보고하기 위하여 모든 자산 · 부채 및 자본을 적정하게 표시한 보고서이다. 일정시점이란 대차대조표일로서 기업의 결산일을 의미한다. 재무상태라 함은 자산 · 부채 및 자본의 상태를 말하며 대차대조표에는 이러한 상태가 거짓없이 보고되어야 한다는 것이다.

(2) 작성기준

재무제표는 외부보고용이므로 일정한 기준에 입각하여 작성되어야 한다. 그래야만 정보로서의 가치가 증대될 것이다. 기업회계기준에서는 여섯 가지의 대차대조표 작성기준을 제시하고 있다.

구분표시기준

대차대조표는 자산, 부채 및 자본으로 구분하고, 자산은 유동자산 및 고정자산으로, 부채는 유동부채 및 고정부채로, 자본은 자본금, 자본잉여금, 이익잉여금 및 자본조정으로 각각 구분한다.

총액표시기준

자산, 부채 및 자본은 총액에 의하여 기재함을 원칙으로 하고, 자산의 항목과 부채 또는 자본의 항목을 상계함으로써 그 전부 또는 일부를 대차대조표에서 제외하여서는 안 된다.

1년 기준

자산과 부채는 1년 기준으로 하여 유동자산 또는 고정자산, 유동부채 또는 고정부채로 구분하는 것을 원칙으로 한다.

유동성배열기준

대차대조표에 기재하는 자산과 부채의 항목배열은 유동성 배열법에 의함을 원칙으 한다.

잉여금구분표시기준

자본거래에서 발생한 자본잉여금과 손익거래에서 발생한 이익잉여금은 혼동하여 표시하여서는 안 된다.

비망계정기준

가지급금 또는 가수금 등의 미결산항목은 그 내용을 나타내는 적절한 과목으로 표시하고, 대조계정 등의 비망계정은 대차대조표의 자산 또는 부채 항목으로 표시하여서는 안 된다.

(3) 양 식

대차대조표의 양식은 크게 보고식과 계정식으로 나눈다. 보고식은 자산, 부채, 자본을 일렬로 기록하는 방식이고 계정식은 자산은 왼쪽에 부채와 자본은 오른쪽에 기록하는 방식이다. 계정식은 정산표의 대차대조표란과 같은 형식을 갖으며 〈표 9.7〉과 같다.

표 9.7 대차대조표 양식(계정식)

대차대조표 (계정식)

제×기 20××년×월×일 현재
제×기 20××년×월×일 현재

회 사 명

(단위 : 원)

과 목	제×(당)기 금 액		제×(전)기 금 액		과 목	제×(당)기 금 액		제×(전)기 금 액	
자 산					부 채				
Ⅰ.유 동 자 산		XXX		XXX	Ⅰ.유 동 부 채		XXX		XXX
(1)당 좌 자 산					1.매 입 채 무				
1.현금및현금등가물					2.단 기 차 입 금				
2.단기금융상품					3.미지급법인세				
3.유 가 증 권					4.미지급배당금				
4.매 출 채 권					5.유동성장기부채				
대손충당금					6.× × 충 당 금				
5.단 기 대 여 금					7.………………….				
대손충당금									
6.……………………					Ⅱ.비 유 동 부 채		XXX		XXX
(2)재 고 자 산					1.사 채				
1.상 품					사채발행차금				
2.제 품					2.장 기 차 입 금				
3.반 제 품					3.장기성매입채무				
4.재 공 품					현재가치할인차금				
5.원 재 료					4.× × 충 당 금				
6.저 장 품					5.이연법인세대				
7.…………………					6.…………………				
Ⅱ.비 유 동 자 산		XXX		XXX					
(1)투 자 자 산									
1.장기금융상품					부 채 총 계		XXX		XXX
2.투자유가증권									
3.장 기 대 여 금					자 본				
대손충당금					Ⅰ.자 본 금		XXX		XXX

과목	제×(당)기 금액	제×(전)기 금액	과목	제×(당)기 금액	제×(전)기 금액
4.장기성매출채권			1.보통주자본금		
현재가치할인차금			2.우선주자본금		
대손충당금					
5.투자부동산			Ⅱ.자본잉여금	XXX	XXX
6.보증금			1.주식발행초과금		
7.이연법인세차			2.감자차익		
8.…………………			3.기타자본잉여금		
(2)유형자산					
1.토지			Ⅲ.이익잉여금	XXX	XXX
2.건물			(또는결손금)		
감가상각누계액			1.이익준비금		
3.구축물			2.기업합리화적립금		
감가상각누계액			3.재무구조개선적립금		
4.기계장치			4.××적립금		
감가상각누계액			5.차기이월이익잉여금		
5.선박			(또는차기이월결손금)		
감가상각누계액			(당기순이익또는당기순손실)		
6.차량운반구					
감가상각누계액			Ⅳ.자본조정	XXX	XXX
7.건설중인자산			1.주식할인발행차금		
8.…………………			2.배당건설이자		
(3)무형자산			3.자기주식		
1.영업권			4.미교부주식배당금		
2.산업재산권			5.투자유가증권평가이익		
3.광업권			(또는투자유가증권평가손실)		
4.어업권			6.해외사업환산대		
5.차지권			(또는해외사업환산차)		
6.창업비			7.…………………		
7.개발비					
8.…………………			자산총계	XXX	XXX
자산총계	XXX	XXX	부채와자본총계	XXX	XXX

2. 손익계산서

(1) 정 의

일정 기간 동안 기업의 경영성과를 명확히 보고하기 위하여 그 회계기간의 모든 수익과 이에 대응하는 모든 비용을 적정하게 표시한 보고서를 의미한다. 대차대조표에서는 일정시점을 다루는데 비하여 손익계산서는 일정기간의 내용을 다루고 있다. 이것은 대차대조표가 재무상태를 나타내는 것으로서 현재의 상태가 강조되는 반면에, 손익계산서는 일정기간의 영업결과를 강조하기 때문이다. 경영성과란 수익과 비용의 차이에 의한 손익을 의미한다.

(2) 작성기준

손익계산서 작성기준은 다음과 같다.

발생주의기준

모든 수익과 비용은 그것이 발생한 기간에 정당하게 배분되도록 처리하여야 한다. 다만 수익은 실현시기를 기준으로 계상하고 미실현수익은 당기의 손익계산에 산입하지 아니함을 원칙으로 한다.

수익과 비용대응기준

수익과 비용은 그 발생원천에 따라 명확하게 분류하고 각 수익항목과 이에 관련되는 비용항목을 대응표시하여야 한다.

총액기준

수익과 비용은 총액에 의하여 기재함을 원칙으로 하고 수익항목과 비용항목을 직접 상계함으로써 그 전부 또는 일부를 손익계산서에서 제외하여서는 안된다.

표 9.8 손익계산서 양식

손 익 계 산 서

제×기 20××년×월×일 부터 20××년×월×일 까지
제×기 20××년×월×일 부터 20××년×월×일 까지

회 사 명

(단위 : 원)

과 목	제×(당)기		제×(전)기	
	금 액		금 액	
Ⅰ.매출액		XXX		XXX
Ⅱ.매출원가		XXX		XXX
1.기초상품(또는 제품)재고액				
2.당기매입액 (또는 제품제조원가)				
3.기말상품(또는 제품)재고액				
Ⅲ.매출총이익 (또는 매출총손실)		XXX		XXX
Ⅳ.판매비와관리비		XXX		XXX
1.급여				
2.퇴직급여				
3.복리후생비				
4.임차료				
5.접대비				
6.감가상각비				
7.무형자산상각비				
8.세금과공과				
9.광고선전비				
10.연구비				
11.경상개발비				
12.대손상각비				
13.				
Ⅴ.영업이익 (또는 영업손실)		XXX		XXX
Ⅵ.영업외수익		XXX		XXX
1.이자수익				
2.배당금수익				
3.임대료				
4.유가증권처분이익				
5.유가증권평가이익				
6.외환차익				
7.외화환산이익				
8.지분법평가이익				
9.투자유가증권감액손실환입				
10.투자자산처분이익				
11.유형자산처분이익				
12.사채상환이익				
13.법인세환급액				
14.				

과 목	제×(당)기		제×(전)기	
	금 액		금 액	
Ⅶ. 영업외비용		XXX		XXX
1. 이자비용				
2. 기타의대손상각비				
3. 유가증권처분손실				
4. 유가증권평가손실				
5. 재고자산평가손실				
6. 외환차손				
7. 외환환산손실				
8. 기부금				
9. 지분법평가손실				
10. 투자유가증권감액손실				
11. 투자자산처분손실				
12. 유형자산처분손실				
13. 사채상환손실				
14. ______________				
Ⅷ. 법인세비용차감전계속사업손익		XXX		XXX
Ⅸ. 계속사업손익법인세비용		XXX		XXX
Ⅹ. 계속사업이익(또는계속사업손실)		XXX		XXX
XI. 중단사업손익(법인세효과:XXX원)		XXX		XXX
XII. 당기순이익(또는 당기순손실)		XXX		XXX
(기본주당계속사업손익 : ×××원)				
(기본주당순 손익 : ×××원)				

구분표시기준

손익계산서는 매출총손익, 영업손익, 경상손익, 법인세비용차감전순손익과 당기순손익으로 구분표시하여야 한다. 다만 제조업, 판매업 및 건설업 이외의 기업에 있어서는 매출총손익의 구분표시를 생략할 수 있다.

(3) 양 식

손익계산서의 양식에도 보고식과 계정식이 있다. 보고식은 매출총손익, 영업손익, 경상손익, 법인세비용차감전손익, 당기순손익을 순차적으로 구하도록 작성된 방법이다. 지리산주식회사의 자료를 이용하여 보고식의 손익계산서를 나타내면 앞의 〈표 9.6〉과 같다.

3. 현금흐름표

(1) 정 의

기업의 현금흐름을 나타낸 표로서 현금의 변동내용을 명확하게 보고하기 위하여 당해 회계기간에 속하는 현금의 유입과 유출내용을 적정하게 표시한 보고서이다. 현금흐름표를 통하여 한 회계기간 동안 기업의 영업 · 투자 · 재무활동으로 유입된 현금과 유출된 현금의 내역을 알 수 있다.

현금흐름표는 대차대조표나 손익계산서가 제공해 주지 못하는 정보를 추가적으로 제공해 준다. 즉 기업에 대한 정보중에서 현금의 흐름정보는 투자에 있어서 상당히 중요하다. 대차대조표는 재무상태를 나타내주지만 현금이 어디에서 유입되어 어디에 쓰이는지에 대한 정보는 제공하지 못한다. 또한 손익계산서는 발생주의에 입각하여 작성되기 때문에 현금흐름과는 다른 정보를 제공해 준다. 그러한 측면에서 현금흐름표는 외부이용자들에게 추가적인 정보를 제공해 줄 수 있는 재무제표라고 할 수 있다.

(2) 양 식

현금흐름표는 영업활동으로 인한 현금흐름, 투자활동으로 인한 현금흐름, 재무활동으로 인한 현금흐름으로 구분하여 표시하고, 이에 기초의 현금을 가산하여 기말의 현금을 산출하는 형식으로 표시한다.

영업활동으로 인한 현금흐름에서 영업활동이라 함은 일반적으로 제품의 생산과 상품 및 용역의 구매 · 판매활동을 말하며 투자활동과 재무활동에 속하지 아니하는 거래를 모두 포함한다. 영업활동으로 인한 현금흐름은 직접법 또는 간접법으로 표시한다.

직접법이란 현금을 수반하여 발생한 수익 또는 비용항목을 총액으로 표시하되, 현금유입액은 원천별로 현금유출액은 용도별로 분류하여 표시하는 방법을 말한다. 이 경우 현금을 수반하여 발생하는 수익 · 비용항목을 원천별로 구분하여 직접 계산하는 방법 또는 매출과 매출원가에 현금의 유출 · 유입이 없는 항목과 재고자산 · 매출채권 · 매입채무의 증감을 가감하여 계산하는 방법으로 한다.

간접법이란 당기순이익(또는 당기순손실)에 현금의 유출이 없는 비용 등을 가산하고 현금의 유입이 없는 수익 등을 차감하며, 영업활동으로 인한 자산 · 부채의 변동을 가감하여 표시하는 방법을 말한다. 현금의 유출이 없는 비용감가상각비, 무형자산상각비, 대손상각비, 퇴직급여와 제 평기, 처분, 상환, 감액 손실 등을 말한다. 현금의 유입이 없는 수익 등이란 퇴직급여환입액, 제 평가, 처분, 상환 이익 등을 말한다. 영업활동으로 인한 자산 · 부채의 변동은 영업활동과 관련하여 발생한 유동자산 및 유동부채의 증가 또는 감소를 말하다.

투자활동으로 인한 현금흐름에서 투자활동이라 함은 현금의 대여와 회수활동, 유가증권 · 투자자산 · 유형자산 및 무형자산의 취득과 처분활동 등을 말한다. 투자활동으로 인한 현금의 유입에는 대여금의 회수, 단기금융상품 · 유가증권 · 투자자산 · 유형자산 및 무형자산의 처분 등이 포함된다. 투자활동으로 인한 현금의 유출에는 현금의 대여, 단기금융상품 · 유가증권 · 투자자산 · 유형자산 및 무형자산의 취득에 따른 현금유출로서 취득 직전 또는 직후의 지급액 등이 포함된다.

재무활동으로 인한 현금흐름에서 무활동이라 함은 현금의 차입 및 상환활동, 신주발행이나 배당금의 지급활동 등과 같이 부채 및 자본계정에 영향을 미치는 거래를 말한다. 재무활동으로 인한 현금의 유입에는 단기차입금 · 장기차입금의 차입, 어음 · 사채의 발행, 주식의 발행 등이 포함된다. 재무활동으로 인한 현금의 유출에는 배당금의 지급, 유상감자, 자기주식의 취득, 차입금의 상환, 자산의 취득에 따른 부채의 지급 등이 포함된다.

현금흐름표의 작성에 있어 주의할 점은 현금의 유입과 유출내용에 대하여는 기중 증가 또는 기중 감소를 상계하지 아니하고 각각 총액으로 기재한다. 다만, 거래가 빈번하여 총금액이 크고 단기간에 만기가 도래하는 현금의 유입과 유출항목은 순증감액으로 기재할 수 있다. 그리고 사채발행 또는 주식발행으로 인한 현금유입시에는 발행가액으로 기재한다.

현금흐름표의 주석사항으로는 현금의 유입과 유출이 없는 거래로서 현물출자로 인한 유형자산의 취득, 유형자산의 연불구입, 무상증자, 무상감자, 주식배당, 전환사채의 전환 등 현금의 유입과 유출이 없는 거래중 중요한 거래와 직접법으로 작성한 경우에는 당기순이익(당기순손실)과 당기순이익(당기순손실)에 가감할 항목에 관한 사항이다.

4. 자본변동표

자본변동표는 기업실체에 대한 자본의 크기와 그 변동에 관한 정보를 제공하는 재무보고서이다. 자본변동표에는 소유주의 투자와 소유주에 대한 분배, 그리고 포괄이익(소유주와의 자본거래를 제외한 모든 원천에서 인식된 자본의 변동)에 대한 정보가 포함된다.

소유주의 투자는 현금, 재화 및 용역의 유입, 또는 부채의 전환에 의해 이루어지며, 그에 따라 기업실체의 자본이 증가하게 된다. 소유주에 대한 분배는 현금배당 또는 자기주식 취득의 방법으로 이루어질 수 있으며, 그에 따라 기업실체의 자본이 감소하게 된다. 이러한 거래들에 대한 정보는 다른 재무제표 정보와 더불어 당해 기업실체의 재무적 탄력성, 수익성 및 위험 등을 평가하는 데 유용하다.

자본변동표는 일정 기간 동안 발생한 자본의 변동에 대한 정보를 제공하며, 그러한 변동의 원천에는 소유주의 투자와 소유주에 대한 분배, 그리고 포괄이익이 포함된다. 포괄이익은 손익계산서의 기본요소이기도 하므로, 여기에서는 소유주의 투자와 소유주에 대한 분배에 대해서만 기술한다.

(1) 소유주의 투자

소유주의 투자는 기업실체에 대한 소유주로서의 권리를 취득 또는 증가시키기 위해 기업실체에 경제적 가치가 있는 유무형의 자원을 이전하는 것을 의미하며, 이에 따라 자본이 증가하게 된다.

소유주의 투자는 일반적으로 기업실체에 자산을 납입함으로써 이행되나 용역의 제공 또는 부채의 전환과 같은 형태로도 이루어질 수 있다. 기업실체는 소유주의 투자를 통해 영업활동에 필요한 자원을 제공받고, 동시에 소유주는 기업실체의 자산에 대한 청구권을 취득하게 된다. 따라서 기업실체의 순자산 증가를 가져오지 않는 소유주 상호간의 지분거래는 소유주의 투자에 포함되지 않는다.

(2) 소유주에 대한 분배

소유주에 대한 분배는 기업실체가 소유주에게 자산을 이전하거나 용역을 제공하거나 또는 부채를 부담하는 형태로 이루어지며, 현금배당, 자기주식의 취득, 감자 등이 이에 속한다. 소유주에 대한 분배가 있게 되면 기업실체의 순자산은 감소한다.

07. 관리회계

관리회계(Management Accounting)는 기업이나 단체의 경영관리자가 여러 가지 의사결정을 할 때 각 선택대안마다 소요되는 자원의 양, 즉 원가 등의 회계자료를 수집하여 의사결정을 하는 방법을 다루는 회계분야이다. 기업의 경영활동에서 반드시 필요하게 되는 회계자료를 기록, 요약, 보고하는 것이 관리회계의 목적이며 이러한 자료는 기업의 새로운 의사결정에 이용된다. 자료의 성격상 신속성이 필요하기 때문에 재무회계정보처럼 일정한 형식보다는 경영자의 요구에 맞게 형식 없이 수시로 보고 되는 것이 일반적이다.

1. 원가의 개념

원가(cost)란 사용된 자원의 양을 화폐단위로 표시한 것으로 여러 원가개념이 있다.

(1) 제품원가와 기간원가

제품원가(product Cost)란 제품을 만드는 원가로 제품이 팔리기 전까지는 재고자산의 원가로 남아 있다가, 판매되면 매출원가로 손익계산서에 보고된다. 기간원가(period Cost)는 생산 또는 매입하는 수량에 따라 변동하지 않고 발생한 기간 비용으로 판매비, 관리비 등의 예를 들 수 있다.

(2) 직접원가와 간접원가

직접원가(direct cost) 또는 개별원가(separable cost)란 원가대상별 분리 또는 추적이 가능한 원가를 의미하고 간접원가(indirect cost) 또는 공통원가(common cost)란 원가대상별 분리 또는 추적이 불가능한 원가를 의미한다. 제품의 원가를 다음과 같이 직접원가와 간접원가로 구분할 수 있다.

재료원가(Material cost)

- 직접재료원가 : 제품에 추적 가능한 재료원가
- 간접재료원가 : 제품별로 분리, 추적이 어려운 재료원가
  (윤활유, 납땜 등 금액이 작은 재료)

노무원가(Labor Cost)

- 직접노무원가 : 특정 생산 라인에서 일하는 생산직의 급여
- 간접노무원가 : 여러 제품의 생산을 지원하는 구매부나 설계부, 자재관리부 등에서 일하는 직원이나 감독자의 급여

제조경비

대부분이 제품별 분리, 추적이 어려운 간접원가

(3) 변동원가와 고정원가

변동원가(Variable Cost) 란 활동 수준에 따라 변동하는 원가로서 생산량, 판매량에 비례하여 발생하는 원가를 의미하고, 고정원가(Fixed Cost)는 활동의 수준과 무관하게 고정되어 있는 원가로 사장 등 임원의 급여나 설비 감가상각비 등이 있다.

2. 제조원가의 흐름

제조기업에서는 제품을 제조하는 데 직접재료비, 직접노무비와 제조간접비를 투입하여 제품을 생산한다. 이러한 제조기업의 원가흐름을 보면 (그림 9.3)과 같다.

그림 9.3 제조원가의 흐름

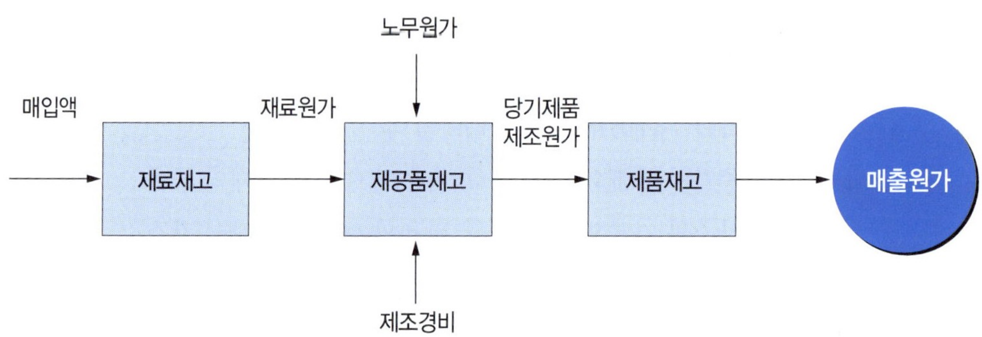

연습문제

객관식

1. 다음 중 회계상 거래에 속하지 않는 것은?
   ① 채권, 채무의 발생과 소멸 ② 수익, 비용의 발생
   ③ 자산의 감가상각 ④ 재화, 용역의 매매계약

2. 다음 중 기본적인 회계방정식으로부터 도출되지 않는 등식은?
   ① 자산-부채=자본 ② 부채=자산-자본
   ③ 자본=부채-자산 ④ 자산-자본=부채

3. 수익증가시 인식하기 위한 분개를 할 때 나타날 수 있는 계정과목과 그 영향은?
   ① 자산계정의 증가 ② 부채계정의 증가
   ③ 자산계정의 감소 ④ 자본계정의 증가

4. 다음 중 하나의 거래에서 동시에 나타날 수 없는 것은?
   ① 자산의 증가와 부채의 증가 ② 비용의 증가와 부채의 증가
   ③ 자산의 감소와 자본의 증가 ④ 비용의 증가과 자산의 감소

5. 다음 중 특정 시점의 재무상태를 나타내기 위하여 작성되는 재무제표는 어느 것인가?
   ① 손익계산서 ② 대차대조표
   ③ 현금흐름표 ④ 자본변동표

6. 다음 거래를 올바르게 분개한 것은? 비품 50,000원을 구입하고 대금은 미지급하다.
   ① 비품(자산증가) 100,000 / 차입금(부채증가) 100,000
   ② 비품(자산증가) 100,000 / 미지급금(부채증가) 100,000
   ③ 비품(자산증가) 100,000 / 현금(부채증가) 100,000
   ④ 상품(자산증가) 100,000 / 차입금(부채증가) 100,000

7. 다음 중 관리회계를 올바르게 설명한 것은?
① 외부이해관계자에게 보고하기 위해서 이루어지는 회계
② 내부경영자에게 보고하기 위해서 이루어지는 회계
③ 주주 · 채권자 · 정부 등에 보고하기 위해서 이루어지는 회계
④ 자본의 변동사항을 나타내는 회계

8. 다음 중 기간원가에 대한 설명으로 잘못된 것은 ?
① 제품의 제조와 관련하여 발생하는 원가
② 해당기간의 비용으로 처리하는 원가
③ 손익계산서의 판매비와 관리비로 계상하는 원가
④ 생산 및 매입과 관련하여 발생하지 않는 원가

9. 다음 중 회계순환과정에서 전기 다음으로 행하는 절차는?
① 분 개 ② 시산표의 작성 ③ 장부마감 ④ 손익계정의 설정

10. 다음 자료에 의하여 기초부채액은 얼마인가?
기초자산: 60,000원 기말자산: 70,000원 기말부채:15,000원
총수익: 60,000원 총비용: 40,000원
① 15,000원 ② 25,000원 ③ 35,000원 ④ 45,000원

주관식

1. 회계의 정의에 대하여 과거와 현재의 차이를 설명하시오.
2. 회계와 부기를 비교 설명하시오.
3. 회계의 세 가지 영역에 대하여 설명하시오.
4. 회계상의 거래를 정의하시오.
5. 자산, 부채, 자본, 수익, 비용의 정의 및 이에 속하는 계정과목을 세 가지씩 기술하시오.
6. 회계방정식을 설명하시오.
7. 회계의 순환과정을 설명하시오.
8. 대차대조표와 손익계산서에 대하여 설명하시오.

9. 제품원가와 기간원가를 비교 설명하시오.
10. 제조원가의 흐름을 설명하시오.

객관식 해답

1. ④ 2.③ 3.① 4.③ 5.② 6.② 7.② 8.① 9.② 10.③

주관식 해답

1. 회계의 정의

회계의 정의는 시대에 따라 변화되어 왔다. 과거에는 회계를 장부작성 기능에 국한시켜, 거래를 기록하고 정리하는 것으로 간주하였다. 그러나 1960년대 이후부터 회계는 과거의 정의에 정보전달의 기능을 포함시켰다. 즉 회계는 경제활동의 결과를 식별, 측정, 분석, 전달하는 모든 과정으로 정의된다.

2. 회계와 부기

부기는 회계처리과정 중에서 거래를 인식하여 기록, 정리하는 과정에 해당하는 부분이다. 그와 반면에 회계는 거래의 기록, 정리는 물론 분석, 전달을 포함하는 것이다. 그러므로 부기는 회계에 포함되는 것이라고 할 수 있다.

3. 회계의 세가지영역

회계의 분류

재무회계, 관리회계, 세무회계, 정보이용자 기업외부인 기업내부인 정부 및 기업형식 규격화 비 규격화규격화시기정기수시정기내용재무와 손익사항의사결정지원사항과세 소득사항강조점정확성신속성정확성용도외부보고용내부보고용법인세신고용

4. 회계상 거래

회계에서는 거래를 기업 경영활동에서 자산, 부채, 자본의 증감이 있는 사건으로 정의한다. 예를 들어 기업의 창고에 저장해 둔 저장품이 도난을 당하여 일정부분 손실을 보

았을 때, 일반 사회에서는 도난을 거래라고 보지 않지만 회계에서는 자산의 감소가 발생하였기 때문에 거래로 간주한다.

5. 자산, 부채, 자본, 수익, 비용의 정의 및 예

- 자산(資産, Assets)
  - 정의 : 기업이 소유권리를 갖는 현금가치가 있는 재산
  - 예 : 현금, 재고자산, 건물, 기계장치 등
- 부채(負債, Liabilities)
  - 정의 : 외부인들에게 소유권리가 있는 것
  - 예 : 매입채무, 차입금, 미지급금 등
- 자본(資本, Owner's Equity)
  - 정의 : 기업 소유자의 출자지분과 영업활동의 이익
  - 예 : 자본금 , 자본잉여금, 이익잉여금
- 수익(收益, Revenue)
  - 정의 : 경영활동의 결과로 자본의 증가를 가져오게 한 요인
  - 예 : 매출, 이자수익, 처분이익 등
- 비용(費用, Expense)
  - 정의 : 경영활동의 결과로 자본의 감소를 가져오게 한 요인
  - 예 : 매입, 임금, 임차료, 이자비용, 처분손실 등

6. 회계방정식

기업의 재무상태는 자산과 부채 그리고 자본의 관계를 통하여 나타낼 수 있다. 세 가지 요소로 나타낸 등식을 회계방정식이라 하며 아래와 같이 나타낸다.

자산 = 부채 + 자본

회계방정식을 보면 자산은 부채와 자본을 합한 금액임을 알 수 있다. 여기에서 자본은 주주들의 출자금과 영업활동 결과인 순손익으로 구성된다. 순손익은 수익에서 비용을 차감하여 구할 수 있으므로 위의 회계방정식을 다음과 같이 나타낼 수 있다.

자산 = 부채 + 출자금 + 이익(또는 손실)

7. 회계의 순환과정

회계의 순환과정(accounting cycle)이란 기업의 경제적 거래에 대한 자료를 수집, 분석, 정리하여 이를 정보이용자의 의사결정에 도움이 되도록 회계정보를 전달하는 일련

의 과정을 말한다. 회계정보의 산출과정을 회계의 순환과정이라고 부르는 이유는 회계정보의 산출작업이 1년 단위인 회계기간에 걸쳐 매년 반복적으로 이루어지기 때문이다.

8. **대차대조표와 손익계산서**

(1) 대차대조표

일정시점에서 기업의 재무상태를 명확히 보고하기 위하여 모든 자산 · 부채 및 자본을 적정하게 표시한 보고서이다. 일정시점이란 대차대조표일로서 기업의 결산일을 의미한다. 재무상태라 함은 자산 · 부채 및 자본의 상태를 말하며 대차대조표에는 이러한 상태가 거짓없이 보고 되어야 한다는 것이다.

(2) 손익계산서

일정기간동안 기업의 경영성과를 명확히 보고하기 위하여 그 회계기간의 모든 수익과 이에 대응하는 모든 비용을 적정하게 표시한 보고서를 의미한다. 대차대조표에서는 일정시점을 다루는데 비하여 손익계산서는 일정기간의 내용을 다루고 있다. 이것은 대차대조표가 재무상태를 나타내는 것으로서 현재의 상태가 강조되는 반면에, 손익계산서는 일정기간의 영업결과를 강조하기 때문이다. 경영성과란 수익과 비용의 차이에 의한 손익을 의미한다.

9. **제품원가와 기간원가**

제품원가(product Cost)란 제품을 만드는 원가로 제품이 팔리기 전까지는 재고자산의 원가로 남아 있다가, 판매되면 매출원가로 손익계산서에 보고된다. 기간원가(period Cost)는 생산 또는 매입하는 수량에 따라 변동하지 않고 발생한 기간 비용으로 판매비, 관리비 등의 예를 들 수 있다.

10. **제조원가의 흐름(그림 9.3참조)**

제조기업에서 제품을 제조하는데 직접재료비, 직접노무비와 제조간접비를 투입하여 제품을 생산하는 과정.

참고문헌

- 김민철, 김요환 (2006), "회계학원론," 탑21북스, 2006
- 김민철, 김요환 (2008), "재무회계," 탑21북스, 2008
- 김혁, 백원선,백태영 (2007), "회계와 사회," 신영사, 2007
- 백태영(2007), "원가관리회계," 신영사, 2007
- 송인만, 윤순석, 최관(2007), "중급재무회계," 신영사, 2007
- 나영 (2004), "기업경영과 회계," 신영사, 2004
- 이효익, 최관, 백원선(2006), "회계원리," 신영사, 2006
- 반선섭(2004), "최신기업회계기준서(I)," 명경사, 2004
- 고승의, 김완희, 정영기, 최정호,최현돌(2003), "기업회계기준서해설," 신영사, 2003
- Horngren, Harrison, Bamber, Best, Fraser, Willett(2004), "*Accounting*," 4th Ed. Pearson.

제3부 기업경영의 최신 주제

제10장
경영의 세계화

1. 기업환경의 글로벌화
2. 국제화의 동기
3. 다국적기업의 역할
4. 국제화 단계
5. 국제경영의 유형
6. 정보기술의 발달과 글로벌 경영

사 례 글로벌화의 새 영역 : 소매업의 글로벌화

월마트는 세계에서 가장 큰 소매업체이다. 이 회사는 1962년 샘 월튼에 의하여 알칸사스에 첫 매장을 연 이후 지속적으로 성장하여 2004년에는 매출액 2,800억 달러, 종업원 150만 명, 4,500개의 매장을 갖는 세계적인 업체로 자리매김하였다. 이 월마트의 성장에는 세 가지의 배경이 있다. 첫째는 정보기술의 활용이다. 정보기술을 활용한 재고관리, 구매관리, 물류관리 시스템은 판매 원가를 낮추고 효율적인 경영이 가능하도록 하였다. 둘째는 인사관리의 혁신성이다. 인간 존중의 경영 이념과 스톡옵션의 제공 등으로 종업원들의 생산성을 높이는 데에 노력하였다. 마지막으로 월마트는 초기의 성장과정에서 경쟁이 비교적 낮은 미국의 변두리 지역을 중심으로 매장을 확대하였다. 이렇게 세계적으로 성장한 월마트도 1990년대에 들어서 국내시장에서 성장의 한계에 직면하게 되고, 해외로 진출을 꾀하게 되었다. 월마트가 해외로 진출을 계획할 때에 반대하는 의견도 많았다. 월마트의 형태가 매우 미국적인 것이므로 다른 나라의 유통형태에 잘 맞지 않을 것이라는 것이다.

월마트가 제일 먼저 진출한 나라는 멕시코이다. 멕시코에 처음 진출한 월마트는 좋은 성과를 거두지 못했다. 미국과는 달리 경제나 사회적인 요인들이 잘 발달되지 못한 멕시코에서 월마트는 효율적으로 경영을 하지 못했다. 하부구조의 열악성, 붐비는 도로사정, 현지공급업자의 부족 등으로 멕시코에서의 판매단가는 미국에서의 단가보다 20%나 높게 책정되어 EPL(everyday low price)이라는 월마트의 기본전략을 충족시키지 못했다. 또한, 상품배열에 있어서도 월마트는 미국에서 잘 팔렸던 선진국형 제품들을 그대로 진열하는 과오를 범하기도 하였다. 그러나 그 후 월마트는 멕시코시장에서 현지적응하기 위하여 많은 노력을 기울였다. 현지 공급업자나 물류업자와의 제휴에 의하여 월마트의 강점인 물류비용의 최소화를 달성할 수 있었고, 상품배열에 있어서도 현지의 수요와 입맛에 맞는 구성을 하게 되었다. 그 결과 2004년 월마트는 멕시코에서 670개의 매장을 갖고, 110억 달러의 매출을 올리는 최고의 소매업자가 되었다.

멕시코의 성공 이후 월마트는 여러 나라에 진출하여 2004년 현재 전 세계적으로 1,500개의 매장과 330,000명의 종업원을 갖는 국제화를 이루게 되었다. 그러나 월마트

의 이러한 국제화는 매우 초기적인 단계이다. 이러한 진전에도 불구하고 월마트의 해외매출 비중은

10%가 약간 넘는 수준이다. 두 번째로 규모가 큰 프랑스 까르푸의 경우 해외매출 비중은 약 50% 정도가 된다. 또한, 대형할인점 시장은 전 세계적으로 볼 때, 국제화가 아직 많이 진전되지 않았다. 선두의 25개 선두 기업들의 시장점유율을 합쳐도 20%가 되지 못한다. 세계에서 가장 큰 규모의 우량기업이 월마트이지만, 앞으로 이 회사가 국제화에 있어서 얼마만한 성과를 달성할지는 누구도 예측할 수 없는 흥밋거리이다. 또한, 대형할인점 사업과 같은 소매업에서 국제화는 국제화의 새로운 영역으로서 우리가 계속 관심을 가져야 할 분야이다.

C.Hill, International Business, 6th edition

01. 기업환경의 글로벌화

국가간 상품이나 서비스의 교역을 촉진시키는 활동이 활발한 시대일수록 국민들의 경제생활은 윤택하였다는 것을 우리는 역사에서 배울 수 있다. 국가간 상품이나 기술의 이전을 담당하였던 상인들은 그 옛날에도 해외로부터 원재료를 조달하고, 기술을 해외에 제공하고, 그 상품을 해외시장에 수출하고, 심지어는 해외에 직접투자하고 적극적으로 현지에서 경영에 참가하게 되었다. 최근에와서 그와 같은 활동은 점점 더 활발해 지면서 국경이라는 것이 의미를 잃어가고 있을 정도이다. 이처럼 국경을 넘어 많은 나라에서 영업활동을 하는 기업을 우리는 글로벌기업이라 칭하게 되었다.

그러면 여기서 글로벌기업이 생성되게 된 최근의 배경과 앞으로의 전망을 간단히 살펴보자.

1. 국제교역의 증대

2차 대전 이후 GATT(관세 및 무역에 관한 일반협정)를 중심으로 한 다자간 무차별 자유무역체제가 지속적 추진되었다. 구체적으로는 관세의 대폭적인 인하와 비관세장벽의 폐지 및 축소에 큰 성과를 보았다. 이 결과 국가간 무역은 대단히 활발하게 되고 국가간 경제의 상호의존도가 높아지게 되었다. 그러나 아직도 수출자율규제, 세이프 가드 협정 등은 여전히 큰 문제로 남게 되었다. 그런 것에 추가하여 서비스 무역의 자유화 틀, 지적 소유권의 보호, 분쟁절차의 개선 등 폭 넓은 분야에서 개선을 할 필요가 있었고, 항구적인 국제기관도 필요로 하게 되었다. 이런 목적을 위하여 탄생한 것이 WTO이다. 이와 같이 국가간 경제교류의 활성화를 위한 지속적인 노력이 글로벌 규모로 추진되고 있어 국가간 경제교류와 상호의존도는 더욱 심화되었고, 앞으로도 더욱 심화될 전망이다.

그림 10.1 기업환경의 국제화

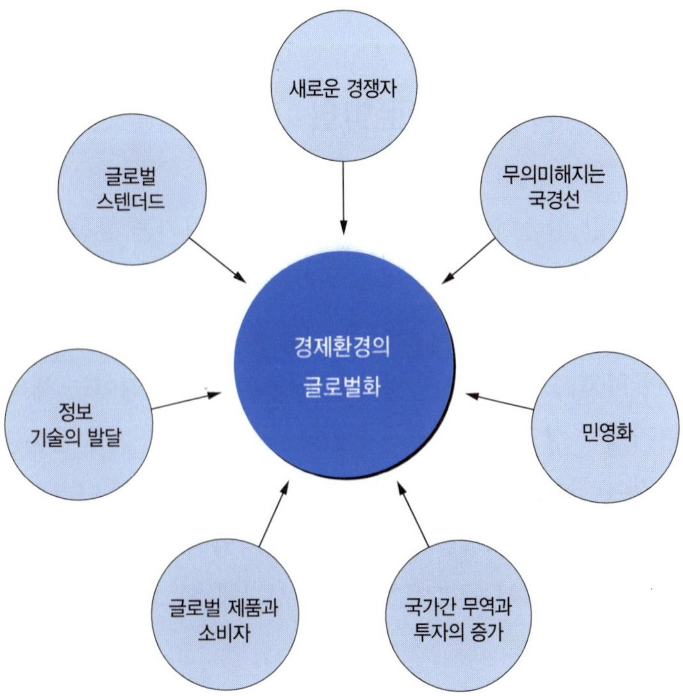

표 10.1 주요 국가의 경제 성장률

선진국	GDP 증가	개 도 국					
		four tiger	GDP 증가	transition economy	GDP 증가	기 타	GDP 증가
호주	4.2	홍 콩	10.4	체코	2.2	아르헨티나	0.8
오스트리아	3.8	싱가포르	10.4	헝가리	4.6	브라질	4.5
벨기에	4.4	한국	9.2	폴란드	5.2	칠레	5.8
영국	3.0	대만	6.6	러시아	7.9	중국	8.2
캐나다	5.0					콜롬비아	3.1
덴마크	2.7					그리스	3.7
프랑스	3.1					인도	7.2
독 일	2.8	Baby tiger	GDP 증가			이스라엘	7.3
이탈리아	2.4	말레이시아	7.7			멕시코	7.0
일 본	1.4	인도네시아	5.1			필리핀	4.8
네덜란드	3.4	태 국	2.6			포르투갈	3.0
스페인	3.9					남아공	4.5
스웨덴	4.0					터키	7.4
스위스	3.6					베네수엘라	3.3
미 국	5.2						

출처: Economist, 2002

표 10.2 GDP, FDI 무역량의 추이

	총 액(십억 달러)			연평균 성장률(%)					
	1982	1990	2001	1986~1990	1991~1995	1996~2000	1999	2000	2001
FDI inflow	59	203	735	23.6	20.0	40.1	56.3	37.1	-50.7
FDI outflow	28	233	621	24.3	15.8	36.7	52.3	32.4	-55.0
FDI inward stock	734	1874	6846	15.6	9.1	17.9	20.0	22.2	9.4
FDI outward stock	552	1721	6582	19.8	10.4	17.8	17.4	25.1	7.6
글로벌 M&A	–	151	601	26.4	23.3	49.8	44.1	49.3	-47.5
해외자회사 매출	2541	5479	18517	16.9	10.5	14.5	34.1	15.1	9.2
해외자회사 생산	594	1423	3495	18.8	6.7	12.9	15.2	32.9	8.3
해외자회사 자산	1959	5759	24952	19.8	13.4	19.0	21.4	24.7	9.9
해외자회사 수출	670	1169	2600	14.9	7.4	9.7	1.9	11.7	0.3
해외자회사 고용(천명)	17987	23858	53581	6.8	5.1	11.7	20.6	10.2	7.1
GDP	10805	21672	31900	11.5	6.5	1.2	3.5	2.5	2.0
총 고정자본 투자액	2285	4841	6680	13.9	5.0	1.3	4.0	3.3	–
로얄티 및 라이센스료	9	27	73	22.1	14.3	5.3	5.4	5.5	–
수출액	2081	4375	7430	15.8	8.7	4.2	3.4	11.7	-5.4

출처: World Investment Report, 2002

2. 기술의 발달

90년대 들어오면서 교통, 통신과 컴퓨터가 연결되어 새로운 기술혁신의 막이 열리게 되었다. 학자에 따라서는 이런 변화를 가리켜 "제 2의 산업혁명"이 도래하였다 할 정도이다. 통신과 컴퓨터의 연결로 생기게 된 기술은 재래형 산업의 혁신을 진행시켜 놀라울 정도로 생산성을 향상시키고 있다. 이와 동시에 바이오 기술의 비약적인 발전으로 의료, 식료, 환경 등 많은 분야에서 국제경영 형태의 비즈니스가 탄생되고 있다.

컴퓨터 통신기술의 급속한 보급으로 산업기반은 새로운 비즈니스나 서비스가 출현되게 되었고, 비즈니스에 있어 "거리의 소멸" 현상을 나타내게 되었고, 비즈니스는 24시간 운영체제로 돌입하게 되었다. 예를 들면 미국의 실리콘 밸리에서 낮시간 동안 일을 하고, 밤에는 인도의 하이테크 파크에 정보를 보내, 상시 개발체제를 운영하고 있는 소프트웨어 개발기업의 사례는 잘 알려져 있다. 시차를 기업에 유리하게 사용함으로써 비즈니스의 경쟁력을 강화하고 있는 것이다. 이런 모든 것들이 정보통신의 발달에 의하여 비로소 가능하게 된 것이다. 앞으로 정보통신 기술의 발달 속도에 가속도가 붙게 될 것이라는 전문가들의 견해가 옳다면 기업은 생존하기 위하여 글로벌 규모의 경영이 급속히 확대될 것이다.

3. 사회주의 몰락

80년대 중반부터 일기 시작한 자유화의 물결은 구소련의 붕괴로 본격화되기 시작하였다. 거대한 인구를 갖고 있는 중국을 위시하여 동구제국의 구사회주의 국가의 자본주의 시장경제권으로의 참여로 경쟁의 글로벌화가 자연스럽게 이루어지게 되었다. 또한, 구사회주의 국가 및 개도국에서는 글로벌 경쟁에서 살아남기 위하여 각국 정부가 규제철폐와 민영화 등으로 기업 부담을 완화시키고, 기업의 철저한 구조개혁으로 경쟁력을 유지하기에 안간힘을 쓰고 있다. 이런 변화는 모든 나라들이 글로벌 경쟁시대에 대비하기 위한 대책을 세우고 있다는 증거 중의 하나이기도 하다.